# シンガポールの光と影

この国の映画監督たち

盛田茂

推薦の辞

# 祖国のために身銭を切る人たち

出版社から最初に「シンガポール映画についての研究書のゲラを読んで、推薦文を書いて欲しい」という依頼があったときには、意図がよく分からなかった。筆者は名前を存じ上げない方だし、シンガポール映画についても私はまったくの門外漢である。なぜ私にそのような依頼があったのか頭上に疑問符を点灯させたまま送られたゲラを読み始めた。でも、五〇頁ほど読むうちにそれこそまさに私が久しく読みたいと願っていたシンガポール論だということがわかった。そのまま最後まで一気に読み終えてしまった。

私が現代シンガポールについて一番知りたかったことは、シンガポール人は自国に対してどういう帰属意識を持っているのかということである。どんなふうに国を愛しているのか、と言い換えてもいい。この本はその問いへの重要な手がかりを与えてくれた。

私がシンガポール人の「愛国心」について考え始めたのは数年前のことである。ご存知の通り、シンガポールは経済成長を国是とする国である。だから、ビジネスチャンスを求める人々にとってはたいへん活動しやすく、住み心地のよい場所である。けれども、それは裏返して言えば、もし経済成長が鈍化したり、何らかの理由でハブとしての地位を他の都市に奪われた場合には、シンガポールにいなければならない理由がなくなるということでもある。シンガポールが経済活動に有利であることを主たる理由としてそこに暮らす人々は、果たしてシンガポールが落ち目になったときに身銭を切って祖国を支えてくれるだろうか。私はそれが知りたかったのである。どのような組織でも、そのほんとうの力は上昇機運にあるときよりむしろ長期低落傾向のときにあきらかになる。これは私の経験知である。同じ法則は国民国家にも適用できるだろう。

シンガポール政府も国民の愛国心については私と同じ不安を持っていたらしく、第一次安倍政権のときに、当時の日本政府が熱心に「愛国心教育」に取り組んでいると聞いて、その実情を徴するために調査団を送ってきたことがあった。調査団はあまり得るところなく帰国したらしい。そうだろうと思う。日本人は七〇年前、戦争指導部の愚鈍と無策のせいで歴史的敗北を喫したが、焦土と化した祖国の復興のために国民は汗を流すことを惜しまなかった。「郷土愛」は、この列島に一五〇〇年来住み続け、言語や宗教や習俗や食文化において高い同質性をもつ日本人集団にはいわば「標準装備」された国民性格である。それと同じものを建国五〇年のシンガポールに求めるのはむずかしいだろう。それにシンガポールはこの五〇年の間に大きな失敗を経験したことがない。だから順調に国政を運営できてきたがゆえに、ひとたび政府が致命的な失策を犯したとき、国民がどういう反応をするのかについて統治者は確実な見通しを持っていない（と思う）。シンガポールの一党独裁や治安維持法やメディアコントロールは、国家経営の効率化のためだけに選ばれたわけではない。それは統治者の国民に対する不信と、わずかなきっかけで統治不能になるかもしれないという（口に出せない）不安を映し出してもいるのだと私は思う。

いずれにせよ、シンガポールが落ち目になるときには、スマートな諸君はすみやかに（たぶんそれよりはるか以前に）「次のシンガポール」に拠点を移しているだろう。しかし、それでも、祖国に踏みとどまって、傾いた屋台骨を支えることを「自分の仕事」だと思う人もそのときさっと出てくるはずである。それはどういう人なのだろう。彼らは「ガーデンシティ」の瓦礫の上に、どんな新しい国を作ろうとするだろう。私はそれに興味があった。

落ち目の祖国を捨てない人（というより捨てたくても行くところのない人）こそが「ほんとうのシンガポール人」であり、彼らが作り出すのが「ほんとうのシンガポール」なのではないか、私はそんなことを漠然と思っていた。現代シンガポール人にとっては「よけいなお世話」だろうけれど。

本書は私のそのような（特殊な）関心を強く惹き付けた。ひとつにはシンガポールの「影」の部分に対する分析の鮮やかさゆえである。シンガポールが崩れるとしたら、どこから崩れ始めるのか。一党独裁、富裕層への富の集中、高齢化、移民政策の迷走、教育における過剰な競争原理など、日本にそのまま通じる問題をシンガポールも抱えており、日本よりバッファーが薄い分、コントロールを誤ると、制御のむずかしい社会的混乱を招来するリスクがある。本書によって読者は日本のメディアがほとんど報道することのない「シンガポールの影」について多くを学ぶことになるだろう。それはまさに私たちにとってきわめて教えるところの多い「他山の石」である。

だが、その一方で、本書は同じように知られることの少ない「シンガポールの希望」についても教えてくれる。それは若いフィルムメーカーたちの、等身大のシンガポールをありのままに描き出そうとする努力である。「ガーデンシティ」の裏面には、生活者たちの生臭く、猥雑で、生き生きとした活動がある。それはシンガポールをクリーンでスマートな都市としてアピールしたい政府にとっては政治的に好ましくない主題であるかも知れない。けれども、彼ら貧しいシンガポール人、弱いシンガポール人、汚れたシンガポール人、非標準的なシンガポール人をも同じ権利を持つ同胞として敬意を以て受け入れることによってしか国民主体としての「生身のシンガポール人」を立ち上げることはできないのではないか。若いフィルムメーカーたちはそう感じているようである。もしそうなら、私は筆者とともに彼らに深い共感を覚える。

国の豊かさは経済指標によってではなく、文化的な多様性と他者への寛容によって示される。私はそう信じている（おそらくは筆者も）。これから、シンガポールが（そして日本が）ほんとうの意味で「豊かな国」になることを私は切に祈っている。

神戸女学院大学名誉教授　内田　樹

シンガポールの光と影　この国の映画監督たち■目次

## 第9章　外国人労働者と差別意識――275

# 略語一覧

ADB：Asian Development Bank（アジア開発銀行）

AIMS：Advisory Council on the Impact of New Media on Society（新メディアの社会への影響度検討委員会）

ASPIRE：Applied Study in Polytechnics and ITE Review Committee（ポリテクニックとITE教育活性化検討委員会）

AWARE：Association of Women for Action and Research（行動と研究のための女性協会）

BFC：Board of Film Censors（検閲委員会）

BMT：Basic Military Training（基礎軍事訓練）

CCAs：Co-Curricular Activities（課外学習）

CPF：Central Provident Fund（中央積立基金）

CPM：Communist Party of Malaya（マラヤ共産党）

CRC：Censorship Review Committee（検閲審査委員会）

EDB：Economic Development Board（経済開発庁）

ERC：Economic Review Committee（経済検討委員会）

FAC：Films Appeal Committee（不服申請審査委員会）

FDW：Foreign Domestic Worker（外国人家事労働者）

FFF：Feature Film Fund（長編映画制作支援ファンド）

FMS：Ngee Ann Polytechnic Film & Media Studies（ニーアン・ポリテクニック映画・メディア研究科）

GIC：GIC Private Limited（2013年、シンガポール政府投資公社［Government of Singapore Investment Corporation］から名称を左記に変更）

HDB：Housing & Development Board（住宅開発庁。HDBが建設する公営住宅もHDBと呼ぶ）

HRW：Human Rights Watch（ヒューマン・ライツ・ウオッチ）

ICT：In-Camp Training（キャンプ訓練）

IPPT：Individual Physical Proficiency Test（体力テスト）

ISA：Internal Security Act（治安維持法）

ISD：Internal Security Department（公安局）

ITE：Institute of Technical Education（技術教育学院）

MCCY：Ministry of Culture, Community and Youth（文化・コミュニティ・青年省）

MCI：Ministry of Communications and Information（情報コミュニケーション省）

MDA：Media Development Authority（メディア開発庁）

MFP：Malay Film Productions（マレー・フィルム・プロダクション）

MHA：Ministry of Home Affairs（内務省）

MICA：Ministry of Information, Communications and the Arts（情報通信芸術省）

MINDEF：Ministry of Defence（国防省）

MND：Ministry of National Development（国家開発省）
MOE：Ministry of Education（教育省）
MOF：Ministry of Finance（財務省）
MOM：Ministry of Manpower（人材開発省）
MP&GI：Motion Picture and General Investment Co.Ltd（國際電影懋業有限公司）
MRT：Mass Rapid Transit（高速鉄道）
MSF：Ministry of Social and Family Development（社会家庭開発省）
MTI：Ministry of Trade and Industry（貿易産業省）
NAC：National Arts Council（国家芸術評議会）
NE：National Education（国民教育）
NDP：National Day Parade（ナショナル・デー・パレード）
NFFF：New Feature Film Fund（新長編映画制作支援ファンド）
NHB：National Heritage Board（国家遺産庁）
NPTD：National Population and Talent Division（人口・人材局）
NS：National Service（国民兵役）
NSF：Full-time National Serviceman（現役兵）
NTU：Nanyang Technological University（南洋理工大学）
NTUC：National Trades Union Congress（全国労働組合評議会）
NUS：National University of Singapore（シンガポール国立大学）
PAP：People's Action Party（人民行動党）
PDF：People's Defence Force（国民防衛隊）
PFCC：Political Films Consultative Committee（政党政治映画諮問委員会）
PLU：People Like Us（ピープル・ライク・アス）
PMETs：Professionals, Managers, Executives and Technicians（専門職、管理職、経営幹部、技術職）
PMO：Prime Minister's Office（首相府）
PSLE：Primary School Leaving Examination（初等教育修了試験）
RRA：Retirement and Re-employment Act（定年・再雇用法）
RT：Remedial Training（体力強化補習訓練）
SAF：Singapore Armed Forces（シンガポール国軍）
SAFVC：SAF Volunteer Corps（シンガポール国軍義勇軍）
SFC：Singapore Film Commission（シンガポール映画委員会）
SIFF（2014年よりSGIFF）：Singapore International Film Festival（シンガポール国際映画祭）
SMFP：Singapore Media Fusion Plan（シンガポール・メディア・フュージョン・プラン）
SPH：Singapore Press Holdings（シンガポール・プレス・ホールディングス）
STB：Singapore Tourism Board（政府観光局）
URA：Urban Redevelopment Authority（都市再開発庁）

カバーデザイン：森田恭行
本文デザイン：キガミッツ

# シンガポールの光と影

## この国の映画監督たち

# はじめに

シンガポールは、東京から直行便で七時間ほど、マレーシアとインドネシアに挟まれたマレー半島南端の国で、赤道の一三七キロメートル北に位置する。東西四二キロメートル、南北二三キロメートルの本島と周辺の小島からなり、国土面積は七一八平方キロメートル（二〇一四年）、東京二三区（六二三平方キロメートル）とほぼ同じ大きさである。人口は、一九六五年分離・独立時の一八九万人から、二〇一四年には五四七万人に急増し、人口密度も一九七〇年の三五三八人／平方キロメートルから、二〇一四年には七六一五人／平方キロメートルと増加した、アジア太平洋地域で第一位の「超過密都市国家」である。また外国人が多い国で、人口に占める外国人比率は約三九％に達している。更に毎年多くの観光客が訪れており、二〇一四年、その数は人口の約三倍に相当する一五一〇万人に上った（表1）。

緑豊かで清潔な「ガーデン・シティ」と形容され、別名「fine city」とも呼ばれるが、「fine」には、形容詞の「快適な」と、名詞の「罰金」という二つの意味がある。Ⅱ部で述べるように、罰金の多い国なのである。どの国も「光と影の両側面」を持つが、同国も、ネオリベラリズムの優等生という「光」の一方で、「明るい北朝鮮」と揶揄される「影」の側面がある。

分離・独立五〇周年という記念すべき二〇一五年、現首相の父で「建国の父」と言われたリー・クアンユーが三月二三日に逝去した。一九五九年、自治政府の初代首相に就任後、一貫して国民を主導してきた彼の死が、今後の動向に大きな影響を与えるのは明らかである。筆者は、この数年、同国は「政権安定下での不安定状況」に直面し、「転換への兆し」が芽生え始めていると考えている。ただ、この五〇年間は、人民行動党（ＰＡＰ）出身の三人の首相が政権を担っており、一九五九年の総選挙以降、ＰＡＰが議席を独占する状況下で、義務投票制による総選挙は「ＰＡＰへの信任投票」となっていた（表2）。

表1　シンガポールと日本の比較

| | シンガポール | 日本 |
|---|---|---|
| 1人当たりGNI[*1] | 55,150米ドル | 42,000米ドル |
| 競争力（総合力）[*2] | 第2位 | 第6位 |
| 報道の自由度[*3] | 第153位 | 第61位 |
| ジニ係数[*4] | 0.464（2014年） | 0.379（2011年） |

出典：＊1　The World Bank, Indicators/Data (GNI per capita, Atlas method 2014)
＊2　World Economic Forum "The Global Competitiveness Report 2014-2015"
＊3　Reporters Without Borders "World Press Freedom Index 2015"
＊4　CIA World Factbook 2015（Distribution of family income-Gini index）

表2　歴代首相

| | |
|---|---|
| リー・クアンユー | 首相：1959年6月～1990年11月 |
| | 上級相：1990年11月～2004年8月 |
| | 顧問相：2004年8月～2011年5月 |
| ゴー・チョクトン | 首相：1990年11月～2004年8月 |
| | 上級相：2004年8月～2011年5月 |
| リー・シェンロン | 2004年8月～現職 |

各首相の経歴に基づき筆者が作成

しかし近年は、少数意見であっても、ソーシャル・メディアなどが今までタブー視されていた内容を公開し、論議の俎上に載せ始めている。ちなみに、一九六八年以降の四回の総選挙で、野党は無議席、一九六八年のＰＡＰ支持率は最高の八四・四％だった。その後の六回の総選挙で、野党は一～四議席を得るのみだったが、二〇一一年の総選挙で、野党が過去最高の六議席を獲得し、PAP支持率は過去最低の六〇・一%となった。更に、二〇一三年の補選で野党が一議席を得て、全議席八七のうち七議席が野党となっている。

映画は、監督の問題意識を反映し、観客と感情を共有できる総合芸術だと言われる。しかし、同国の多様な問題を映画がどのように取り上げているのか、具体的に考察した日本の研究書を、筆者は寡聞にして目にしたことがない。本書の執筆は、監督が自らの作品でいかなる主張を繰り広げているのか、その社会的背景も併せて考察することにより、将来に向けた同国理解の一助になればとの思いから出発した。

二〇一四年にシンガポールで劇場公開された国産映画は一〇本と決して多くない。日本でも同国の映画は、これまで映画祭と単館上映のみだった。ようやく同年末に本書で紹介する二本の作品、『イロイロ　ぬくもりの記憶』と『TATSUMI　マンガに革命を起こした男』が全国公開された。

シンガポール統計局によると、同国は二〇一四年六月時点で、華人系七四・三%、マレー系一三・三%、インド系九・一%、その他三・三%と、多民族国家に相応しい構成となっている。しかし、ほぼ一〇〇%の映画が華人系によって制作されているため、本書では、華人系監督の作品を中心に取り上げた。現在、サニフ・オレク監督などのマレー系監督の作品も、注目を浴びるようになっているが、筆者の非力もあり、彼らの紹介は次回に譲るとして読者のお許しを願いたい。

本書は、Ⅰ部で映画史を含むシンガポール史、文化・芸術政策と管轄政府機関を概観し、Ⅱ部は9章に分け、社会的・政治経済的背景を説明した上で、具体的に監督の主張が作品にどのように表現されているかについて述べている。読者の方は、興味を持った章から読んでいただければと思う。

なお本書では、シンガポール国籍を持つ中国系住民（Ethnic Chinese）を「華人」、中国国籍を保持したまま中国、台湾、香港以外に長期にわたり居住する者を「華僑（Overseas Chinese)」と区別し使用する。また、分離・独立後は、華人系、マレー系、インド系シンガポール人とすべきだが、煩雑になるため「シンガポール人」を省略した。華語は中国語の標準語だが、シンガポールなど東南アジアなどでは、移民史を反映して変容を遂げている部分もある。その他の用語は本文中で解説し、索引の人名と事項は、研究者により表記が異なるので、主として日本貿易振興機構（ＪＥＴＲＯ）の翻訳を参考にした。日本の映画祭などで公開されたシンガポール映画は、筆者の知る限り、邦題名で表記し、未公開映画は原題名で表記した。監督名などの人名はカタカナ表記とし、英語表記は人名索引に記載した。行政機関、委員会名などは、各章の初めに日本語、英語、及び略語を記載し、略語一覧と事項索引にできる限り付加したので参考にしていただきたい。また、ＵＲＬについては信頼性を基に、政府機関発表資料、署名記事を主として引用した。最終検索日は、二〇一五年六月二七日である。なお、為替レートは二〇一五年五月九日時点で、一シンガポールドル（Ｓドル）＝九〇円である。

[redacted]

# Ⅰ部

# 第1章　シンガポールの歴史

シンガポールの由来は伝説によると、シュリーヴィジャヤ王国のウタマ王子が、サンスクリット語のライオンの町を意味する「シンガプーラ」と命名したことに始まるとされる。

一五一一年、ポルトガルの侵略によりマラッカ王国は、マレー半島のジョホールに移りジョホール王国を建国する。一六四一年、オランダの支援を受け、ポルトガル領マラッカを攻撃し、同王国がシンガポール領域の支配を確定する。この間、シンガポールはマングローブが生い茂る、マレー人が数百人住む寒村でしかなかった。

一八一九年、この島の地政学的重要性に着目した英国東インド会社のトーマス・スタンフォード・ラッフルズは、ジョホール王国から割譲を受けた。一八二六年、シンガポールは、マラッカ、ペナンと合わせ海峡植民地となる。一八六七年に大英帝国の植民省に移管され直轄植民地となり、総督府が置かれ、マレー半島全域にわたる英国支配が成立した。一九世紀半ばからは、スズ鉱山開発ブームによって中国移民が流入し、一九世紀後半から軌道に乗ったゴム栽培には、主として南インドのタミル系移民が従事した。中国移民は、安全と財産を守るため、出身地（地縁）、一族（血縁）、及び職業（業縁）を基に相互扶助組織の幇（bang）を構成した。

その後、一九一一年の中国における辛亥《しんがい》革命後の愛国心高揚もあり、一九一九年に実業家タン・カーキーらが出資して創設した「南洋華僑中学」が、中国語方言ではなく華語による初の中等教育を開始した。一九四一年の段階で、シンガポールの華語校は、小規模な夜学、小中校を含め三七〇校あり、華語教育は勿論、中国の歴史や地理が教えられていた。

また、定住の道を選んで、英語を学んだ海峡華人《ストレイツチャイニーズ》と呼ばれた移民もいた。一九二八年、彼らは子女教育のため、英語による高等教育機関としてラッフルズ・カレッジを創設した。同校は現シンガポール国立大学（NUS）の前身であり、リー・クアンユー、ゴー・ケンスイなどの指導者を輩出している。リーは、ケンブリッジ大学を卒業した典型的海峡華人である。一方、華語による高等教育機関として、一九五六年に開校した南洋大学は、反政府の巣窟とみなされ度重なる介入を受け、一九八〇年に最後の卒業生を送り出し、NUSに吸収された。こうして、英国植民地政府の信頼を得た海峡華人と、華語教育を受け、中国との感情的な結びつきが強い華語派華人の二つの言語集団が形成され、分離・独立運動において、その対立は先鋭化していくことになる。

なお、一八二四年に実施された初の国勢調査で、人口は一万六八三人（構成は中国人三一%、マレー人六〇%、インド人七%、その他二%）だった。その後の移民の増加により、一九三一年には五五万七七四五人、内訳は、中国人七五%、マレー人一二%、インド人九%、その他四%と、現在のエスニック・グループ構成比とほぼ同じになった。しかし、中国人の多くは「母国志向の華僑」が占めていた。欧州―アジア間の航海日数を短縮した、スエズ運河開通（一八六九年）もあり、シンガポールは、マレー半島、スマトラ、カリマンタンの三地域にまたがる一大プランテーション型産業地帯を世界につなぐ商業・金融ネットワークの結節点となった。しかし、アジア・太平洋戦争下の一九四二年より三年半にわたって日本の過酷な軍政下に置かれ、「昭南島」と改名された。日本敗戦後の一九四六年、再びシンガポールは、英国の直轄植民地になるが、植民地支配打倒の動きが高揚する。一九四八年、英国支配下で初の立法評議会の限定選挙が実施され、その後、一九五五年の選挙でD・マーシャルが首席大臣に就任し、一九五四年に創設された英語教育組と華語教育組の共闘組織である人民行動党（PAP）が三議席を獲得する。華語教育組は、議会での使用言語は英語のみとする決定に反発し、政治運動が活発化した。一九五五年の華語校学生も参加したホックリー・バス会社ストなどによる社会不安は続き、一九五六年、リム・ユーホックが首席大臣に就任し、労働組合、華語校への弾圧を加速させる。一九五八年に英連邦内自治州となり、外交・国防を除いた完全自治が付与され、一九五九年に自治政府選出のための総選挙が実施される。その結果、定数を五一議席に拡大し、二〇歳以上の男子に普通選挙権が与えられ、華人系が投票権を得た。この結果、華人系労働組合と学生を最大の支持基盤とするPAPが、五一議席中四三議席を得て圧勝し、自治政府初の首相にリー・クアンユーが就任する。彼は、首相就任後、マラヤ連邦との統合による独立を目指し、予防拘束と無期限拘留を規定する「治安維持法（Internal Security Act［ISA］）」を英国から継承すると共に、華語派指導者と袂《たもと》を分かつことになる。

一九六一年、マラヤ連邦のアブドゥル・ラーマン首相は、マラヤ、シンガポール、サバ、サラワク、ブルネイを統合した新生マレーシア樹立を提唱した。リー・クアンユーは賛成したが、リム・チンシオンらPAP内左派は反対し、「バリサン・ソシアリス（Barisan Sosialis［社会主義戦線］）」を結成した。一九六二年の国民投票でマレーシア併合賛成を受け、翌年九月一六日、サバ、サラワクと共に参加した。マレーシア参加直後のシンガポール州政府選挙で、PAPは五一議席中三七議席を得て大勝し安定政権となった。一方、バリサンは敗北し、二年後には議会活動を放棄した。この背景には、PAPが労働運動を統一化すべく一九六一年に全国労働組合評議会（NTUC）を設立したこと、及びマレーシア発足に先立つ一九六三年の「冷凍庫作戦」により、バリサン幹部を含む反政府活動家一一三人が逮捕されたことがある。リー首相が、マレーシア政府を利用して政敵を葬ったのではと指摘されるゆえんである。

しかしマレー人優遇政策を巡り対立が生じ、一九六四年七月と九月の華人とマレー人の衝突がこれに拍車をかけた。一九六五年、ラーマン首相はシンガポール追放を決定し、八月九日、リー・クアンユーは、分離・独立を宣言した。

その後、同国は時宜を得た産業構造転換により、アジア通貨危機、リーマン・ショックなど幾多の困難を乗り越え経済発展を遂げている。一方で一九八七年の「スペクトラム作戦」では、マルクス主義者による国家転覆計画のかどで、カトリック教会活動家を含む一六人が逮捕される。このような事件にはISAなどが適用されているが、現在もそれらの法律を用いた、権威主義政体が持続されている。国民の不満は、二〇一一年の総選挙、及び二〇一二～一三年のスト、デモ、暴動発生に示されているが、詳しくはⅡ部で述べる。

# 第2章　シンガポール映画の歴史

この章では、二大スタジオ、インディーズ及びグラス・ルーツの活動をキーワードとしてシンガポールの映画史をひもとく。二大スタジオとは、シンガポールと香港を拠点に一大映画王国を築き上げたショウ・ブラザース（Shaw Brothers）とキャセイ（Cathay）である。

## 1　シンガポール映画の草創期

一八九五年、リュミエール兄弟がパリで最初にシネマトグラフを一般公開した。七年後、奇しくも映画政策を統括する情報コミュニケーション省（ＭＣＩ）が所在する場所で、ジョルジュ・メリエスの作品を上映したのが、シンガポール初の映画興行だとされる。一九〇四年、レヴィー兄弟が、初の本格的映画館パリ劇場をオープンし、映画は娯楽の主役になっていった。ショウ・ブラザースなどの華僑企業に加え、一九二〇年代には、欧州系のフェルナンド・ドレフェイス社などがしのぎを削ることになる。

一九二八～四一年までに、シンガポールでロケした映画は、米国人監督ワード・ウィングの『サマラン』（シンガポールでの公開は一九三四年）など計一七本がある。『サマラン』の二日後に公開され、より高い興行収入を上げたばかりでなく、シンガポール映画史に大きな影響を与えたのが『レイラ・マジヌン』である。コルカタ（カルカッタ）出身のB・S・ラージハンス監督は、伝統的マレー・ミュージカルであるバンサワンの舞台俳優を起用し、マレー古典文化を踏襲した歌曲と台詞による本作を制作した。フィリップ・チアは「シンガポールで制作された初のマレー語長編映画で、本作の成功は、ショウ・ブラザースがマラヤとインドネシア市場拡大のため、マレー語映画に乗り出す契機となった」と述べている。彼の指摘は、シンガポールを映画製作の拠点として最大限利用し、狭隘な国内市場を打破すべく、国境を越えて市場開拓せざるを得ないという、現政府が主張する映画製作のハブ化を先取りしていたという点で重要である。

また、チアは「中国系リウ・ページンが、シンガポールの中国系移民を対象として一九二六年に制作した『新客』が最初のシンガポール映画になる」と指摘している。華僑または華人かは判然としないが、リウ監督が同国に在住する俳優を起用して制作した事実を基にすれば、『新客』は間違いなく初の国産映画だと言えるだろう。

## 2　英国植民地時代の二大スタジオ

### (1) ショウ・ブラザース

ショウ・ブラザースは、長男ランジューが、弟のランディー、ランミー、ランランと共に一九二四年、主として中国オペラを基にした歴史劇の映画製作会社、天一映画社を上海で設立したのが始まりである。同社は、華僑コミュニティが確立している東南アジア市場の開拓を企業方針とした。一九二四年に、ランミーがまずシンガポールに赴き、二年後にランランを呼び、同社の映画をマレー半島中心に配給・公開するため、一九二七年に海星映画社を創立した。

上映機材を持っての巡回興行は成功を収め、特に『白蛇伝Ⅰ・Ⅱ』（一九二六年）は、東南アジア諸国で大成功を収めた。一九三二年、日華両軍が衝突した第一次上海事変により、多くのスタジオが破滅的な状況に陥った。しかし天一映画社は、一九三一年にアメリカから機材を購入し、中国初のフィルム式トーキー『歌場春色』の成功実績を基に、いち早くトーキー映画への方針転換を図り、初の広東語トーキー映画『白金龍』（一九三三年）を製作した。本作は、香港の観客動員数が一〇万人を超え、香港映画始まって以来の最高成績を達成し、東南アジア各地で大人気を博した。

ランランは、強みである配給に加え、一九二七年、シンガポールのタンジョン・パガール地区で劇場経営を開始し、一九三八年には、初の空調設備を持つアルハンブラ劇場をオープンさせた。一九三九年にはシンガポール、マラヤ、タイ、ベトナムに至る一大劇場チェーン（劇場数一三九）を作り上げる。東南アジア諸国を、上海で製作された映画の安定的供給市場として位置づけ、製作資金の回収を図ったわけである。なお、ショウ・ブラザースのウェブサイトに「劇場の多くは、土地建物所有者との共同経営、またはリースを主とした」と書かれているように、投下資金固定化を避ける華僑の特性が示されている。

一九三四年には上海から香港に活動拠点を移し、ランディーの下で、東南アジア地域に向け広東語映画を製作する天一HK社を設立した。その後、一九三七年に発生した中華民国軍と日本軍との戦闘、第二次上海事変に伴い、同社は上海での操業を停止し、香港での映画製作を本格化する。一九三七年に社名を天一HK社から南洋映画社に変更した。同社は販売状況によって生産量を制御し、十数日で一本の撮影を完了させるという、大量生産方式を確立する。東南アジア市場を熟知するランミー、ランラン兄弟の事業的才能と先見性は次の数字に示されている。上映権料がアメリカの三五〇〇香港ドル、フィリピン、タイの一五〇〇香港ドルであったのに対し、シンガポール、マラヤ、ベトナム、インドネシアは八〇〇〇香港ドルに達していたのである。

舞台をシンガポールに移そう。

中国語（華語、広東語）映画製作を南洋映画社に任せたランミーとランラン兄弟は、B・S・ラージハンス監督『レイラ・マジヌン』の興行的成功に触発され、シンガポールを拠点として、マレー人観客を取り込むため、一九三八年、アンパン通りに新スタジオを建設した。上海人の監督、技術者に加え、上海から持ち込んだ中古機材を使用した、バンサワンの人気俳優を呼び物とするマレー語映画を、一九四一年までに少なくとも八本製作した。しかし、マレー文化に不案内だった上海人監督の作品は、マレー人観客からの支持を得ることはできず、マレー語映画製作への情熱は暫くの間削がれる。

リム・ケイトンは「戦前の英領マラヤ全土におけるシェアは、七〇％がハリウッド映画、一六％が英国映画、一三％が香港を含む中国映画、マレー語映画は一％」と述べている。ショウ・ブラザースは、ハリウッド映画の配給・興行から生じる莫大な利益を収めていたので、マレー語映画製作停止は打撃とはならなかった。

更に同社は映画の配給・興行に加え、映画劇場、ダンス・ホール、バンサワン劇場、中国オペラ劇場、レストラン、賭博場を一体化した総合エンターテイメント・パークの建設・運営を、現地の華僑の支援を得て開始した。また、故国への郷愁を、映画という商品によって華人コミュニティに浸透させる媒体として、シンガポールで四か国語の映画情報誌を出版した。特に、一九四八年に創刊された英字誌「Movie News」、及び香港の華語月刊誌「南洋スクリーン（南國電影）」は、一九五〇～八〇年代まで、東南アジア諸国、オーストラリア、フランス、南北アメリカ諸国の華人コミュニティで購読されていた。

### （2）キャセイ

一代で財を成したロク・ユーの九番目の子供として一九一五年、クアラルンプールで生まれたロク・ワントーは、一三歳で同家の莫大な遺産を継承し、一九三六年、ケンブリッジ大学で英文学と歴史の学位を取得した。彼の母は、英国留学中のロク・ワントーに二人の出資者を加え、映画興行会社 Associated Theatres 社を一九三五年に設立し、映画事業に乗り出した。一九五九年、社名をキャセイ・オーガニゼーション（Cathay Organisation）に変更し、最盛期には八〇館の劇場を経営していた。同社のランドマークが、一九三九年にオープンし、一三〇〇席のキャセイ劇場が入居した、当時シンガポール一の高層ビル「キャセイビル」である。同ビルは占領中日本軍に接収されたが、映画館は大東亜劇場の名前の下で営業を継続し、戦後は英国軍司令部が置かれた。

なおショウ・ブラザースと違い、ロク・ワントーがマラヤで生まれ、海外留学した英語教育組の海峡華人である事実は、二大スタジオの特性を考察する上で重要な点だが、この点については後述する。

## 3 日本軍政期

難攻不落と言われたシンガポールは日本軍の攻撃によって、わずか八日間の戦闘後、一九四二年二月一五日に英国軍が降伏し、マレー全土はその後の三年半、日本軍政下に置かれた。この間の映画政策と二大スタジオの対応について述べよう。

日本軍政は、基本的に英国の統治・行政システムを踏襲し、マレー人に行政職のポストを与える懐柔策を採用し、マレー義勇軍創設と共にトナリグミ（隣組）による相互監視組織を作り上げた。マレー人の協力を引き出そうとした反面、華僑・華人に対しては虐殺、強制献金などの敵視政策を取ったため抗日組織が作られた。特にマラヤ共産党（ＣＰＭ）が創設したマラヤ人民抗日軍（ＭＰＡＪＡ）は、一九四五年七月には、およそ一万人を擁するまでになったと言われる。しかし討伐戦のため日本軍がマレー人警察官を動員した結果、マレー人対非マレー人、特に華僑・華人との報復合戦が生じた。このため、戦後も両者の対立感情が残ることに

日本軍政期のキャセイビル、天長節を祝う垂れ幕が下がっている（提供：Wong Han Min氏）

なった。日本軍政が残した深い傷跡と言える。

当時の「ペナン新聞」の記事に「合計で約二万三〇〇〇リールの英米、中国、マレー、インド映画が残されていた」との記述がある。最初の数年間は、十分な日本映画の配給体制が整っていなかったこともあり、たとえばウォルト・ディズニー社の『ダンボ』（一九四一年）などの作品が、検閲部門によって再編集され、映画館で何度も上映されていた。しかし一九四三年には、シンガポールに南方総支社を置く、映画配給社による日本映画の定期的供給が可能となり、英米製作映画の上映が禁止され、同盟国ドイツ、イタリアなどの映画に加え、日本映画の傑作が上映されるようになる。マキノ正博監督の『阿片戦争』（一九四二年）、島耕二監督の『シンガポール総攻撃』（一九四三年）、アニメ映画『桃太郎の海鷲』（一九四三年）などが代表的な作品である。これらの戦意高揚映画ばかりでなく、一九三〇年代に流行したエノケン（榎本健一）に代表される庶民劇、ナンセンスものも上映され人気を博していた。ティモシー・ホワイトは「多様性に富む日本映画の話法、カメラ技法は、P・ラムリーのような、若きマレー人の映画ファンに影響を及ぼした」と述べている。

では、日本軍政下でのショウ・ブラザースの対応はどのようなものであっただろうか。リー・クアンユーは「日本軍政下で、目前《めさき》の利く商売人たちがいた。特にショウ・ブラザースは、グレート・ワールド、ニュー・ワールド内に賭博場を開設する利権を得た」と批判している。同社のウェブサイトが「日本軍政は、戦意高揚映画を安定的に劇場公開するため、ランランに協力を要請し、バナナ紙幣（軍政期に使用された軍票）三五〇ドルを月々支払っていた」と述べているように、日本軍に食い込み、相互依存関係を築いていたのは確かであろう。ショウ・ブラザースの、様々な困難な局面において発揮される変わり身の早さは、彼らの実利主義に裏づけられている。たとえば、ランミー・ショウは、一九六九〜七六年まで政府観光局（STB、旧観光促進局［STPB］）会長を務め、日本、オーストラリア、英米に支社を設置するなどの業務改革を推進した。リー・クアンユーとの怨念を超えた実利主義的協力例だと言える。

## 4　戦後の映画産業と二大スタジオによるマレー語映画黄金時代

戦後初のマレー語映画は、B・S・ラージハンス監督の『自由への叫び』（一九四六年）である。本作はショウ・ブラザース、キャセイの傘下ではないMalayan Arts Productions社が製作したインディーズ映画であり、マレー人と華人の若者が協力し、抗日運動を展開するというテーマを採用したという点で特筆される。

しかし、本作は二大スタジオ傘下の興行会社からボイコットされ、少数の劇場での上映機会しか得られず失敗作となった。同様に、一九四六年に中華電影社が製作した華語映画『華僑血涙』も、華語映画の火つけ役にはならなかった。インディーズによる映画制作の萌芽は、製作・配給・興行という強固な垂直統合を基にした二大スタジオの厚い壁に阻まれてしまったのである。これは、日本の一九五三〜七一年まで続いた大手映画会社五社による専属監督・俳優の引き抜きを禁止する「五社協定」、及び映画館が配給会社の系列館となる代わりに、年間を通じて配給会社が自社作品を供給する義務を負う「ブロックブッキング制」そのものである。ショウ・ブラザースも相次いで、抗日をテーマにした華語映画『シンガポールの歌』(一九四六年)、『第二の故郷』(一九四七年)を製作したが、やはり興行的失敗に終わった。

この背景について、戦後のマレー半島の歴史を簡単にひもといてみよう。「日本軍政期」で述べたように、マレー人と華僑・華人の感情的確執は解けず、戦後英国軍政に戻ったマレー半島では、CPMが公認政党になる一方で、日本軍政協力者とみなされる者を人民裁判にかけ、日本軍政下で警官だったマレー人の公開処刑も行われた。CPMは、マラヤ、シンガポール全土で労働組合を結成しストを指導した。史上最高のスト発生件数を記録した一九四七年、CPMに脅威を覚えた英国は翌年、非常事態を宣言し、同党を非合法とし幹部を大量逮捕した。こうしてマレー半島は、マラヤ連邦政府が一九六〇年に「非常事態宣言」を解除するまで、戦前に英国軍が創設した「マラヤ連隊」とCPM間の悲惨な内戦状態に陥った。この暗い情勢下で、庶民は政治色のない明るい娯楽映画を求めたのである。

更に、広東、福建系が主流を占める東南アジア地域では、華語映画は大きな否定要因だったと考えられる。趙衛防は「日本の敗戦から中華人民共和国成立までに香港で製作された四三六本のうち、華語映画は七六本、広東語映画は三六〇本、福建語映画は一九五〇年の一本から、一九五九年には八九本が公開され、華語映画を凌駕した」と述べている。

ショウ・ブラザースは、マレー語映画の潜在力をテストすべく、一九四〇年に製作した『真珠』を戦後に再公開した。その成功を基にシンガポール国内のみではなく、マラヤ市場、イン

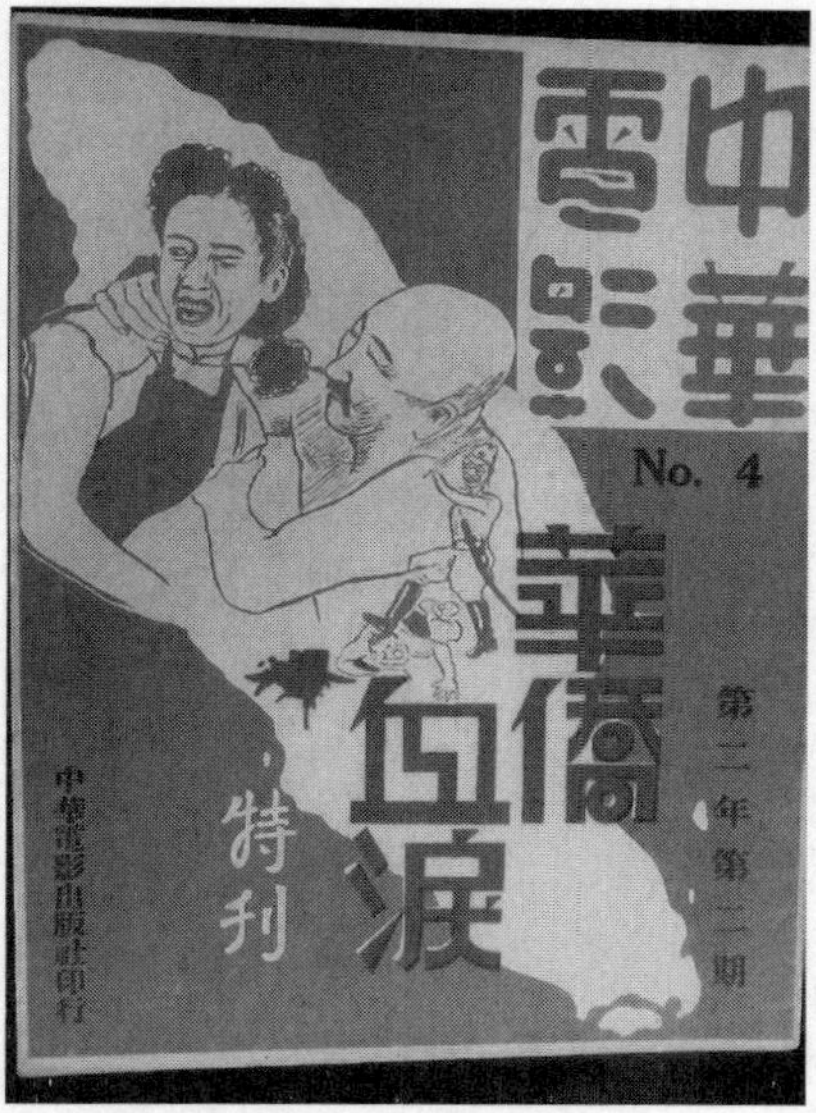


『華僑血涙』（提供：Wong Han Min氏）

『第二の故郷』（提供：Wong Han Min氏）

ドネシア市場に進出すべく、マレー語映画を製作するMalay Film Productions（MFP）社を一九四七年に設立した。同社は、インドからB・S・ラージハンス、クリシュナン監督と技術者、更に彼らを補完するため、フィリピン人監督も招聘した。こうして、一九六七年に閉鎖するまで、約一六〇本のマレー語映画を製作し、シンガポールにおける「マレー語映画黄金時代」の一翼を担うことになる。ちなみに、一九五〇〜六七年に二大スタジオが製作したマレー語映画は二五〇本以上で、特に一九五八年は、年間最高の二〇本が製作されたと言われている。

戦後、マラヤに復帰した英国は、一九四六年、「マラヤ連合」を発足させた。マラヤ連合樹立に際し「エスニック集団を問わず、同等の権利が与えられる」との案を提示したが、一九四六年に結成された統一マレー人国民組織（UMNO）から猛反発を受け、彼らの要求を大幅に受け入れる形で一九四八年「マラヤ連邦」が発足した。特筆されるのは、田中恭子が『48年憲法』は、マラヤがマレー人の国であることを確認し、その政治的優位を確保するため、華人に市民権を与えまいとするものだった」と述べている点である。この華人に不利な状況を打破すべく、一九四九年に設立されたのが英語教育組を主メンバーとし、CPMに批判的な勢力を統合した初の華人政治組織、マレーシア華人協会（MCA）である。一九四六年に結成されたマレーシア・インド人会議（MIC）も、一九五四年、UMNO・MCA連合に加わり、三者による連盟党が結成された。一九五五年、総選挙の同党の圧倒的勝利を基にラーマンが初代首相となり、一九五七年、「マラヤ連邦」は、英連邦の一員として完全独立を果たした。

この独立への過程でマレー・ナショナリズムが高揚し、MFP社は、マレー人の監督登用を検討せざるを得なくなった。この結果、一九五五年、『ベチャ引き』で監督デビューを果たす、P・ラムリーを中心とするマレー人監督による、本格的なマレー語映画黄金時代を迎えることになる。

P・ラムリーは、一九二九年ペナンに生まれ、自ら作曲した『Azizah』(一九四八年)が、B・S・ラージハンス監督の注目を浴び、彼の勧めに従い活動の場をシンガポールに移した。MFP社が製作した『愛』(一九四八年)で助演俳優兼吹き替え歌手としてデビューした後、『神の意思』(一九五〇年)で、初の歌える主演俳優として抜擢された。三四本のメガフォンを取ると同時に、二〇〇曲以上を作曲した実績から理解できるように、俳優、監督、脚本、歌手、作曲家と幅広い才能を開花させた。彼は、一九六三年に東京で開催されたアジア映画祭で、「最も多才な俳優」の称号を受けている。

しかし一九六五年、マレーシアからのシンガポールの分離・独立は、彼に大きな影響を与えた。一九六四年、彼はマレーシアに創作の場を移していたが、両国間の軋轢に起因する人材交流遮断と資金難・機材不足に直面する。更に、ムスリムであるにもかかわらず、酒とギャンブルを愛し、三度の結婚を経験した彼にとって、マレーシアは、ナショナリズム高揚下でのイスラーム化により安住の地ではなくなっていた。トーマス・フラーは「マレーシア政府は、ギャンブル、アルコール禁止を強化し、キャバレーは閉鎖され、女性はゆったりとした服を強制された。皮肉なことにマレーシア政府が採用した、マレー人優遇政策とイスラーム教強化政策は、P・ラムリーが愛した芸術的自由を死に追いやった」と述べている。自由を愛する彼の価値観は、「五七年マラヤ連邦憲法」第一六〇条に示されたマレー人の定義「①イスラーム教を信仰し、②日常的にマレー語を話し、③マレーの習慣（アダット）に従う者」によって打ち砕かれたのである。

彼の全出演作六三本のうち四三本がシンガポールで、二〇本がクアラルンプールのムルデカ・フィルム・スタジオで、また監督作品全三四本のうち、一六本はシンガポールで制作された。一九七三年、四四歳の若さで逝去した彼の遺作は『Laksamana Do Re Mi』である。

ではキャセイのマレー語映画製作活動を見てみよう。

戦後シンガポールに戻ったロク・ワントーは一九四七年、英国を基盤とするアーサー・ランク社と独占契約を締結し、シンガポール、マラヤ、タイ、そして香港で、英米映画の配給・興行を開始した。一九四八年にまず國際戲院有限公司（International Theatre Ltd.）を創設し、ワイドスクリーンを備える最新映画館を積極的に建設した。

その一方で、マラヤ連邦がシンガポールの二倍の売上を一九五一年に上げている事実に注目した彼は、MFP社に対抗すべく、一九五三年にキャセイ・クリス（Cathay-Keris）社を設立し、マレー語映画製作を開始した。インド、ハリウッドに赴き、ハリウッドから最新技術者を招聘すると共に、人材も育成するというロク・ワントーの方針下で、同社は一九五三〜七二年までに一一五本のマレー語映画を製作した。

## 5　香港における二大スタジオ

インジン・ジャンは「一九五六～六五年の香港は、キャセイとショウ・ブラザースが激突する二大スタジオ時代に突入した」と述べている。

一九四九年の中華人民共和国成立後、ランラン・ショウは、低率な税制度、輸出主導の事業環境、豊富な人材を持つ香港のスタジオの機能向上と拡大を決定した。同時に消費地として高利益を誇る東南アジア圏の劇場チェーンへの供給のため、広東語、華語映画製作を拡大していった。

一九四六年、上海から香港に戻ったランディー・ショウは、南洋映画社を、ショウ父子社(Shaw and Sons Ltd.)に社名変更して華語映画製作に乗り出した。しかし彼の低コスト路線採用によって、約七〇本の華語映画は好成績を収められず、観客の嗜好変化に対応した、キャセイの國際電影懋業有限公司(Motion Picture and General Investment Co.Ltd.［MP&GI社］)との競争に後れを取ることとなった。

東南アジア地域におけるMP&GI社製作映画の人気の高さに驚いたランランは、一九五八年、ランミーと共に五〇〇万香港ドルで、ショウ・ブラザースHK社を設立し、ランディーを退任させ、ショウ父子社を配給会社へ格下げした。この時に、ランランが広報担当責任者として採用した人物がゴールデン・ハーベスト社の創設者であり、ショウ・ブラザースの好敵手となるレイモンド・チョウである。ブルース・リー、マイケル・ホイの起用によって、同社は一九七〇年代後期にはショウ・ブラザースの地位を追い落とすまでに成長した。
ショウ・ブラザースに戻ろう。

ランランは一九六一年、一〇時間シフトの二四時間操業体制で年間四五本の映画（平均予算八〇万香港ドル）を製作できる六五万平方メートルの「ムービー・タウン」を竣工させ、MP&GI社との本格的な競争に挑んだ。ポシェク・フーは「このスタジオは、効率性の最大化、工程の標準化を備えたフォード社の工場のようだった。従業員への合理的管理は、たとえば一七〇〇名のスタッフがスタジオ併設の宿泊施設に住み込み、低給与と厳しい雇用契約という規律重視のシステムに従わされたことに示されている」と述べている。

一九五〇〜六〇年代のランランの一連の組織再編と、新スタジオ建設の背景には、中国市場の喪失に加え、東南アジア諸国独立後の政治情勢の変化がある。マレーシア、インドネシアを代表とする東南アジア諸国では、新たなナショナル・アイデンティティを構築するには、外国人である華僑を排除する必要があるとの反華僑政策が猛威を振るっていた。一方、英語を公式言語としたシンガポール政府は、興行関係者を脱税者、イエロー・カルチャーの元凶とみなし、厳しい検閲と映画輸入に高率の関税を課したのである。

この状況下でショウ・ブラザースが取った戦略の一つが、前述したムービー・タウン建設である。また、俳優に華語を教える教師を上海から招聘し、一九六〇年代中期には華語をスタジオ内の公式言語とした。ポシェク・フーは「華語映画の世界覇権への野望に根ざす文化ナショナリズムと、ビジネス上の計算が背景にある」と指摘している。ランラン・ショウが日活や東宝から井上梅次、中平康、村山三男などの監督、カメラマンの西本正などの人材を招聘し、技術・知識を自社の人間に吸収させたのにも、その一端が示されている。

新スタジオ建設決定は、ランランの香港映画産業の隆盛を読み込み、一九六五年のシンガポールの分離・独立以降、顕著になるマレー語映画凋落を予測した結果だと考えられる。この背景となる諸要因については次項「マレー語映画黄金時代とその衰退」で後述する。

なお、世界制覇に向けたショウ・ブラザースの企業戦略について、リリー・コンは「一九六〇～七〇年代の全盛期には、多様な中国語方言に加え、少数だが欧州各国向けに輸出国の言葉に吹き替えられた。更にマレー語映画には、マレーの格言などの文化的要素が盛り込まれた」と述べている。特に「文化的要素」との指摘は、海峡華人であるロク・ワントーとの差異を示しているので後述したい。

キャセイは一九五三年、香港子会社の國際影片發行公司（International Films Distributing Agency）を設立し、主として東南アジアへの配給を行っていた。一九五七年、ロク・ワントーは「シンガポールとマレーシアに一一の映画館を建設し、三年以内にその数を六〇以上にし、そのうち、数か所は空調設備、大規模駐車場を完備した最新鋭のものにする」と宣言した。映画館増設に伴い、製作本数増加への需要が高まった。一九四九年の中華人民共和国成立後、香港に多くの映画人が逃亡した。ロク・ワントーは、その一人であるリー・ズーユンが所有する永華社と契約し、当初は、同社の華語映画の配給を行っていた。一九五四年、映画倉庫火災により財政危機に陥った永華社を翌年買収し、一九五六年に設立したMP&GI社、及びキャセイは、一九五五~七〇年に約二五〇本以上の広東語、華語映画を製作した。ここに、香港における二大スタジオ時代を迎えたのである。

ショウ・ブラザースが『楊貴妃』(一九六二年)、『梁山泊と祝英台』(一九六三年)などの古典劇・歴史劇を主として製作したのに対し、MP&GI社は脚本重視の西洋風都会劇、ミュージカルを得意分野とした。同社の大ヒット作となったのが、イー・ウェン監督の『マンボ・ガール』(一九五七年)である。戦時下の抗日運動を背景にして、同じ男を愛した三人の女性を描いたイー監督の華語映画『星星・月亮・太陽』(一九六一年)は、一九六二年の台湾・金馬奨を受賞した。

両社は、監督、俳優の引き抜きを含む激しい競争を一九六四年の協定書締結まで繰り返したが、キャセイは一九六四年、ロク・ワントーが飛行機事故で不慮の死を遂げる(享年四九歳)悲劇に襲われる。後継者の義弟(妹の夫)チュー・コクリョンは、一九六五年、MP&GI社を、キャセイ・オーガニゼーションHKに社名変更したが、最終的に一九七一年、香港スタジオをゴールデン・ハーベスト社にリースし、配給・興行に特化することを決定した。

一方、香港のショウ・ブラザースは、ロク・ワントー死後のMP&GI社の製作本数減少と、中国の文化大革命による映画本数減を好機として、『大酔侠』(一九六六年)に代表される、武侠カラー映画を製作した。これらの多くは、東南アジアの観客を魅了して確固たる興行界の王座の地位を築いていく。一九七〇年代初期には、前述した「ムービー・タウン」を拡大し、年間四〇～五〇本の作品を安定的に供給できる体制とした。こうして、同社がアジア諸国で所有する劇場は、一九七三年には一四一館、契約館は三五〇館に達したのである。

## 6　マレー語映画黄金時代とその衰退

ショウ・ブラザースは一九六六年、平均製作費の一〇倍以上の七五万リンギットをかけた、マレーシア首相ラーマン原作、ジャミール・スローン監督の愛国カラー巨編『ブルション王』の興行的大失敗をもって、一九六七年にMFP社の閉鎖を決定した。しかし、マレー語映画製作からの全面的撤退でなかったのは、一九六六年クアラルンプールのムルデカ・スタジオを買収し、マレー語映画を製作した事実に示されている。リー・クアンユーの「マレー化政策」撤廃により、マレー語映画は、新生マレーシアの下で推進した方が得策だと判断し、あえて『ブルション王』を製作したと考えられる。しかし一九七〇年代には急速にムルデカ・スタジオの製作本数は減少し、一九八五年、マレーシア映画公社（National Film Development Corporation Malaysia［FINAS］）に売却する決定を下した。

一方、キャセイ・クリス社は、一九六八～七二年まで、シンガポールで唯一のマレー語映画製作会社として、インドネシア映画の父と言われるウスマル・イスマイル監督との共同製作によるインドネシアへの配給安定化を試みたが、一九七二年に製作を停止した。

次に、マレー語映画衰退の要因について述べる。

一九五九年、リー・クアンユーは「マラヤ連邦との統合による独立」を最優先政策とし「マレー化政策」を採用した。しかし一九六五年の分離・独立、及びその後の積極的な外資導入と輸出志向工業化政策はマレーシアとの一体感を喪失させ、マレー化政策を一九六七年に廃棄する。隣国マレーシアやインドネシアの感情に配慮し、マレー語の国歌、国語は維持したが、非マレー系のマレー語学習推進運動は、一九六七年に自然消滅した。実質的マレー語のマイノリティ化であり、マレー語映画衰退の一因になった。

一九六〇年代初期から政府は、勤勉な労働者育成のため、モラル退化に結びつく要素はすべて排除するとの「イエロー・カルチャー撲滅運動」に着手する。S・ラジャラトナム文化大臣（当時）は、輸入を含む多くの映画に対する検閲強化による映画浄化運動を提起した。伝統的植民地時代の遺風である性表現と暴力禁止に加え、政治的に悪影響を与えるとみなされた映画も上映禁止の対象となった。更に、青空上映会も不逞の輩の集合場所になるとの理由で禁止され、映画館内のゲーム機器、ジュークボックスも同様に禁止された。

当然のように、この政策実施は深刻な打撃を与えた。ランランは「シンガポールは、あまりにも清潔過ぎる」と不満を露わにした。またストの頻発や一九六四年の民族暴動、特に一九五七年から続いたMFP社のストは、一九六四年、P・ラムリーが新生マレーシアへの可能性を抱いて旅立つ背景となった。彼は一九五九年、労働組合委員長に就任したが、内部の政治対立に嫌気が差し「椰子の木がいかに高く強くても、ヤドリギに寄生されたら死ぬだろう」と慨嘆し、翌年に辞任する。更に、彼と覇を争ったフセイン・ハニフ監督も死去し、シンガポールはマレー語映画黄金時代を築いた二大監督を一挙に失ってしまったのである。

テレビの影響も大きい。「国家は人民行動党（PAP）、PAPは国家」と考えるリー・クアンユーは、映画を国民統合のプロパガンダ・ツールにしようとせず、国営ラジオ、国営テレビをPAPの有効な宣伝媒体として活用した。テレビ放送は一九六三年に開始されたが、一九六五年、ラジオ局（Radio Singapura）と合併し、同年、国営ラジオ・テレビ公社（RTS）が創設された。しかし輸入番組の放映に際しては、西欧の文化的な悪影響を避けるために徹底した検閲が実施された。一方で現実主義的側面も示されている。公営放送局であるにもかかわらず、収益源確保のため、広告スポット放映が一九六四年より英語番組のチャンネル5（後に華語番組のチャンネル8も）で開始された。

マレー語映画は、テレビ放映開始による観客の嗜好変化に対応できなかった。長閑なカンポン（kampung［村落、田舎を意味するマレー語］）生活を描くマレー語映画は、テレビ番組と比べて時代遅れとみなされた。この変化を加速させた背景には、住宅開発庁が建設する公営住宅（HDB）の居住者が一九六〇年の九％から一九八五年に八一％と急増した結果、マレー語映画の主舞台である伝統的なカンポン共同体が崩壊していった事実がある。更に前述した外資導入と輸出志向工業化政策は、観客の主体である若者の、ハリウッド映画、香港映画、更にインドネシア映画への嗜好変化の契機にもなった。多くの輸入映画は、テレビに対抗できる高技術を駆使し、何よりもカラー映画だったのである。

とは言え、テレビの急激な普及とマレー語映画低落にもかかわらず、シンガポールは、世界でも有数の、国民一人当たりの年間鑑賞回数が一四回という高い数値を誇っていた。国産映画保護のための他のアジア諸国で採用された輸入割当制度（クオータ制度）もないシンガポールで、外国の映画製作会社が市場をいかに享受していたかがうかがわれる。

シンガポールの分離・独立は、二大スタジオにとってマレーシア市場の喪失を意味した。より重要なのは、映画関係者と機材の交流自体を政治問題とみなす「情報交換規制政策」である。これにより、新生両国の映画産業製作スタッフ、機材の分断が起こり、映画産業に深刻な影響を与えた。なお、インドネシア市場喪失の影響について、ジョン・A・レントは「全盛期のマレー語映画の多くはマレー半島内の市場だけではなく、言語的近似性を持つインドネシアに輸出され利益の稼ぎ手になっていた。しかし、スカルノ大統領が一九六二年末に宣言した『対決（コンフロンタシ［Konfrontasi］）政策』と、インドネシア映画産業発展は、マレー語映画衰退の一大要因となった」と指摘している。同政策は、大規模輸出市場喪失を意味し、二大スタジオの経営難を加速させる契機になったのである。

筆者はレントの指摘に加え、シンガポール政府の文化・芸術産業軽視の結果、公的保護・支援政策が何ら取られなかったことも極めて大きな要因だと強調したい。ロク・ワントーは、政府の消極的姿勢に対して、「マレーシア映画産業の長期的発展に、政府の支援は不可欠である。たとえば、インドでは文化的に価値がある映画と認定されると、娯楽税はすべてプロデューサーに還元される」と述べている。

## 7　二大スタジオの特性

　ショウ・ブラザースは、厳しい製作スケジュールによる徹底したコスト管理戦略を採用した。またスタッフを教育するというより、経験を積んだ人材をインド、フィリピンから招聘し、効率最優先の経営体制を採用した。また同社は、映画を商品と捉え、資産・資金移動が容易な自由貿易港である香港を製作基地とし、シンガポールを配給・興行基地として最大限に活用した。兄弟の一部が故郷に残り、他が海外進出し市場開拓するという血族重視の華僑の伝統的思考と、国境を越えたグローバル企業の経営理念を結合させたのである。

一方、キャセイ・クリス社は、ロク・ワントーの下で、撮影開始前にイスラーム教の集団礼拝を行うなど、マレー文化と慣習をスタジオ内に浸透させた。またマレー語映画は、マレー人のプロデューサーに任せるべきとの信念を持つ彼は、S・ルーマイ・ヌールを同社で初のマレー人共同プロデューサーに任命した。一九六四年以降、すべての監督はマレー系になり、同社の俳優はショウ・ブラザースのMFP社より高給だった。クリシュナン監督の「MFP社と比べてキャセイは、より大きな創造的自由を与えてくれた」との発言からも、ロク・ワントーの海峡華人としての文化哲学がうかがわれる。

　彼は一九五九年、「マラヤがマラヤ連邦として独立を果たし、シンガポールが自治権を獲得した今、国家は、自らの独立した文化を持つべきである。映画は、この目的を促進させる媒体であるべきだ」と述べた。キャセイ・クリス社に創設された華語映画製作部門の第一作『ライオン・シティ』（一九六〇年）は、己がルーツの根源である中国文化再確認願望と同時に、海峡華人の誇りが裏づけられた作品である。彼のあまりにも早い死は、シンガポール映画の一つの可能性を失わせたと言える。

## 8　インディーズの活動

二大スタジオ独占状態にもかかわらず、短期間であれ、精力的に映画を制作したインディーズ企業の活動について、現在残されている限定的な資料の範囲で紹介しよう。

**・ヌサンタラ映画社**　ツー・チウメンが設立し、一九五〇年、A・R・トンペル監督が、マレー語映画『Neverending Regret』を制作した。しかし直営館を持たなかったこともあり、一九五四年に事業を停止した。

**・コンニー社**　一九三〇年代後期より配給・興行を行っていたホー兄弟が設立した同社は、香港の監督、俳優の協力を得て、『The Rouge Tigress』（一九五五年）を皮切りに広東語映画を主としながら、福建語映画『Peach Blossom』（一九五七年）、及び潮州語映画の製作も行った。また、英語字幕の「南洋三部作」（『The Whispering Palms［椰林月］』［一九五七年］、『Blood Valley［血染相思谷］』［一九五七年］、『China Wife［唐山阿嫂］』［一九五七年］）は、高い興行成績を収めた。しかし二大スタジオ、ゴールデン・ハーベスト社との興行を巡る競争の末、一九七〇年代初期には、香港での製作を減少させ、最終的に閉鎖に至った。

**・チョンゲー社**　コー・チアンキットが、シンガポール華僑・華人向けに、中国、香港、台湾映画の配給・上映会社として創立した。同社の代表作は『橋的両岸（Two Sides of the Bridge）』（一九七六年）である。マレーシア生まれの華人で、シンガポール永住権を持つリム・アンが監督した本作は、マレーシアの片田舎で華語教育を受けた青年が、一九七〇年代の急激な都市再開発が進むシンガポールで、孤独感に苛《さいな》まれ転落していく過程を描いた作品である。観客の大きな共感を呼んだが、興行的には失敗し、コーの死去に伴い資金調達問題もあり閉鎖された。

『橋的両岸』（提供：Wong Han Min氏）

**・BAS国際映画社**　サニー・リムが一九七七年に創立した。同社は、ショーン・コネリーの『007』シリーズ女性版と言える『They Call Her Cleopatra Wong』（一九七七年）を製作し、大ヒットさせた。二〇〇五年七月一日の「ビジネス・タイムズ・アジア」は、「クエンティン・タランティーノ監督の『キル・ビル』（二〇〇三年）に影響を与えた代表的B級映画」との記事を掲載している。サニー・リムはその後、香港、フィリピンと共同製作した、ボビー・A・スアレス監督の『バイオニック・ボーイ』（一九七七年）と、続編『ダイナマイト・ジョンソン』（一九七八年）を大ヒットさせる。しかし、検閲当局に不穏当な内容だとみなされたため投資家募集に困難をきたし、活動の場をマレーシアに移し一六本の映画を製作した。

**・エンワー映画社**　香港でゴー・エンワーが創設し、福建語、広東語の映画を製作した。

以上のとおり、「イエロー・カルチャー撲滅運動」に加え、厳しい検閲下に置かれている映画産業に失望した投資家は離反していった。更に直営映画館を持たないインディーズ企業の多様な製作活動は困難な状況に陥り、二大スタジオの牙城の前に閉鎖したのである。

企業による製作ではないが、『Ring of Fury』（一九七三年）も紹介したい。本作は、一般投資家から資金を募り、トニー・ヨー監督が、プロの武闘家を起用して制作したカラー・ワイドスクリーン映画である。一九七三年に死去したブルース・リーへのオマージュと、クンフー映画の成功に触発され制作された。しかし、ブルース・リーの『ドラゴンへの道』（一九七二年）と同様、本作もその過激な暴力場面によって上映を禁止された。

一人当たりの年間映画鑑賞回数が一九・三回とピークを記録した一九七九年に見られるように、一九七〇年代は輸入映画の配給・興行黄金時代を迎える。その後の一九八〇年代から国産映画製作が停止し、一九九〇年代中期まで長い停滞期が続く、「文化の砂漠」と呼ばれる時代となる。

## 9 グラス・ルーツの活動

「文化の砂漠」期におけるグラス・ルーツの活動は、エリック・クー監督を代表とする若手監督誕生の要因になった。一九六一年、シンガポール映画協会（ＳＦＳ）から分離した「シンガポール・シネ・ビデオ・クラブ」は、一九六八年よりシンガポール人を会員として受け入れるようになった。グラス・ルーツ活動の始まりと言える。一九八三年、同クラブのアマチュア向け初のコンペが、オープン部門と学生部門の二つに分かれて開催され、多くの応募者が参加した。この成功に鼓舞されたシンガポール国際映画祭（ＳＩＦＦ）は一九九一年、シンガポール短編映画賞部門を開始した。二〇〇八年四月二三日の英字紙「ストレイツ・タイムズ」は、エリック・クー監督の「ＳＩＦＦの短編映画賞がなかったら、誰も映画を制作できなかっただろう、賞金は魅力的だった」とのコメントを掲載した。ビデオ・クラブの賞金を原資として短編を制作していたクー監督は、長編映画制作資金の一部にＳＩＦＦ短編賞の賞金を充当したのである。

ここで、ＳＩＦＦについて触れたい。映画制作の活性化と、ハリウッド映画独占状況を改善すべく、建築家、俳優でありシンガポール永住権を持つオーストラリア人ジェフリー・マローンの映画祭提案によって、第一回のＳＩＦＦが開催された。

第一回（一九八七年）はコンペ形式を取らず、五三本の映画が上映され、うち一九本がアジア映画だった。第二回（一九八九年）からは完全にシンガポール人スタッフによって運営され、アジア映画に焦点を当て、少なくとも半分はアジア映画とする「アジア映画の窓口」として、自らを位置づけた。この変更に影響を与えたのがフィリップ・チアである。彼は「我々の映画祭はアジアのためにあるべきだ。アジア映画を真剣に観る世界の映画祭がないからこそ、我々はアジア映画祭を目指さなければならない」と強調し、国産映画としてＰ・ラムリーの回顧上映を実施した。

第四回（一九九一年）からアジア映画のコンペを呼び物にする、同地域初のシルバー・スクリーン賞と、短編映画賞二部門を創設した。その後、第八回（一九九五年）には、特に東南アジア諸国の映画に焦点を向けた。フィリップ・チアは「地域の人々が、地域の映画の価値を正当に評価するのは重要だ。国際的評価を受けている東南アジア諸国の映画監督さえ、隣国の人々が知らないのは恥ずべきことだ」と強調した。

フェリシア・チャンは「ＳＩＦＦのピークは一九九七年だった。政府機関から三万八〇〇〇Ｓドルの協賛金を得た上に、『Saint Jack』の上映禁止を一時的に棚上げにさせて上映できた。また『They Call Her Cleopatra Wong』、『ダイナマイト・ジョンソン』の初公開にこぎつけたからである。更に四万五〇〇〇枚の切符のうち、九五％以上をシンガポール人に販売できた」と述べている。その後、入場者は二〇〇三年の六万一六〇〇人をピークに減少し始め、二〇〇五年には実行予算を一〇〇万Sドルから八〇万Sドルに削減せざるを得なくなった。更に政府支援も二万五〇〇〇Sドルに削減された。二〇一二年には資金調達問題もあり、開催できなくなった。バンコク国際映画祭の予算は七七五万米ドル（推定）で、ほとんどはタイ政府観光局から、釜山国際映画祭の予算五〇〇万米ドルの六〇％は、韓国政府から拠出されている。しかし国際的評価を得ているSIFF総予算の五〇％近くは、民間スポンサー収入で賄われている。

この苦境を乗り越え、二年間の休止期間を経て二〇一四年、SIFFからSGIFFに略称を改め、五〇か国からの短編を含む一四七作品が上映された。SGIFFのホームページでは「一〇万人以上の観客が鑑賞し、二三作品が完売となった」と述べている。なお、ケン・クエック監督の『Unlucky Plaza』が、二五年間の同映画祭の歴史で初めてシンガポール映画としてオープニングを飾った。

# 第3章　文化・芸術政策と映画産業推進政策

この章では、文化・芸術政策の特性と映画産業推進政策の変遷について述べる。まず、管轄政府機関について概観しよう。

## 1　映画産業推進政策を含む文化・芸術政策の管轄政府機関

### (1) 情報コミュニケーション省（Ministry of Communications and Information［MCI］）

二〇一二年からMCIが文化・芸術政策全般を統括しているが、過去の所轄省を紹介しよう。一九五九～八四年まで、文化・芸術政策は文化省が所管していた。一九八五年、文化省所管業務のうち、芸術振興部門はコミュニティ発展省（MCD）に移管された。その後、一九九〇年に、情報部門とMCDの芸術部門、及び関連法定機関を合併し情報芸術省（MITA）が創設され、初代大臣にジョージ・ヨーが就任した。二〇〇一年、情報技術部門を加え情報通信芸術省（Ministry of Information, Communications and the Arts）が創設され、略称も二〇〇四年にMITAからMICAに変更され、二〇一二年には、前述したMCIに改組された。リー・シェンロン首相は、MCIと文化・コミュニティ・青年省（MCCY）の改組の目的を「新しい発展段階に入り、社会とコミュニティはより重要な議題となっている。①家族の紐帯《ちゅうたい》強化と、社会的セーフティ・ネットの充実、②芸術とスポーツの振興、若者のボランティア活動への参加促進を通しての社会資本構築、③ソーシャル・メディアと、急速な技術進歩に対応できるコミュニケーション能力育成」と述べ、シナジー効果を強調した。

二〇一二年の改組に伴い、MCCYは、MICAの法定機関だった国家芸術評議会（NAC）、国家遺産庁（NHB）を引き継ぎ、青少年への愛国教育、及び人民協会を通しての国民教育（NE）を使命としている。一方、MCIには、文化・芸術活動の規制・促進を担当する、メディア開発庁（MDA）が残された。法定機関とは、国会で制定された法律に基づき、機能、業務範囲、権限などが定められ、監督省庁を通し国会に責任を持つ、管理・財務面で自主性の強い政府機関である。

MICAは、情報・通信・文化・芸術の国際的な拠点都市（Global City）として同国を発展させるため、創造産業の振興と共に国民再統合の強化を使命とした。しかし、MCIの業務は、情報通信、メディア、デザイン企業の開発と人材育成により、持続的経済成長を達成し、洗練された国家を構築することであり、「芸術」の文言は削除された。二〇一三年にMCIが創設した「運営委員会」は、意見を広く公聴会などから聴取し、二〇一五年中旬までに「情報通信・メディア・マスタープラン二〇二五」を取りまとめる予定である。

### （2）メディア開発庁（Media Development Authority［MDA］）

メディア産業の振興と、コンテンツの保護管理及び検閲業務を推進すべく、以下の三部門を合併して二〇〇三年一月に創設されたMCIの法定機関である。

①映画出版局（Films and Publications Department）一九九八年に創設されたメディア統括機関。後述する検閲委員会（Board of Film Censors［BFC］）は同局内にある。

②シンガポール放送庁（Singapore Broadcasting Authority［SBA］）一九九四年に創設された放送部門の統括機関。

③シンガポール映画委員会（Singapore Film Commission［SFC］）一九九八年に創設された。詳細については後述する。

MDAが二〇〇三年に公表した「メディア21報告書」では、シンガポールを一〇年以内にメディア・ハブとする以下の目標を掲げた。

・対国内総生産（GDP）貢献比を現在の一・五％から、シンガポール製コンテンツの輸出、法環境を整備することにより、三％に伸長させる。

・一万人の新規雇用（二〇〇三年当時のメディア産業従業者は三万八〇〇〇人）を達成する。

政府が、映画産業を含むメディア産業発展を重視しているのは、リー・シェンロン副首相（当時）が委員長を務めた「経済検討委員会（ERC）」によって、二〇〇二年に「メディア21報告書」が承認されたことにも示されている。経済優先志向は、同庁のCEOが、IT専門家だった初代のクリストファー・チアを除き、経済官僚出身者であることからも理解できる。彼の後任者、オーベック・カムは、貿易産業省（MTI）の取締役として中国、インド、そしてカナダとの自由貿易協定（ＦＴＡ）交渉を行ってきた。後継者、コー・リンネットはＭＴＩの元貿易担当副書記官、二〇一四年に選任されたガブリエル・リムは、国防省（ＭＩＮＤＥＦ）で外国との防衛関係強化を担当し、二〇一一年より、リー・シェンロン首相の第一個人秘書官を務めていた。

ＭＤＡの使命で興味深いのは、産業促進部局と規制部局が同居している事実である。首脳部が、矛盾なしと考えているのは、ジョージ・ヨーＭＩＴＡ大臣（当時）の次の発言に示されている。一九九三年、「シンガポールを世界の主要なハブ都市とするため、また財とサービス生産の付加価値を高めるため、強力な芸術振興の必要性がある」として、文化・芸術政策推進を強調した。その一方で、一九九九年六月三日の「ウオール・ストリート・ジャーナル」のインタビューでは、「創造性が、我々を強化するのであれば素晴らしいことだが、弱体化するのであれば管理を強化しなければならない」と発言している。

ではここで、ＭＤＡ内にある検閲委員会（ＢＦＣ）について述べよう。

英国植民地時代、マラヤ全土を管轄する検閲本部はシンガポールに置かれていた。一九五七年、英連邦内の自治州となった同国の検閲業務は、一九五三年に制定された「映画条例(Cinema Ordinance Act)」に基づきＢＦＣが継承し、一九五九年に「映画法(Cinematograph Films Act)」が制定される。所轄官庁名は変わったが、ＢＦＣは二〇〇三年にＭＤＡに移管され、現在も存続している。英国は検閲制度の伝統を残していったのである。

なお、ＢＦＣ職員は「一九九八年改正映画法（Film Act Revised Edition 1998)」で次のとおり規定されており、政府の意図に反した決定は不可能である。

第三条　幹部職員はＭＩＴＡ大臣が任命する。

第三六条　ＢＦＣ職員と、善意で本法を守るため協力した者の責任を問うことはできない。

第三八条　ＢＦＣ職員は、すべて公務員とみなす。

一九六八年に導入したレイティング審査を行う映画産業の業界団体「アメリカ映画協会（ＭＰＡＡ）」や、一九五六年に映画界以外の第三者（有職者）により運営される、自主規制機関「映画倫理委員会」が同様の審査を行う日本との違いは明確である。ＢＦＣは、ＭＤＡのホームページで「検閲（Censors）ではなく、レイティングに基づく分類（Classification）を行っている」と述べているが、現在もＢＦＣの名称は、変更されず「Censors」が維持されている。

**（3）シンガポール映画委員会**（Singapore Film Commission［ＳＦＣ］）

ＳＦＣは短編制作に加え、脚本、長編、及び同国で開催される映画関連イベント、合計約六〇〇件以上を支援している政府機関である。一九九八年、創設資金二五〇万Ｓドルを、ＭＩＴＡ、及びＭＴＩの法定機関である経済開発庁（ＥＤＢ）と政府観光局（ＳＴＢ）が共同出資し創設された。当初はＮＡＣが所管していたが、二〇〇三年以降はＭＤＡの一部門となった。

ＳＦＣの使命は以下の三点である。

①国家の特性を表象する国産映画製作のための人材育成、産業支援。

②創造教育、及びマルチ・メディア産業として多様なテクノロジー発展の支援。

③国民生活の質向上、イベント・センター化による外国人観光客誘致促進の環境づくり。

以上のとおり、総合芸術としての映画認識はさておき、国民統合再強化のための国威発揚のツール、経済的潜在力を持つ次世代産業の有力な候補として映画を位置づけたのである。

## 2 文化・芸術政策の流れ

同国がどのような文化・芸術政策を取り現在に至っているか、主要な報告書を基に変遷を辿ることにしよう。

### (1) オン・テンチョン (Ong Teng Cheong) 報告書

一九八九年、「文化と芸術に関する諮問委員会」が公表した本報告書の目標は、一九九九年までに、文化的で活気ある社会 (cultural vibrant society) を構築することであった。文化的で活気のある社会を「情報化され、創造的且つ感性豊かな社会」と定義した上で、国際的な芸術公演会場のハブになる潜在性をシンガポールは持つ。しかし、現在不足しているのは文化施設(ハード)と、教育機会(国民生活の改善)だとして、組織改正の必要性を提案した。本報告書は、ゴー・チョクトン副首相兼国防相(当時)が「経済発展を遂げた今、我々は文化芸術資源に注力し、国家の活力と生活の質を向上させるべきだ」と述べたように、同国の文化・芸術政策の転換点になったと言える。

本報告書に基づき、一九九一年に芸術家育成を通して芸術活動促進を主業務とするＮＡＣが創設された。また、一九九三年には「祖先へのよりよき理解を深め、シンガポール文化と遺産収集、展示及び調査の実施により、ナショナル・アイデンティティの観念を醸成する」ことを使命とするＮＨＢが創設された。なお、ＮＡＣは芸術鑑賞キャンペーンに加え、生徒を対象に、有能な指導者によって短期間に経済発展したシンガポールの成功物語を植えつけ、国民意識を醸成するという業務が課せられている。学校教育は国家形成の最強の武器、とする状況が創出されていったのである。

本報告書は、文化・芸術活動の醸成・促進という側面より、「創造性を持つ国民の育成は、持続的経済成長への強力な基礎になる」との思考に基づくと共に、外国人観光客の更なる招致という経済優先の思惑が明確に反映されたものだった。その後、ＮＡＣは芸術都市のイメージを高めるべく芸術の輸出振興策を提起し、ＭＩＴＡは「文化ツーリズム」に言及した。一方、ＥＤＢは、芸術の経済的潜在力（観光客誘致、新規雇用増）を強調し、ＳＴＢは「外国から才能ある人材を招聘するには、彼らが集える環境を構築しなければならない」と主張した。

一九九七年、タン・チンナム（ＭＩＴＡ事務次官）は「創造的シンガポール報告書」をまとめ、エスプラネードの建設、及びシンガポール国立大学（ＮＵＳ）に音楽、パフォーミング・アーツ学部を開設することを提案した。ここで、二〇〇二年一〇月にオープンした、エスプラネードについて触れよう。国内の四一の芸術団体、二つの芸術機構、そして二六人の個人芸術家への資金援助合計が、一九九六年、一六五万Ｓドルだったのに対し、エスプラネードの建設費には、約六億七〇〇〇万Sドルの予算が計上された。同国を代表する劇作家・監督である、故クオ・パオクンは「我々自身の創造教育がないまま、世界から芸術家を招聘するだけで、我々は芸術センターを持っていると言えるのか」と痛烈に批判した。これに対し、ジョージ・ヨーMITA大臣（当時）は「国内市場を頑なに守ろうとする、狭隘なナショナリズムほど、芸術の発展に有害なものはない。我々の国家精神は、コスモポリタン（Cosmopolitan）である」と反論した。

### （2）ルネサンス・シティ（Renaissance City）報告書

二〇〇〇年に公表された本報告書は、「オン・テンチョン報告書」のハードウェア重視から、ソフトウェア（創造性ある人材育成と登用）重視へと転換し、二一世紀にはシンガポールをアジア地域のグローバル芸術シティにするとの目標を設定した。

次の二点を目標とする本報告書は、トップ・ダウンによる文化的営みの政治化であり、具体的政策の形を取って示されている。

・創造産業（Creative Industries）育成と、外国人を含む有能な人材にとって魅力ある環境の整備。
・アジア文化の遺産を土台とする、国民統合の更なる強化。

本報告書の大きな特徴は、「文化的ルネサンス経済（Cultural Renaissance Economy）」との造語で示されるとおり、文化・芸術の経済的影響力に焦点を絞り、先進国は、モノの生産から、独創性、起業性に重点を移行していると述べている。創造性こそが持続的経済成長のキーになると結論づけているわけだ。同時に創造的芸術的活動は、高度知識集約産業に従事する外国人スタッフも惹きつけ、世界と競合できる環境を構築できると強調している。また、「国民統合再構築」では「わずか一世代で、第三世界から第一世界・先進国に変貌させた」と誇るリー・クアンユーの著作『シンガポール・ストーリー』の趣旨を国民が理解することを促している。ケネス・P・タンは「同報告書は、官僚的言辞で満たされている。『文化コミュニティからの諮問を受けた』と言うが、著名な芸術関係者への諮問はなかった」と批判した。

更に、その他の歴史を封印し、海外映画祭での受賞を国威発揚に利用する思考は、映画制作者の異議申し立ての一因になっている。

本報告書は、文化のグローバル化浸透による望ましくない影響への危機感を抱きながらも、一方で「文化の活性化は、多様な開放性なしでは達成できず、新しい芸術の可能性を芽のうちに摘んでは、結果的に果実を失うことになる。我々は今こそリスクを取るべきだ」と述べている。政府部内の保守派と改革派の対立が浮き彫りにされていると言えるだろう。

二〇〇一年、政府はERCを創設した。同委員会の分科会「創造産業部会（ERC－C1）」は、多方面にわたる創造性を活かし、競争力ある新経済への転換を提起した。本提起に基づき、翌年に「創造的且つ連結された国家への課題」が公表され、「新経済政策下で、創造性、起業家精神、技術力、そして知識が収斂した『文化資本』が強力なコンテンツ産業を形成する」と強調している。依然として、「経済発展の手段として、文化・芸術を位置づける」との実利主義的思考に変化がないのが理解できる。

「ルネサンス・シティ報告書」に続いて、MICAは、二〇〇五年に「ルネサンス・シティⅡ」、更に二〇〇八年末には「二〇一五年までに、コンテンツ産業の更なる発展を期すため、才能ある人材を惹きつける活気に満ちた磁石（マグネット）へとシンガポールを転換させること」を目的とする「ルネサンス・シティ計画Ⅲ」を公表した。同報告書で「一九九六～二〇〇六年の文化・芸術部門の平均成長率は五・二％だった。また、初の前期高等教育機関として、『シンガポール芸術学院（SOTA）』が二〇〇八年に開校した」と、実績を誇示している。リリー・コンは「文化政策それ自体というよりも、文化経済政策（Cultural Economic Policies）」と表現し、「芸術を潜在的キャッシュ・フロー源、国家のための現金を生む乳牛と見ている」と批判している。

## 3　映画産業推進政策の変遷とその内容

### (1) 一九七〇～九〇年代前半まで

前章「シンガポール映画の歴史」で述べたように、国産映画が一九八〇年代に皆無となった要因の一つには、映画産業育成政策の欠如があった。一九八一年、映画産業推進政策について質問されたS・ダナバラン文化大臣は「国産映画産業化についての確定的な政策は現在ない」と答弁している。同時に、厳しい検閲と官僚的対応が、外国人制作者のシンガポール・ロケの障害になっている事実を認める一方で、「彼らは、東洋のエキゾチシズムを好んで撮影するが、なぜ我が国が達成した経済成長の側面を描かないのか」との不満を露わにした。

一九八五年、分離・独立後初めてのマイナス成長を経験した政府は、文化・芸術政策を再考する。翌年、持続的経済成長には、経済の多様化が必須との考えから、潜在的経済成長分野として、映画と関連産業を含む創造サービス部門の産業化が検討された。

一九八七年、ＥＤＢが映画産業再生の主管部門となり、「映画産業推進検討委員会」が創設され、動きが加速する。しかし、同委員会が提案したインセンティブは、外国人投資家に対する検閲緩和と支援策であり、委員に映画関係者は含まれていなかった。代わりに社会開発・青年・スポーツ省（ＭＣＹＳ）、ＢＦＣ、内務省（ＭＨＡ）、ＥＤＢ、シンガポール放送公社（ＳＢＣ）、財務省（Ministry of Finance［ＭＯＦ］）、及びＳＴＢ出身者で占められていた。委員構成を見れば、同委員会の経済優先思考は明らかだ。ちなみにＥＤＢは、外国映画製作企業への五～一〇年間の税免除等の優遇税制、外国人プロデューサー、監督、俳優などのスタッフへの源泉徴収課税免除などの支援策を提示した。

一九九〇年、ＥＤＢは「創造サービス戦略的ビジネスユニット」を創設し、翌年四分野（映画と音楽、メディア、デザイン、芸術と娯楽）発展の青写真として、「創造サービス分野開発計画」を公表した。ＥＤＢは、他の国から映画製作者を惹きつける投資奨励策、検閲の緩和、そして完備された製作施設の提供によって、シンガポールを「東洋のハリウッド」にするのは可能だと目論んでいた。まずは、一九九七年の香港返還を控え、映画関係者の大量出国が発生するのではないかと期待したＥＤＢは、香港の制作・技術スタッフを招聘することで、配給・上映ハブとして位置づける促成栽培的発想を持っていた。しかし期待したほど、香港からの映画関係者の移住は実現しなかった。

外資頼みの「東洋のハリウッド」構想は、イタリアの配給会社チェッキ・ゴーリ・グループによる東南アジア地域の最大映画スタジオ構想計画、香港のアジア・テレビ会長ディーコン・チューによる映画製作スタジオ併設の「唐王朝テーマパーク構想」の挫折に代表されるように、無残な失敗に終わったのである。

両計画の失敗は、経済的成功を最優先するEDBの官僚が、数字では割り切れない文化・芸術の本質を理解できなかったことによる。更に、シンガポール人はあくまでも現場における支援要員の位置づけでしかなく、長期的観点に立った、シンガポール自らの力による映画産業再生の青写真が描かれていなかったのである。

香港からの高技能者の大量脱出が起こらなかったため、遅まきながら、EDBは映画製作技術者の育成を図るため、国内の高等技術教育機関への支援を開始する。教育インフラを整備すべく、七〇〇万Sドルを投資して一九九三年、外国の映画学校をモデルにした、技術職養成を主とする三年過程のニーアン・ポリテクニック映画・メディア研究科（FMS）を創設した。しかし、EDBのデイジー・ゴー取締役は、一九九二年「シンガポールは、映画製作国になり得ないというのが一般的思考だ。少ない人口は創造集団の供給を限定的にするし、映画製作融資は当国にとって新しい概念だ。それ故、たとえば、ポスト・プロダクションに必要な、高度な技術的支援システムを構築しなければならない」と述べた。その後、同取締役の「映画製作国になり得ない」との発言に示されるように、一九九六年にEDBの「東洋のハリウッド」からMITAの「東洋のカンヌ」構想へと転換する。世界の芸術センターと自らを位置づけ、アジア地域の映画イベントのハブ化を目指し、SFCを創立することになる。なお、文化育成の所轄部門であるNACは一九九七年、シンガポール国際映画祭（SIFF）のシルバー・スクリーン賞に三万八〇〇〇Sドルの協賛金を供与したが、映画制作者が切望していた資金助成は実施しなかった。

この状況下で、政府の製作資金助成を受けず、リスクを恐れる投資家にも依存せず、経験も乏しいインディーズが、政府に映画政策の再考を促したという事実は極めて重要である。その経緯を見ておこう。

**(2) 一九九〇年代以降の「映画再生」の兆候**

約一〇年以上にわたり、一本も長編映画が製作されていなかったシンガポールにおいて、「映画再生」の兆候は以下の作品から始まった。

・『ミディアム・レア』（一九九一年）実在の殺人鬼アドリアン・リムを描いた本作は、シンガポール人エロール・パンが製作、英国人アーサー・スミスが監督した。
・『ブギス・ストリート』（一九九五年）香港のヨン・ファン監督の作品である。
・『ミーポックマン』（一九九五年）エリック・クー監督の長編第一作で、第九回福岡アジア映画祭の特別審査員賞を受賞した。

・『アーミー・デイズ』(一九九六年) オン・ケンセン監督の作品で、一六〇万Sドルという、高い興行収入を上げた。
・『Money No Enough』(一九九八年) ジャック・ネオ監督が脚本を書いた作品で、過去のすべての興行記録を塗り替える、驚異的な五八〇万Sドルの興行収入を上げた。
・『フォーエバー・フィーバー』(一九九八年) グレン・ゴーイ監督の作品で、各国で上映された。

英国人監督アーサー・スミス、香港人監督ヨン・ファンは別として、シンガポール人監督四人の、国内外での芸術評価と興行的成功は、香港の人材誘致に失敗した政府に、遅ればせながら国内人材に目を向けさせる契機となったのである。

この間、前述したMITAの「東洋のカンヌ」構想への転換も踏まえ、エリック・クー監督は一九九六年、NACに国産映画産業再生を支援する映画委員会創設を望む「シンガポール映画委員会(SFC)創設建白書」を提出した。「ストレイッ・タイムズ」のインタビューで、クー監督は「強力なメディアである映画は、単なる輸出商品ではなく、映像表現を通して我が国の文化・価値観を輸出できる」と述べた。

NACは、翌年に「映画は、正式に支援すべき芸術形態として認知される」と発表した。前述したように、SFC創設により、製作資金助成が実施されることになる。二〇〇七年八月二二日の筆者によるインタビューに対し、ケネス・タン(現MDAのCEO補佐官)は、「『映画再生』への転機には二つの要因がある。FMSとSFC創設だ」と述べた。

### (3) 管轄政府機関の映画産業支援策

以上の紆余曲折を経ながら、現在、管轄機関は積極的な支援政策を次々と打ち出している。

①メディアコープ・レインツリー・ピクチャーズ(MediaCorp Raintree Pictures)社の設立

一九九四年の民営化によりSBCは三部門に分割され、テレビ放送部門としてシンガポールテレビ・コーポレーション(Television Corporation of Singapore［TCS］)が創設され、一九九八年にTCSの映画製作子会社としてレインツリー・ピクチャーズ社が誕生した。同社は現在、TCSを傘下に収めた、メディアコープ・グループの映画製作部門である。元CEOダニエル・ユンの「TCSの中核であるコンテンツ・ビジネスの更なる発展、アジア市場への進出、海外との共同製作促進が事業の目的だ」との発言からも、同社が国策に則っていることが理解できる。

なお、メディアコープ社は、テレビ、ラジオ、新聞、映画製作を中心事業とする同国の一大メディア企業グループである。一九九四年に完全民営化されたが、実質的にテマセク・ホールディングスが、同グループの株を一〇〇%保有している。

②メディア・ポリス(Mediapolis @ one north)プロジェクト

同国初のデジタル・メディア・ハブを目指し、二〇二〇年に竣工予定の官民共同のプロジェクトである。一九ヘクタールの敷地に、デジタル・スタジオ、R&D施設、更にレクリエーション、宿泊施設を完備した総合施設となり、二〇一五年にメディアコープ・グループが移転する。

二〇〇九年七月一日の「ストレイツ・タイムズ」は、「MDAのタン・チンナム会長は『五〇億Sドルをかけ完成させる』と述べた。計画は申し分ないが、来年完成予定の一億Sドルかけたサウンド・ステージのような高価なインフラは、結局持て余すことになるのではないか」との記事を掲載し、疑問を呈した。

③シンガポール・メディア・フュージョン・プラン（SMFP）

二〇〇九年、MDAのCEOであるクリストファー・チアは、以下のとおり述べた。

海外投資家に魅力的なグローバル・メディア・シティを達成すべく、「メディア21」を継承し、更なる発展を期しSMFPを実施に移す。また、世界に通用する人材育成のため「メディア教育連携計画（META）」を立案した。シンガポール国立大学（NUS）とデジタル・ハリウッド社が作成した教育プランに基づき、最大六か月間、ウォルト・ディズニー社などで実務的学習の機会を得られる。

更に、二〇〇九年二月七日の「ストレイツ・タイムズ」は、「タレント育成と雇用増大を目指すSMFPに対し、今後五年間で『メディア21』の四割増に相当する二億三〇〇〇万Sドルを投入する」という、リー・ブーンヤンMICA大臣の強い意気込みを感じさせる発言を掲載した。

④支援策の変遷と映画制作者の反応

二〇〇七年八月七日の筆者とのインタビューで、ある映画関係者は、長編第一作に民間製作会社と共同出資する、SFCの映画制作支援策である「インキュベーター・プログラム」、及び当時のSFCの体制について以下のように述べた。

映画制作振興を目的とする本プログラムは、機能しなかったので実質的に廃止された。助成金が少なく、一〇万Sドルのうち現金は五万Sドルしかなかったからだ。ビデオ・カメラで撮っている監督にとって、劇場用三五㎜フィルムへの転換費用は六万Sドルもかかる。更に、広告・販促費用は含まれず、上映場所が限定され、上映期間も短く平均で数日しか上映されずに消えてしまう。

問題は、SFC内に脚本を評価できる経験のある優れたスタッフがいないことだ。適当に広く薄く助成金を、特にポリテクニック卒業生の卒業制作などにばら撒くばかりで、本当に優れた監督に対して資金を出していない。

では、「インキュベーター・プログラム」以降の制作資金支援について述べよう。

・長編映画制作支援ファンド（Feature Film Fund［FFF］）

二〇〇八年八月一三日と翌年九月三日の筆者によるインタビューに対し、MDAのケネス・タンは以下のとおり述べている。

SFC設立二〇周年を記念したFFFは、二〇〇八年に応募を開始した。二五万Sドルまたは総製作費の八〇％に加え、二万Sドルの広告・販促費用を助成し、作品はゴールデン・ビレッジ社の劇場で公開される。なおFFFの申請には、映画完成保証の観点から、実績のある製作会社との共同申請が求められる。最終的に三九の応募作品から過去の短編の内容と質を見て、ブー・ジュンフォン監督の『サンドキャッスル』など九本を選んだ。多様性に富んでおり、有望な新人が出現していると考えている。

本ファンドに対し、二〇〇八年一〇月二五日の「ストレイツ・タイムズ」は、以下の記事を掲載した。

FFFの申請条件は、第一作を作る監督に示唆を与えられる、少なくとも一作品を製作した経験あるスタジオとパートナーを組むことである。この条件は、スタジオにアイデア、脚本を見てもらい、支援を仰ぐ必要があるという点で、一定の影響力を新人監督に与えることになる。もし、両者の方向性が合わなかった場合、他の選択肢はあるのか？　更に、長編映画製作の実績は今までないが、市場参入意思のある製作会社にも機会を与えるべきだ。ＳＦＣは、新会社の発掘作業から出発すべきではないか。

・新長編映画制作支援ファンド（New Feature Film Fund［NFFF］）

ＭＤＡは二〇一〇年三月三日のニュース・リリースで、ＮＦＦＦの概要を公表した。総製作費の最大五〇％、または五〇万Ｓドルが助成され、広告・販促費用は三万Ｓドルに増額された。四六人の申請者から、二〇〇九年カンヌの監督週間で公開された『Here』のホー・ツーニエン監督、『18 Grams of Love』のハン・ユークワン監督を含めた四人が選出された。

・New Talent Feature Grant

二〇一二年から、一、二作目を制作する監督に対し、最高二五万Ｓドル、または製作費一〇〇％のどちらか低い方が助成される。八人の監督の作品が適用された。しかし、助成額の最低四割はＧＤＰ貢献の観点から、シンガポール国内法人、または海外シンガポール法人が使うとの条件がつく。重要な変更点は、以下の二点である。

一つ目は、このファンドは完全な助成金で、「経験あるスタジオ」との利益配分を取り決めた共同製作条件がなくなったことがあげられる。更に、知的財産権が監督に留保されることになった。

もう一つは、タン・ピンピン監督が要求していた、ドキュメンタリー映画にも適用されるようになったことである。

他にも、海外の製作ラボラトリーでの教育支援、脚本支援などの支援策が講じられているが、ここでは割愛する。

なお、アカデミー外国映画賞の候補作品として、ＳＦＣは二〇一四年、「サニフ・オレク監督のマレー語映画『Sayang Disayang』を選出した」と発表した。同監督は、二〇一四年一一月二日「ストレイツ・タイムズ」に「多くのマレー系の人々が、マレー語映画黄金時代の再生を期待しているだけに嬉しい」と語った。この数年のショウ・ブラザース再評価の動きと合わせ、注目に値する動きである。

ただ、前述したとおり、ＭＤＡ、ＳＦＣのＧＤＰへの貢献を期待するような経済官僚的体質、映画を投資対象とみなす商業映画優先志向が問題である。二〇〇九年から多くの映画関係者と筆者が話をする中で提起された問題点を紹介したい。このような状況はここ数年、より顕著になってきたと感じているからだ。

シンガポールで映画を制作するには、資金を得るために内容を調整するか、予算を安くして作るしかない。短編映画であれば低予算でもできる。しかし長編映画を制作するには、時間と資金が必要なので難しい。更に、ＳＦＣは商業映画に対しては出資するが、芸術映画、実験映画には出資しない。妥協しないで自分の言いたいことを表現するのが大事であるのに、結局、資金をもらうために普通の商業映画を制作してしまう（一作目）。二作目以降は、投資家を見つけるのが難しいため、自分の貯金、資金でやりくりするしかなく、手も足も出ない状況になってしまっている。

ホー・ツーニエン監督の映画は、あまりにも実験的だと当初思われていたが、カンヌ国際映画祭の監督週間で『Here』（二〇〇九年）が上映されると、ＳＦＣの態度が変わった。有名監督の作品であれば、シンガポールの影の部分を描いた映画であっても支援を受け制作できるが、無名のインディーズは、海外で受賞しない限り、難しい。これに追い打ちをかけているのが上映機会だ。たとえば、シネコンにインディーズ映画専門館を設け、入場料の一部を助成するなど、エスプラネードにインディーズ映画常設館を設けるべきである。ＭＤＡは、個々の作品に小額を助成するよりも、大規模商業映画へ投資する傾向になってきていると思われる。ファンドは限られており、若手は、ＭＤＡの助成金でしか映画を作れないので、徐々に芸術面を軽視する傾向にある。

一方で研究機関関係者は、別の視点から次のように述べているので紹介したい。

映画制作が最初の頃に少なかった要因は、助成金不足だったが、増加するに従い映画も増えてきた。映画を媒体とする国威発揚政策は成功していると思う。映画産業は政府支援がなければ無理だということは、韓国の状況から学んでいる。

ＭＤＡは映画産業に対し、多様なスキームを提供して改善する意図を持っているが、どの方向性が最適なのか理解していない。シンガポールはすべて計画ずくめであり、いつも確実な見返りを得られるスキームを必要としている。金融機関などの投資家は、確実に成功するプランを欲しがっている。しかし映画制作は芸術であり、確定的なプランなどありえない。たとえば、脚本を途中で変えることも必要になってくるが、出資者はそれが気に入らない。

芸術や映画発展のためには、異なった見方ができる開かれた社会の構築が必要である。異なった見方こそ、創造性を生んでいくからだ。

最後に映画産業の現況と問題点をまとめ、Ｉ部のまとめとしたい。

表3からも明らかなように、シンガポールは日本と比べ、依然として映画が娯楽の王座を維持していることが伺える。

ここで留意すべきは、ＳＦＣの指標が、二〇一四

表3　シンガポールと日本の映画事情（2014年）

| | シンガポール | 日本 |
|---|---|---|
| 入場者数（単位：千人） | 21,562*1 | 161,116 |
| 興行収入（単位：百万円） | 18,368*2 | 207,034 |
| 平均入場料金（単位：円） | 852 | 1,285 |
| 1人当たり年間鑑賞回数 | 3.94 | 1.26 |
| スクリーン数 | 233 | 3,364 |
| 1スクリーン当たり人口比 | 23.48 | 37.78 |

出典：日本映画製作者連盟、シンガポール映画委員会
総人口：シンガポール＝5,469.7千人（統計局、2014年）、日本＝127,064千人（総務省、2014年12月1日）
*1　主要商業劇場の興行収入に基づく推定。
*2　公表を開始した2008年以降最高の興行収入を記録。

年に主要映画劇場で公開された一〇作品の数字（興行収入、スクリーン数）を基にしていることである。同年に劇場で公開されなかった一六作品については数値が発表されていない。また、総計二三三スクリーンの約九〇％が、ショウ・ブラザース、キャセイ、ゴールデン・ビレッジの三社に独占されており、一九九七年には、九〇％の劇場がシネコンで占められるようになった。

多くの監督が「シンガポールのシネコンは、ハリウッドのブロックバスター映画、ジャック・ネオ監督の映画など、多くの観客を見込める娯楽映画を優先的に上映するが、リスクを冒してまで無名監督の作品を上映しようとはしない」と批判している。更に、多くの観客は「ハリウッド・バスター映画は、コスト・パーフォマンスがよい。高い入場料を払ってまで、難しい映画や国産映画を観る価値があるのか？」と考えている。長期にわたる国産映画不在の影響は大きく、一般的に国民の評価はまだ低いのである。

一方で日本では、多くのミニ・シアターが多様なジャンルの映画を上映しているが、シンガポールでは、そのような常設館はほぼゼロである。政府は「映画再生」を喧伝するが、これに相応しい環境は、依然として未整備である。

政府は、次世代産業の一つの支柱として、また国民統合再強化のため、映画を含む文化・芸術産業を活用しようとしている。一方で、規制万能の統制派は論外として、MCIをはじめとする所管機構内には、「芸術のための芸術」派と、EDB、STBと協調する「ビジネスのための芸術」派がしのぎを削っている。映画関係者は、両派の勢力関係を見定めながら、理想主義に陥ることなく、現実主義による交渉のダイナミズムを展開している。

Ⅱ部では、監督たちが、いかなる問題意識を持って作品を制作し、政府と交渉を繰り広げているか、また、シンガポールにどのような問題が存在しているかを含め、考えていくこととする。

[redacted]

# II部

# 第1章　表現の自由と規制の間で

シンガポールの映画関係者から「『ＯＢマーカー』をどこまで広げられるか、常に念頭において政府と交渉している」という発言をよく聞く。ゴルフ用語の「ＯＢマーカー」は、同国では「どこまで表現の自由が許容されるかの境界」を象徴する言葉として広く使われている。しかしゴルフと違い、「どこまで広げられるか」との発言に示されるように、ＯＢか否かの判定杭は明示されていない。ちなみに、政治的用語としての「ＯＢマーカー」は、ジョージ・ヨー情報芸術省（ＭＩＴＡ）大臣（当時）によって一九九一年、最初に使われ、その後一般化した。ロジャス・Ｈ、シャー・Ｄ・Ｖ、ファーバー・Ｒ・Ｊは「検閲の概念は極めて曖昧で、明文化された法的禁止条項から、経済的社会的統制という巧妙な方式までの範囲を指す」と定義している。この定義は同国の状況に当てはまる。政府の自由意思でカット、上映禁止措置に留まらず、実質的映画制作継続を不可能とする経済的・社会的規制を実施できるからだ。

## 1　表現の規制に関わる法律

「一九五九年映画法」を改正した「一九八一年映画法（Film Act 1981）」は、映画の所有、輸入、製作、配給、上映まで、すべてを規定する法律として施行された。本法の目的は、オウ・

チンホック文化大臣の「西洋の過度な自由主義が、アジアの伝統価値観を崩壊させ、モラル低下をもたらすのではないかと、国民は危惧している。望ましくない出版物、映画、ビデオを無制限に開放する予定はない」との発言に示されている。

一九八四年の総選挙で、政権与党の人民行動党（ＰＡＰ）の歴史的敗北を契機に規制が強化される。この背景には、分離・独立後に生まれた「ポスト六五年世代（Post-65 generation）」の個人主義化、自由主義化が政府批判の温床になりかねないとの危惧感があった。「一九九八年改正映画法」では、ホーム・ビデオの普及を反映したビデオの規制と「政党政治映画（Party Political Film）」規制が追加され、より強力な法律になった。

同法の代表的規制条項は、以下のとおりである。

第一四条　「検閲」のため、いかなる映画も検閲委員会（ＢＦＣ）送付を義務づける。

第一七条　修正またはカット部分修正後の映画は、四八時間以内にＢＦＣに再提出しなければならない。違反者には、最大五〇〇〇Ｓドルの罰金を科す。

第二一条　ＢＦＣはフィルム及び機材を没収できる。

第二二条　ＢＦＣの承認を受けない広告は禁止。違反者には最大五〇〇〇Ｓドルの罰金。

第二三条　違反者に対しては、警察が介入できる。

第二四条　ＢＦＣ決定に不服の場合、三〇日以内に「不服申請審査委員会（ＦＡＣ）」に再審査を申請できる。

第二五条　情報芸術省（ＭＩＴＡ、二〇一二年より情報コミュニケーション省［ＭＣＩ］）大臣は、ＦＡＣ委員の任命権を持つ。
第二七条　ＭＩＴＡ大臣は、ＦＡＣ決定前に審査権を有する。
第二九条　猥褻な映画制作への罰金を含む罰則規制（配給、公開及び輸入者は別規定あり）。
第三四条　警察官・査察官が必要とみなした場合、捜査令状なしに映画保管場所に立ち入ることができ、ＭＩＴＡ大臣の命により、映画及び機材を没収・破壊・廃棄ができる。
第三五条　ＭＩＴＡ大臣が公共の利益に反すると判断した場合、映画の所有、または配給を禁止できる。罰則は最高一万Ｓドルの罰金、または（及び）最高二年間の懲役刑を科す。

以上のとおり、ＭＩＴＡ大臣が、いかに強大な自由裁量権を持っているか、曖昧な「ＯＢマーカー」の脅威が、いかに大きいかが理解できるだろう。
一九八一年、文化省は「国民が善悪の識別をできるようになった」とし、検閲基準検証を目的とする「検閲審査委員会（Censorship Review Committee［ＣＲＣ］）」を設立したが、「検閲緩和は漸進的であるべき」とする無難な結論となった。その後、ほぼ一〇年毎にＣＲＣは開催され、報告書がＭＩＴＡ宛てに提出されている。しかし抜本的改善提案は、法と秩序維持を最優先するＭＩＴＡによって拒否され続けている。二〇〇三年のＣＲＣ報告書を受け、リー・ブーンヤン情報通信芸術省（ＭＩＣＡ）大臣は「検閲は国民の品位を保つため必要だ。原理主義者による情宣活動の危険性を軽んずるべきではない」と強調した。二〇一〇年のＣＲＣ報告書においても、ＭＩＣＡは「検閲は是認する」と結論づけている。一方で二〇〇四年、二〇年以上にわたり禁止されていた「コスモポリタン」誌の販売許可、及びケーブル・テレビでの『セックス・アンド・ザ・シティ』放映許可という緩和姿勢を示した。国内では検閲維持、海外には緩和姿勢表明という、巧妙とも言える二重基準が採用されている。

## 2　レイティング・システムとガイドライン

まず、レイティング・システムについてまとめる。

一九九一年に導入された。シンガポール・フィルム・ソサエティ会長ケネス・タンの「明確な映画判定基準がない今、年齢と内容を関連させたガイドライン策定が望ましい」との発言が契機になった。現レイティングは表4のとおりで、「Ｇ［General］」、「ＰＧ［Parental Guidance］」、「ＰＧ13［Parental Guidance 13］」、「ＮＣ16［No Children Under 16］」、「Ｍ18［Mature 18］」、「Ｒ21［Restricted 21］」、「ＮＡＲ［Not Allowed for All Ratings：上映禁止のレイティング］に分類されている。

導入当初は、「Ｇ」（サブカテゴリーとしてＰＧ）、「Ｒ」（一八歳以上を対象とする映画）の二分類だった。しかし、一部の宗教関係者からの「Ｒ指定映画の氾濫は、モラル破壊に留まらず、

表4　レイティング・システム

| | |
|---|---|
| G | すべての年齢層が鑑賞できる*1 |
| PG | 成人保護者の助言や指導が適当 |
| PG13 | 13歳未満の鑑賞には、成人保護者の助言や指導が適当：2011年導入*2 |
| NC16 | 16歳未満の鑑賞禁止：1993年導入*2 |
| M18 | 18歳未満の鑑賞禁止：2004年導入*2 |
| R21 | 21歳未満の鑑賞禁止 |
| NAR | 上映禁止*3 |

出典：Film & Videos - MDA、及び BOARD OF FILM CENSORS CLASSIFICATION GUIDELINES

＊1　Gでは、特に家族の紐帯、高齢者への尊敬心醸成という道徳的思考促進の重要性が明記されている。

＊2　PG13、NC16、M18は前述したCRC提案に基づき設定された。

＊3　NAR（Not Allowed For All Ratings）は「例外的ケースとして、国益、または社会道徳を損なう作品は、上記のカテゴリーから除外する（注：これは、一般公開ができないことを意味する）」と定義されている。

深刻な性犯罪を招く」との抗議により、導入二か月半後に二一歳以上とする「R（A）21」（Restricted Artistic）に変更された。なお「R（A）21」は二〇〇四年、「R21」に変更された。「R21」指定映画は現在も、住宅地における劇場公開、及びDVD販売が禁止されている。この規定は、市場規模が小さい同国での制作資金回収を不可能にし、次作につながらないことを意味する。筆者とのインタビューで、映画関係者は以下のとおり述べている。

「R21」指定を受けても、好ましくないと考える映画を上映させまいとして、劇場に無形・有形の圧力をかける。ブラックリストに載ると二～五年、監督は助成金をもらえなくなる。不許可理由は、公式には人種、宗教、社会的基準からの逸脱だが、同性愛は表現の範囲が明確にされていない。誰が最終的に決定するのか判然としないのも問題だ。

レイティング・システム導入により、開放に向け大きく前進したとのイメージアップを期待した経済開発庁（EDB）の思惑がある。一方、政府統制派からの不満に対しては、上映禁止・カットという手段に加え、上映の場を限定する、経済的締め付けを含む「R（A）21」導入を速やかに決定している。ゴー・チョクトン首相は一九九四年に「増大する物質主義という潮流下で、いかに『徳／アジア的価値（Asian Values）』を護持するかが問題だ」と述べた。なお、「アジア的価値」は、儒教的価値観を基に、西欧の自由主義に感化された「ポスト六五年世代」をつなぎとめるべく創出されたイデオロギーである。具体的な政策については第4章「宗教と民族の歴史」で述べる。ジョージ・ヨーMITA大臣（当時）も、一九九九年五月三〇日の「ストレイツ・タイムズ」で「窓は広く開けておけ、しかし蠅叩きは持っていろ」と強調した。彼らの発言は、持続的経済成長上、開放政策は採用せざるを得ないが、西欧の自由主義思想には注意深く対応するという姿勢を示している。たとえば、天安門事件を描いたリチャード・ゴードン監督のドキュメンタリー映画『天安門』（一九九五年）は、政治的な論議を引き起こすとの理由で、当初上映禁止となった。しかし一九九七年、BFCは一回限りの上映を許可する方針に変更した。検閲緩和を欧米メディアに印象づけると共に、中国との距離感を巧妙に保とうとしたのである。

レイティング指定交渉は配給業者が行うが、「R21」指定映画は、主観客層である一〇代を取り込めないので、カットしてでも「NC16」、「PG」を取得しようとする傾向がある。たとえば、アン・リー監督の『ラスト、コーション』（二〇〇七年）は、九分間のカット版「NC

表5　性表現のガイドライン

| | |
|---|---|
| G | 性に関連する描写は不許可。短いキスシーンは許可、ヌードはすべて不許可。 |
| PG | 穏やかなキス及び愛撫描写は許可（頻繁でないこと）。興奮を催させず、控えめな性行為を伴わない背面を映したヌードは許可。 |
| PG13 | 性的内容を伴わない側面ヌードは許可、腰から上の前面ヌードは、ホロコーストなどの歴史作品、部族の生活描写などの描写については許可。 |
| NC16 | 明白でない性描写は許可の可能性あり。但し詳細且つ長時間でないこと。性的内容を伴わない腰から上の前面ヌードは許可の可能性あり。 |
| M18 | 過度でない限り性行為は許可、同性間の性行為はキス、抱擁などの温和な内容は正当化できる限り許可の可能性あり。暴力を伴う性描写は文脈で正当化でき、頻繁でない限り許可の可能性あり。性器の接写描写は不許可。 |
| R21 | 過度でない限り全面ヌードと性行為は許可。但し明白な自慰行為、フェラチオ、性行為などは文脈上正当化できる内容であること。正当化できる限り性器の接写描写は許可。明白な同性間の性行為表現は不許可。近親相姦、アナル・セックス、小児性愛などの異常性愛行為表現は不許可。サド、マゾ、緊縛描写などは厳しく審査する。性器の接写描写は正当化できる限りとする。 |

＊上記以外はすべて「NAR」指定とする。

表6　言語表現のガイドライン

| | |
|---|---|
| G | 粗野な言語は禁止 |
| PG | 文脈で正当化でき、頻繁でない限り、たとえばbitch,assholeは許可。 |
| PG13 | 頻繁に使用しない限り、fuckは許可。 |
| NC16 | motherfucker、女性器を意味する福建語の隠語chee byeは、文脈上、正統化でき、頻繁でない限り許可。但し、福建語でfuck youを意味するkan ninaは、文化的感受性を侵害するので不許可。ジェンダーを侮辱するような言葉は容認しない。 |
| M18 | 過度でない限り粗野な言語は許可。 |
| R21 | 過度であっても許可の可能性あり。 |

＊方言はケース毎に審査する。「華人は華語を話そうキャンペーン（Speak Mandarin Campaign［SMC］）」の趣旨に基づき、基本的に華語であること。しかし、多くの映画関係者が批判する「方言50%ルール」は明記されていない。

＊原文で「Jesus F●●king Christ」と伏せ字になっている「Jesus Fucking Christ」のような他宗教を冒瀆する言葉は、「NAR」指定とする。

出典：表5、6共にBOARD OF FILM CENSORS CLASSIFICATION GUIDELINES

16」と、ノー・カット版の「R21」という、二パターンで劇場公開された。

では、ガイドラインについてまとめよう。

①暴力、②ヌードとセックス、③言語、④麻薬と薬物乱用、⑤ホラーについて、詳細に規定されているのが特徴である。宗教団体などから非難を受けまいとする官僚思考の例を、表5と表6で示した。

二〇一四年のインタビュー時、表6で注記した「Jesus Fucking Christ」について、映画関係者は筆者に「昔は、台詞でこの言葉を叫んでもOKだった。今はキリスト教右派の影響もあってか、『NAR』指定になる。暗黒時代に戻っている気がする」と述べていた。

BFCは「ライフスタイルの変化に則し、定期的にガイドラインの見直しを継続する」と述べているが、基準が曖昧なガイドラインをBFCが「OBマーカー」を用いて行使するとの基本的な姿勢に変わりはない。

## 3　表現の自由を巡る官と民における交渉のダイナミズム

### (1) エリック・クー監督

クー監督は一九六五年、一四人兄弟の末っ子として生まれた。彼の亡父クー・テックプアは、銀行家、グッドウッドパークホテルなどのホテル所有者で、総資産四三億Sドル、最も裕福な資産家と言われていた。クー監督は二〇〇四年、最大相続権者になったが、単なるお坊ちゃんでないのは、映画制作に自己資産を投入していないことや、高いコスト意識からも理解できる。二〇〇八年五月二三日の「South China Morning Post」（香港の英字紙）で、彼は「私は数字人間だ。三五㎜フィルムのリールが回転する毎に一Sドル、一Sドルと言っているように聞こえる。私の作品は低予算映画だが、最終的に利益を得ている。多くの監督は、ただ撮るだけだ」と述べた。同紙は「映画制作に対し、このような現実主義的思考を明らかにする芸術家は極めて稀有だ。彼は、亡父のモットーである『安く買い、高く売れ』を踏襲し、制作予算の資金繰りと興行収入予想を楽しんでいる」とコメントしている。

シドニー市立美術学校に留学し、映画撮影学を学んだが、「美術学校では勉強するよりも、シンガポールで上映禁止、またはズタズタにカットされた映画をビデオ屋で借りて観る時間の方が多かった」と述懐している。帰国後、『Barbie Digs Joe』（一九九〇年）から『No Day Off』（二〇〇六年）まで、映画祭の賞金と投資家を募り、計七本の短編を制作した。また『ミーポックマン』（一九九五年）は、短編『Pain』（一九九四年）のシンガポール国際映画祭（SIF F）短編監督賞と特別貢献賞の賞金に投資家資金を加えて制作された。更に、一九九五年にはジャオウェイ（Zhao Wei Films）社を設立し、音楽ビデオ、テレビ広告などの制作を基に、映画制作資金を調達している。

海外の映画祭で高評価を得た彼の短編映画は、当初、国内で厳しく審査された。短編第一作のアニメ映画『Barbie Digs Joe』は、猥褻だとされ上映禁止、食肉解体業を営み食欲・性欲を満たすべく、動物的行動を取る父と、奥手な息子の関係を描いた『Carcass』(一九九二年)は、同国初の「R(A)21」指定になった。『Pain』は暴力的、サド、マゾ的内容との理由で四年間上映禁止され、ようやく一九九八年にSIFFで上映された。

一方、『ミーポックマン』以外の長編映画は、すべてカンヌ国際映画祭で輝かしい実績を収め、二〇〇八年にフランスの文部大臣からシュヴァリエ芸術文化勲章を授与されている。『12階』(一九九七年)は、シンガポール映画で初の招待作品となり「ある視点部門」で上映された。『一緒にいて』(二〇〇五年)は、「監督週間部門」に選出され、初のスタンディング・オベーションを受けた。『私のマジック』(二〇〇八年)は、同国初のカンヌのパルムドール賞候補作品になり、二〇一一年の『TATSUMI マンガに革命を起こした男』は「ある視点部門」でプレミア上映された。

二つの作品の紹介をすると共に、彼のレイティングへの姿勢から、表現の自由の問題を考えていく。

・『ミーポックマン』(一九九五年)

売春婦が跋扈し、福建語を話すギャングが暗躍する地区で、平麺に豚ミンチなどの具が乗ったミーポックを売る青年の疎外感と、憧れていた売春婦への死姦描写を暗示する本作は、クリーン・シティを標榜する政府への痛烈な批判だとして「R(A)21」指定を受けた。

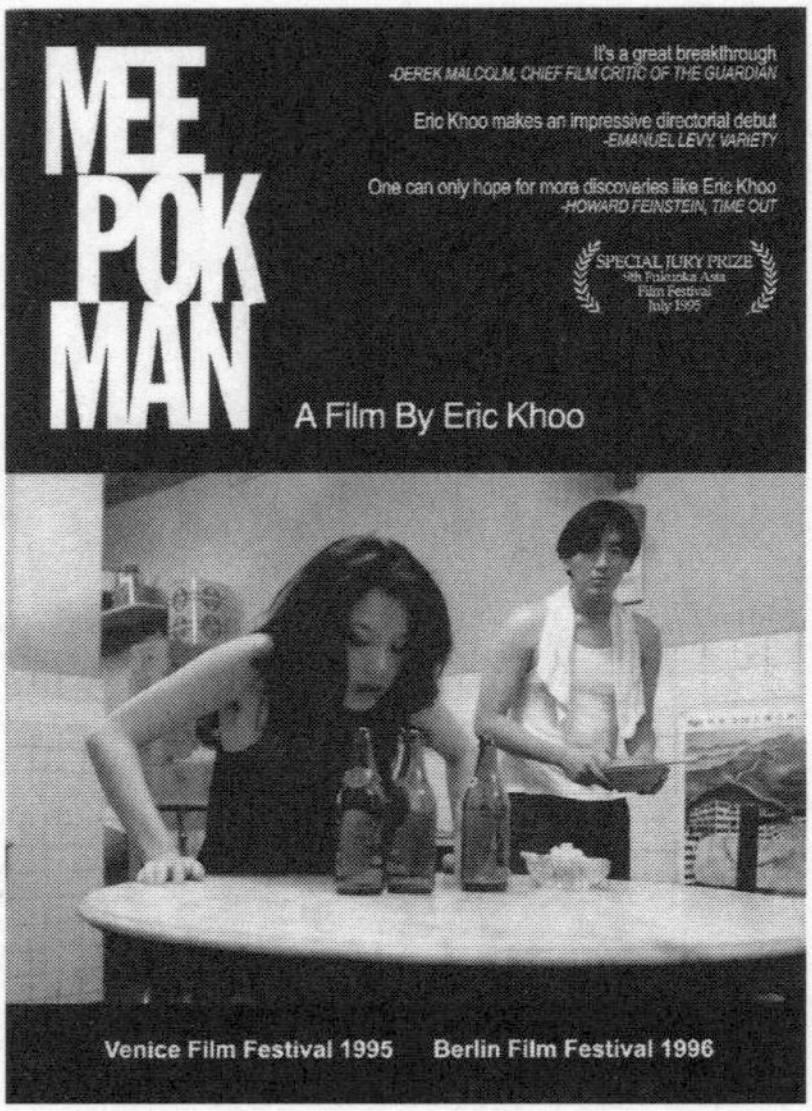

『ミーポックマン』（提供：Zhao Wei［Eric Khoo］氏）

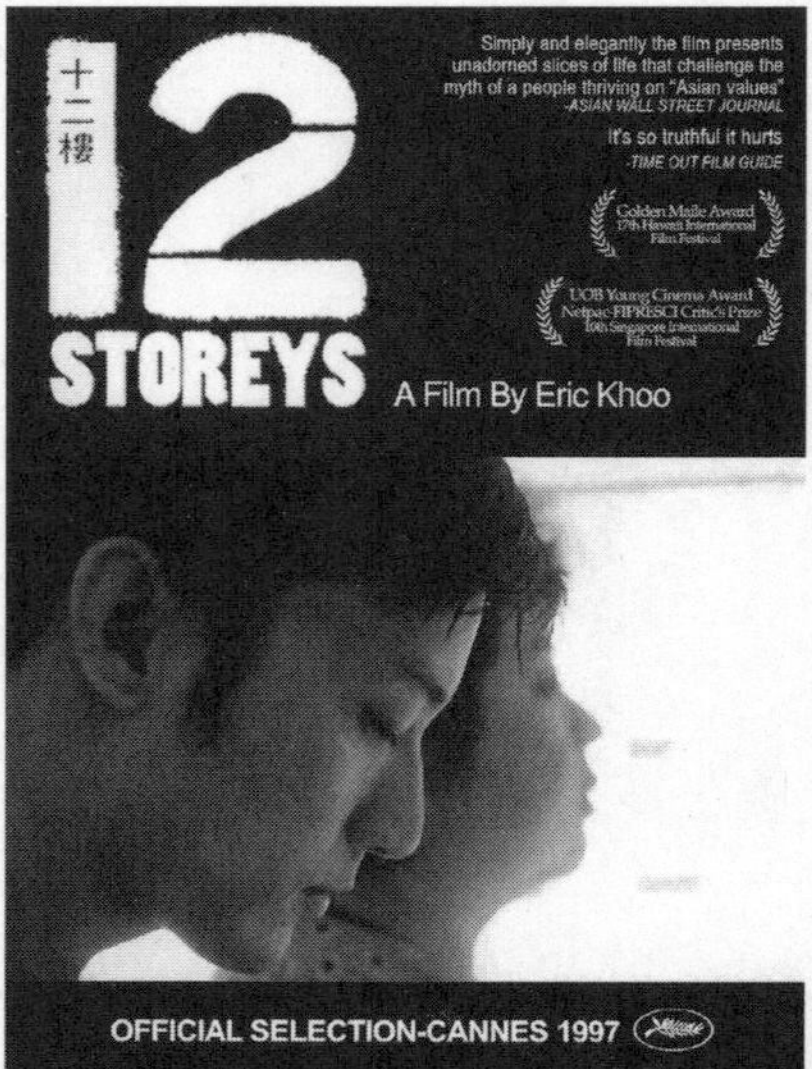

『12階』（提供：Zhao Wei［Eric Khoo］氏）

・『12階』（一九九七年）

経済成長と物質的豊かさを唯一の成功指標とする政府批判と、国民の八割以上が居住する公営住宅（ＨＤＢ）に暮らす人々の、荒涼とした疎外感を抉り出した作品である。「自己検閲と非難されても今回はＰＧを狙った」との監督の目論見どおり、本作は「ＰＧ」指定となった。

では、彼は素直に自己検閲を行ったのだろうか？

マイケル・リヴァインは「検閲下での作家の心理分析」で、「自己検閲は、高度な権威機関である検閲への恐怖に基づいた作家の妥協」ではないとする。「作家によるブロック（遮断）」と定義し、「両義に取れる物語の中断、偽装、歪曲などの婉曲表現を用い、検閲を機能不全に陥らせる政治的武器である」と述べている。確かに、多くの秘密を持つ本作の登場人物描写は、複雑且つ省略的編集によって検閲を混乱させることに成功し、「ＰＧ」指定を得たと言える。たとえば、本作に登場する中国移民の独身老女と友人（故人）の関係である。家事労働者として就労していた彼女たちの強い相互扶助システム、擬似的姉妹関係は、時にレズビアンだと噂された。しかし、二人がレズビアン関係だと断定できず、検閲当局も観客も推測するしかない。

・『一緒にいて』（二〇〇五年）

分離・独立四〇周年と同時期に制作された本作は、シンガポールのヘレン・ケラーと称されるテレサ・ポーリン・チャンという実在の人物を通し、愛の意義を強調しながらも、政府の「アジア的価値」の欺瞞性を批判した作品である。女学生同士のキスシーンという大胆な表現を挿入し、同性愛に対する「ＯＢマーカー」拡大も試みられている。二人の関係は成就せず、パートナーの自殺をもって悲劇的結末で終わる。ガイドラインで述べたように、もし希望をもたらす結末だったら、ＢＦＣは確実に「Ｒ21」指定、またはカットを要求したのは明らかである。

「メディア開発庁（ＭＤＡ）の規定に基づき、同性愛を助長する宣伝ポスターは望ましくない」

との要求に対し、ポスターを取り下げる一方で、「M18」への変更を交渉し、一般劇場公開とDVD販売という実質的果実を獲得したのである。

・『私のマジック』（二〇〇八年）

酒におぼれる元マジシャンが、一〇歳の息子の信頼を取り戻そうと、剃刀《かみそり》を飲むという奇術、更には電気ショックなどで自らの肉体を痛めて金を稼ぐが、それがもとで死んでしまう。本作は、サディスティックな暴力描写がありながら「NC16」を勝ち取るのに成功した。クー監督は、海外メディアから批判される検閲制度の漸進的改善を印象づけられるのではないかとの政府の思惑を逆手に取ったのである。「OBマーカー」拡大に向けての現実主義的交渉の成果だと考えられる。

クー監督は一九九七年、『12階』の国内外での芸術的評価により、国家芸術評議会（NAC）が設置した「映画部門人的資源委員会」の識者メンバー委嘱と共に、映画界で初の青年芸術家賞受賞者となった。この背景には「映画産業推進政策」で述べた一九九六年のNAC宛て「シンガポール映画委員会（SFC）創設建白書」提出への政府評価がある。一九九八年には「Asia Week」誌が、クー監督を「類まれな才能を持つアジアの二五人」の一人に選出したこともあり、翌年、映画制作に貢献したとしてシンガポール青年賞が授与された。更に二〇〇七年、文化貢献賞が授与され、二〇一四年にシンガポール映画委員会（SFC）諮問委員会の委員を委嘱された。両者の相互依存関係が加速していく。

二〇〇五年の『一緒にいて』の「M18」指定と『ミーポックマン』の「R21」から「M18」への指定変更は、政府観光局（STB）が二〇〇四年から開始した外国人観光客誘致キャンペーン「ユニークリー・シンガポール」と関連している。警察国家の汚名をそそぎ、シンガポールのイメージアップに寄与させる目的があった。二〇〇七年一〇月二〇日の「ストレイツ・タイムズ」で、リー・ブンヤーンMICA大臣は「偉大な映画制作者に留まらず、ロイストン・タン監督のような若手を精力的に育成する彼の努力は、文化貢献賞受賞決定の重要な一因だ」と評価した。更に『私のマジック』がカンヌのパルムドール賞候補作品になったことで、国内メディアは、国威発揚に貢献した「セルロイド大使」と賞賛した。

映画を通した国威発揚、輸出促進による海外市場拡大、海外共同製作促進による強固な映画産業化達成は、クー監督と政府の悲願である。以下の二つの例をあげよう。

一つ目は、アニメ映画『TATSUMI マンガに革命を起こした男』（二〇一一年、M18）の制作である。

アニメをコンテンツ産業振興の重要な柱の一つと位置づけるMDAが、民間三社と総力をあげて製作した『Sing to the Dawn』（二〇〇八年）は興行的には大失敗に終わった。起死回生を図るべくMDAは、初のアニメ作品となるクー監督の提案した本作への支援を了承する。二〇一〇年に「漫画のアカデミー賞」と呼ばれる、米国のアイズナー賞最優秀アジア作品／最優秀実話作品賞を『劇画漂流』が受賞するなど、欧米諸国で高い評価を受けている、辰巳ヨシヒロの作品が、強力なMDAへの説得材料になったと考えられる。

一方でクー監督は、未だ果たせないでいる日本市場参入の希望を強く持っていた。そこで『劇画漂流』が二〇〇九年の手塚治虫文化賞マンガ大賞を受賞し、再評価された事実を追い風に、東京国際映画祭「アジアの風部門」（二〇一一年）に本作を出品し、『一緒にいて』に続き二度目の特別表彰を受けた。約三年を経て二〇一四年一一月からの全国公開決定により、彼の夢の一端は果たされた。しかし、フランスで高評価を受けた『一緒にいて』と『私のマジック』は、シンガポール初のアカデミー賞外国語映画賞にノミネートされなかった。捲土重来を期すべく、彼は辰巳ヨシヒロのアイズナー賞受賞を好機として、本作を同外国語映画賞に送付したが、再度ノミネートされていない。アメリカ市場開拓は、道半ばの状況にある。

二つ目にあげられるのが、ゴリラー・ピクチャーズ（Gorylah Pictures）社の創設だ。同社は、政府の目指す映画産業のハブ化に協調したクー監督が、国内に留まらない才能発掘と、アジア市場拡大を推進する目的で設立した。ホラー映画を主とする同社の第一作『Darah』（二〇〇九年、M18）は、インドネシア人監督モー兄弟によって制作された。

クー監督は、近隣諸国の監督との共同製作を推進し、映画産業を発展させるとの長期ビジョンに基づく企業戦略を立てている。同時に、商業映画製作のゴリラー社、芸術映画製作のジャオウェイ社という両輪体制を取っている。

以上のとおり、彼の現実的バランス感覚が「表現の自由」に対する諸規制を乗り越え、いかなる映画産業の将来像を描くかを注視したい。また二〇一四年に彼は筆者に、最新作『In the

Room』について情熱的に語った。ホテルの部屋を舞台として、日本占領期からのシンガポール史を描いた本作の成功を期待したい。

(2) タン・ピンピン監督

一九六九年、タン監督は三人姉妹の長女として生まれた。彼女の両親(母は華人系マレーシア人、父は華人系シンガポール人)は、メルボルン大学留学中に知り合い、結婚後にシンガポールに居を構えた。

タン監督は、奨学金を得て一九九一年、オックスフォード大学に留学し、法学士号取得後、テレビ局のアシスタント・プロデューサーを一九九六年から二年間務めた。この間、テレビ映画の短編三作を制作した。退職後の一九九九年に制作した短編『Lurve Me Now』は、バービー人形を使用してセックス描写をしたため、上映禁止処分を受ける。「本作の上映禁止決定は、個人的レベルで国家権力を実感した初の経験となった」と述べている。二〇〇一年にノースウェスターン大学で映画ビデオ制作の修士号を取得した。

現在まで二〇以上の映画賞とノミネートを獲得したタン監督は、東南アジア研究所(Institute of Southeast Asian [ISEAS])と、シンガポール国立大学(NUS)政策研究院(Institute of Policy Studies [IPS])の客員研究員、及びナショナル・アーカイブの委員でもあった。更に、劇作家・監督である故クオ・パオクンが一九九〇年に創設した、同国初の民間が運営する芸術センター、サブ・ステーションの「ビデオ制作に挑戦する会」の共同設立者として若手を育成している。

タン監督は「一七歳の時、『スペクトラム作戦』の逮捕者の一人、ヴィンセント・チェンが、テレビで、マルクス主義者の謀議について告白したのを観てショックを受けた。国家の個人への抑圧と共に、個人が自らを正当化するために頼みとするものは何かについて考える契機になった」と述懐している。また、筆者のインタビューに、彼女は「ホウ・シャオシェン監督の『悲情城市』（一九八九年）を観て監督になろうと思った。それまで英語、マンダリン、広東語の映画（香港映画）しか観ていなかったので、初めて観た福建語の映画に感動した。映画と言語は深く結びついているので、母国で映画制作をしようと決心した」と答えている。

ケネス・P・タンは筆者に「私はすべての束縛から自由な芸術は存在しないと考えている。この国では、プラグマティズム、リアリズム、芸術性のバランスが取れている者だけが生き残れる。その意味で、タン監督は非常によいビジネス・センスを持っている」と語っている。二〇〇七年のIPS客員研究員就任時の講演における彼女の発言を紹介しよう。

公共財である芸術の水準維持のため、政府支援は必要だが、公的資金を申請するに当たって留意すべき点がある。たとえば、SFCの選定基準に「映画は好ましくない題材を含まないこと、資金援助の引き上げ、または中断もありうる」との一項がある。助成金に依存せざるを得ない芸術家は、結果的に自己検閲せざるを得ない状況に追い込まれる可能性があるので、本規定廃止を強く求める。

コストを抑えるのは勿論だが、資金集めにはいつも苦労する。他の芸術（演劇、音楽）投資には税制上の優遇があるのに、映画にはない。多くの寄贈者の協力を得られるよう法改正すべきだ。過度の規制は、長期的視点から見ると社会分断の恐れがある。「多様性の尊重」は、シンガポールが生き残るために取れる最も重要な方策だ。

以上の一貫した制作姿勢が、作品中でいかに反映されているかについて述べたい。

・『シンガポール・ガガ』（二〇〇五年、PG）

本作には、五〇年間公演を続けている腹話術師のビクター・クー、サンダルでタップ・ダンスよろしくリズムを取りながらハーモニカ演奏する大道芸人イン、「ティッシュー一Sドルよ、おじさん、おばさん買ってね」と、独特の抑揚をつけ歌っている車椅子に乗ったリアン・ユータオらが登場する。タン監督が「大局的、愛国的な言辞を弄する人たちではなく、周縁化された人々が醸し出す音と音楽を描いた実験的な作品だ」と述べるように、本作は、政府の公的言辞である多様性の欺瞞を浮き彫りにした作品である。

また、私立のイスラーム宗教学校（マドラサ）の学生が運動会で、公認言語でないアラビア語で歌い、声援がマレー語、アラビア語、英語をコード・スイッチしながら流れる。言語の多様性を描くこのシーンは、画一的言語政策に対する批判が込められていただけに、公安局

(Internal Security Department［ISD］)の事情聴取を受けることになった。「SFCの助成金は基準が明確でないので、その都度、試している。アラビア語の歌は心配していたが認可された」との発言は、交渉による「OBマーカー」拡大を図るチャレンジ精神が示されている。同時に彼女は、本作のシンガポール航空での機内上映、STBのキャンペーン「ユニークリー・シンガポール」での掲載を了解した。政府の実利主義を単に批判するのではなく、「多くの観客に鑑賞される機会が増えてよかった」との発言には、現実的な対応姿勢が表れている。

・『インヴィジブル・シティ』(二〇〇七年、PG)

登場人物へのインタビュー形式を採用した作品で、原題は『Invisible City／备忘录』。フランスのシネマ・ド・リール国際ドキュメンタリー映画祭は、「ウィットと知性に富んだ歴史と記憶への挑戦的作品」と絶賛し、Scam国際賞を授与した。

本作では、華字紙「聯合早報」、「聯合晩報」の元記者、ハン・タンジュエンが秘匿していた、一九五六年のリム・ユーホック政権による学生への弾圧写真が、何度も画面に映し出される。これは同国では初めてのことである。国立図書館ホールで講演したハンは、「歴史は勝者・敗者の両者によって作られるが、勝者のみが歴史を語る権利をなぜ持っているのか？　一九五〇～六〇年代の学生の民族主義的情熱を軽視すべきではない」と熱弁を振るう。カメラは静かに頷く老人や、当時の状況を知らず戸惑う若者を映し出す。

タン監督は「ハンさんについては、結果的にISDがどこまで許容するかのテストとして見ることもできる」と述べる。その一方で「過去に多くの人が投獄されたのを見ているのに、果たして、どこまでオープンに話せるだろうか？　かつて捕まった人々の多くが既に亡くなり、また病気で臥せっているだけに、記録に残す重要性があると思う」とも述べている。リー・クアンユーの著作『シンガポール・ストーリー』に背馳するがゆえに、本作は「公的歴史」に挑戦している。一方で、ハンを英雄視せず距離を置いて観察していることにも留意したい。彼の情熱的な訴えを一つの真実だと認知した上で、冷静且つ多角的に一九五〇～六〇年代の歴史を再考する空間を観客に提供するとの姿勢を取っている。

『シンガポール・ガガ』（提供：Tan Pin Pin氏）

『インヴィジブル・シティ』（提供：Tan Pin Pin氏）

ている。

### （3）マーティン・シー監督

シー監督は一九六八年生まれで、クー監督の『ミーポックマン』、タン監督の『シンガポール・ガガ』など、多くの監督作品の編集を手がけながら、精力的にインタビュー映画を制作している。

政党政治映画は、「一九九八年改正映画法」第二条で「政党を利する映画、または政治目的を推進するとみなされる映画」と定義し、更に詳細な補足説明がなされている。

・個人制作を含め、政党、その支部などが制作する、政治目的を持った宣伝映画

・完全に、または一部であれ、国内の政治問題に関連するテーマを持つ宣伝映画

第三三条で「政党政治映画の制作、配給、公開、公開目的の所有、及び輸入は禁止」と規定され、前述した第三五条の「MITA大臣が公共の利益に反すると判断した場合、映画の所有、または配給を禁止できる」との規定が準用される。

更に問題を複雑にするのは、第四〇条の但し書き「政府が後援する映画に本法は適用されず、また現状活動報告を目的として制作された映画は政党政治映画ではない」との規定である。この規定への抗議は現在も継続している。たとえば、二〇一四年に制作された「人民行動党（PAP）の若手候補者の声明ビデオ（PG）」が、第三三条に違反しているのではとの疑問が提起された。これに対し、MDAは「二〇〇九年改正映画法（Films［Amendment］Act 2009）」の2（3－f）規定「感情的に鼓舞するような要素を含まない候補者の声明書等は除外

する」との規定に基づき、「本作は政党政治映画ではない」と解釈不能な発表を行っている。

なお、「一九九八年改正映画法」立法化に際し、国会で「政党政治映画の関連条項、特に第三五条は、論議を呼びそうなテーマを持つ映画が、政党政治映画だと一方的にみなされ、芸術表現の息の根を止める恐れがある条項だ。政府転覆を企てると判定された映画、ビデオ制作禁止は、既に他の法律、たとえば『扇動法』、『宗教調和維持法』、『治安維持法』、『名誉毀損法』で適用できるはずだ」と指摘した議員もいた。しかし、ジョージ・ヨーMITA大臣（当時）が「広く解釈できるようにして規制しないと、迂回される恐れがある」と答弁したように、政治的と広義に解釈でき、禁止できる条項なのは明らかだ。なお、政党政治映画の罰則規定は特に厳しく、第三三条d項で「違反者は、最高一〇万Sドルの罰金または最高二年間の懲役刑に科す」と規定されている。

では具体的に、マーティン・シー監督の作品で考察しよう。

・『Singapore Rebel』（二〇〇五年）

シンガポール民主党（SDP〔無議席野党〕）の指導者チー・スーンジュエンが主催したイスタナ（大統領・首相府〔PMO〕）前のデモと逮捕時の状況を中心に、彼と家族が住む住居内でのインタビューを挿入したデビュー作である。

BFCは「第三三条に抵触する恐れがあるので、レイティングは決定できない」と宣告した。本作に関し、シー監督は四回にわたる警察の事情聴取を受け、フィルムと撮影機材を没収された。タン・ピンピン監督も、本作について警察の事情聴取を受けている。警察によるシー監督の事情聴取中、タン監督は一〇人の監督たちと共に、二〇〇五年、MICA宛てに「我々は、どのようにして政治的事柄か否かを判断するのか？　政党政治映画について適切、且つ明確な指針の説明を求める」とする公開質問状を提出した。

MICAは数日後、以下の回答書を「ストレイツ・タイムズ」に掲載した。

本改正法の禁止条項は、強い党派性をもって政治的テーマを描く映画、たとえば、一方的な見解を示して選挙に悪影響を与える、広報・宣伝目的の映画のみに適用される。党派性を強調しない映画には適用しない。他者に反駁の機会を与えず、感情的反応を引き起こす手法で、政治的事項を表現するがゆえに政党政治映画は不許可とする。

この回答書は、公開質問状に真摯に答えたものとは思えない。第三五条に代表される曖昧な条文内容を基に、政府は一方的且つ広範な生殺与奪の権利を持っており、映画監督は自己検閲せざるを得ない状況に陥っているからだ。

ようやく、三年が経過した二〇〇八年に変化の兆候が見えてくる。リー首相は、恒例の建国記念日の演説で「徹底した禁止は、もはや理にかなったものとは言えない。偏向した作品は別にして、何らかの留保付きで容認しないといけない」と政党政治映画の規制緩和を表明する。彼の発言を受け、政党政治映画再検討を一つの議題とする「新メディアの社会への影響度検討委員会（ＡＩＭＳ）」が発足した。

一方でリー首相は、アメリカのマイケル・ムーア監督の『華氏９１１』（二〇〇四年）を無制限緩和の例としてあげ「彼の政治的背景と動機を理解しないと、観客は誤った方向に導かれる恐れがある」と釘をさすのを忘れなかった。更に、ＡＩＭＳの「最先端技術の進歩に後れを取らないように自由化すべきという意見（ネット市民）がある反面、束縛されないネット上の議論を心配する保守的な高年齢層もいる。我々は、バランスをいかに取るかを模索しながら、第三三条廃止は段階的に行うべきとの結論に達した」と述べているように、留保付きの緩和になったことに留意したい。

その後、「二〇〇九年改正映画法」第四条Ａに基づき、ＢＦＣに助言する目的で「政党政治映画諮問委員会（ＰＦＣＣ）」が発足した。だが、同条第二項には、「ＢＦＣは助言を求めるが、最終的決定はこれに束縛されない」とあり、基本原則に変化はない。

最終的に二〇〇九年、ＢＦＣは「『Singapore Rebel』は、ＰＦＣＣの「『二〇〇九年改正映画法』第二条三e項の例外事項に該当するドキュメンタリー映画で、政党政治映画とみなされない」との助言に基づき、上映禁止を解除し「M18」に変更した。本作はＰＦＣＣが審査した初の作品となる。なお、シー監督の作品で、前述したチー・スーンジュエンと支援者による、同国で開催された国際通貨基金（ＩＭＦ）／世界銀行グループ二〇〇六年年次総会への抗議行動を描いた、『Speakers Cornered』（二〇〇六年）は、「NC16」指定を受けている。

しかし『Zahari's 17Years』（二〇〇六年）は、第三五条が適用され、ＭＩＣＡ大臣命で不許可（「NAR」指定）となった。同国初の「NAR」指定作品である。しかし、『Zaharis 17Years』内のサイード・ザハリの談話は、彼の著書『Dark Clouds At Dawn』（二〇〇一年）に既述されており、シンガポールの書店でも購入できる。ザハリの「上映禁止を知って驚いた。私が映画で話した内容はすべて、それ以上のことも既に書いているからだ」という発言は、政府が映像媒体への脅威を強く意識している証左である。被インタビュー者のザハリは「冷凍庫作戦」で逮捕され、正式の裁判を受けることなく、一七年間にわたり拘留された人物である。更にシー監督の最新作『Dr Lim Hock Siew』（二〇一〇年）も同様に、「NAR」指定を受けた。リム・ホックシューは、同作戦で逮捕されたが非転向を貫き約二〇年間拘留された人物で、二〇一二年に死去している。

次に、映像媒体への脅威がソーシャル・メディアにまで及んでいる事例を紹介しよう。二〇一三年、ドキュメンタリー映画監督リン・リーは、自らのウェブサイトで、Ⅱ部の第9章で後述する「中国人バス運転手スト事件」で逮捕された二人の「警察は取り調べ中に暴力を加え自白を強要した」との発言を公開した。

彼女は警察本部で事情聴取を受け、撮影機材と携帯電話を没収された。その後、内務省（MHA）は「担当医は『二人に外傷はなかった』と述べており、中国大使館からの抗議文書も受理していない。彼らは、申し立てを取り下げている。取り調べ担当官一〇人に聴取したが、違法行為は発見されなかった」との内部調査結果を公表した。この調査書に対し、リン・リーは、ブログで「①透明性確保のため、MHAは両名の取り下げ書全文を開示すべきである。②

彼らは申し立てたにもかかわらず、なぜ、早期帰国が許されたのか?」を骨子とする質問書を発表したが、当局からの回答は得ていない。

情報通信開発庁（IDA）によれば、二〇一四年時点で八八%の家庭がインターネットへのアクセスが可能になっている。ソーシャル・メディアが重要な情報源として、二〇一一年総選挙の野党の議席拡大に寄与したと言われるだけに、リン・リー事件を契機として「インターネットメディア規制強化」政策が発表される。

過去二か月間に、平均し一週間当たり最低一本以上の、我が国に関する記事を配信し、シンガポールからのアクセスが月に五万件以上あるサイトは、五万Sドルの履行保証金を納めること。好ましくない内容（倫理観、安全保障、社会調和に反する内容、及び本規制批判）と判定された時は、二四時間以内に削除すること。当面「Yahoo! News」、「Channel NewsAsia」、「AsiaOne」、「Business Times」などの国内外一〇社を対象とする。

政府は「インターネットの自由を取り締まる意図はない」としている。しかし独立系メディアは「将来、この規制が我々にも適用されるのでは?」と危惧している。

以上の状況下で、映画関係者は罰金・量刑、まして破産のリスクを冒してまで政党政治映画とみなされる映画を制作できるだろうか? 答えは明らかに否である。

多民族、多宗教国家であるがゆえに、政府が「表現の自由拡大」に敏感にならざるを得ないのは理解できる。しかし、ＭＩＴＡ（現ＭＣＩ）大臣の生殺与奪権規定は、早急に改善されるべきである。二〇一一年総選挙で落選したジョージ・ヨーは「国民は、与党ＰＡＰと政策に不満を抱いている。グローバリゼーション下での急速な変化に対する国民の不安にもっと配慮すべきだ」と述べた。今こそ、時代遅れとも言うべき「表現の自由」の管理を行ってきた彼の発言を重く受け止めるべきである。

# 第2章　ノスタルジーと歴史再評価

一九七四年から「ビッグコミックオリジナル」で西岸良平が、昭和三〇年代の市井の人々の生活を懐旧の情（ノスタルジー）を込めて描いている『三丁目の夕日』は、三作が映画化されている。映画製作者連盟によると、三作共に邦画部門でベスト一〇入りし、興行収入合計額は一二億三〇〇〇万円と高い人気を得た。「昭和レトロブーム」を代表する作品だと言える。

本シリーズが、昭和三〇年代を知らない若者まで巻き込み受容されている現象は、核家族化と希薄な人間関係への失望感もあり、当時を正の側面として捉え美化したものだとも言える。しかし、現実の昭和三〇年代は、高度成長下で深刻な公害・大気汚染問題に加え、週休二日制、男女雇用機会均等法などの未施行から生じる、負の側面が際立っていた時代でもあった。

なお、M・B・ホルブルックとR・M・シンドラーは、ノスタルジーを「若かった時に流行していた、もの、場所、人に対する肯定的態度、好意的感情」と定義している。

## 1　ノスタルジー

### (1)　ロイストン・タン監督

タン監督は一九七六年、同国最後のカンポン（村落）と言われるローロン・チュエンで生まれた。両親は、公営住宅（ＨＤＢ）などに併設されたホーカーズ（Hawker Center［屋台村］）でチキンライスを調理・販売している典型的庶民階級である。日本の小学校に相当する初等学校では、英語の成績不良により、卒業時の初等教育修了試験（ＰＳＬＥ）の結果、エリート養成の特別・高速コースではなく、標準コースの中等学校に入学した。その後、校長から「誰も希望しない学科があるので、ここを受験したら」と教えられ、テマセク・ポリテクニック（高

現在の外国人観光客が集うチャイナタウン

1971年の生活の場としてのチャイナタウン

等技術専門学校）のビジュアル・コミュニケーション学科に入学した。

しかし、彼の才能はここで花開く。一九九五年、南洋理工大学（ＮＴＵ）主催の学生フォト・ビデオ・グラフィック大会での、ミュージック・ビデオ『Remain』（一九九五年）の最優秀賞受賞に加え、在学中に四つの賞を受賞した。更に国内外映画祭での多くの受賞実績を基に、二〇〇二年に国家芸術評議会（ＮＡＣ）から青年芸術家賞が授与され、二〇〇四年には米国の「タイム」誌が選ぶ「アジアのヒーロー二〇人」の一人に選出された。二〇一〇年、サブ・ステーションのシンガポール短編映画賞では、短編映画を通して映画界に貢献したとして名誉賞が授与された。

カンポンでの経験を自分の映画制作のルーツにしたいと考え、今や外国人観光客向けに無残にも改修されたチャイナタウンを例に取りながら、消えつつある歴史遺産・文化を守ることが自分の一貫するテーマだとしている。

それでは、具体的に彼の作品を紹介しよう。

・『Hock Hiap Leong』（二〇〇一年）
「都市再開発の名の下で取り壊された、竣工五五年を経過したアルメニア通りのコーヒー・ショップを記憶に留めるために制作した」と述べるように、本作は、店内の棚に並ぶ年季の入ったコーヒー・バッグなどのクローズ・ショットとロング・テイクから始まる。しかし、のっぺりとした南国特有の雰囲気は、キャセイのＭＰ＆ＧＩ社（國際電影懋業有限公司）が製作した『マンボ・ガール』（一九五七年）の主題歌『私はチャチャが好き』がバックに流れると急展開する。一九五〇〜六〇年代を想起させる、歌姫たちの歌とダンスの華やかな競演が繰り広げられるが、それは突然終焉し、再び気だるい白日夢へと戻り、本作は幕を閉じる。

二〇〇六年四月二四日の「ストレイツ・タイムズ」のインタビューで、彼は自身について「言葉ではなく、画像で考える性格だと友人も言っている」と発言しているように、本作は、画面一杯にノスタルジックな雰囲気を漂わせながら、直感的・視聴覚的美意識をもって観客の感性に訴える作品になっている。

・『Old Places』（二〇一〇年）、『Old Romances』（二〇一二年）

国家遺産庁（ＮＨＢ）とメディア開発庁（ＭＤＡ）から一部助成を受けた両作品は、タイトルから理解できるように、経済的困難から維持不能となり消えつつあるが、国民の心に今も残る懐かしい場所を撮影している。伝統的コミュニティが破壊されつつある現状への疑問が色濃く反映された本作について、タン監督は「私にとって撮影した場所は、決して忘れられない昔の恋人のようなものだ。両作品は、私からのシンガポールへのキスの意味を持つ」と述べた。たとえば『Old Places』には、アリワル通りの一角で、露店理髪業が営まれているシーンがある。彼は「今も営業中なのか不安だったが、多くの人が来店し『ここそが本当のコミュニティ・センターだ』と言っていた」と述べた。『Old Places』は、建国記念日前夜にテレビ放映され、好評だったため二度にわたり再映された。なお、コミュニティ・センターは、国民形成に貢献する職業指導や文化、教育活動等の促進は勿論、民衆動員の政治参加機能を担う目的を持っている。リー・クアンユーは自著で「共産主義者のプロパガンダに対抗するための情報収集・教化に役立った」と回顧している。

**(2) コーリン・ゴー監督と共同制作者ウー・イェンイェン**

コーリン・ゴー監督とウー・イェンイェンは、仕事上のパートナーであると共に、実生活においてのパートナーでもある。夫妻は、シンガポールに生まれ、現在ニューヨークに在住し、制作活動を継続している。

イェンイェンは、クイーンズタウン地区のＨＤＢで少女時代を過ごした。彼女は「母が作ってくれた涼茶、家族で一緒に行った国立競技場が懐かしい思い出として残っている」と語る。涼茶は、広東、香港、台湾などで売られている伝統的漢方滋養茶である。一九九四年、シンガポール国立大学（ＮＵＳ）英文学部を卒業し、南洋理工大学（ＮＴＵ）で修士課程を修了した。南洋女子高校の英語教師時代に、ゲスト講師として来校したコーリン・ゴー監督と出会い、二年後に結婚し、米国に留学する。コロンビア大学修士課程修了後、教育カリキュラムの博士号を取得し、ニューヨークのロング・アイランド大学教育学部准教授を務めながら、夫と共に制作活動を続けている。

コーリン・ゴーは、一九九四年にロンドン大学で法学士、同大学院で一九九九年に法学修士号を取得し、英国とシンガポールの弁護士資格を得た。その一方で、ニューヨークのビジュアルアーツ専門学校で、漫画コースを終えている。弁護士資格取得後、シンガポール最高裁の事務弁護士になり、その後、当国最大のアレン・アンド・グレッドヒル法律事務所に、一九九五年から三年間所属した。人も羨む高収入を得ていたが、実生活は多忙を極め、石油船での事故を契機として事務所を去る。結婚後、預金全額を引き出してコロンビア大学ロー・スクールに留学し、卒業後ニューヨークの弁護士資格試験に合格した。

ゴー監督の多彩な才能は、ロンドン大学修士時代の一九九六年に書きあげた舞台劇『The Body Politic』が、シンガポール芸術祭やロンドンのロイヤル・コート劇場でも上演されたことから理解できるだろう。また、シンガポールのタブロイド紙「The New Paper」に、漫画『Orchard Road』を一九八八～九二年まで連載した。次作の『コンクリート・ジャングル』（一九九二～二〇〇四年）は一九九五年、私の好きな漫画家賞を受賞する。『Alien Talent』は二〇〇八年まで連載された。最新作は同国の週刊誌「8days」に掲載している『The Last Page』である。

ゴー監督は、名門私立校アングロ・チャイニーズ・スクール（ACS）卒のいわゆる「英語教育組」エリートである。「多くのシンガポール人は、一つの文章に華語、英語、方言を混淆させるのは勿論、たとえば、福建語からマレー語というようにコード・スイッチして話している。私は彼らのための映画を制作したいので、最初に英語で脚本を書き、それからいかなる台詞が自然であるかを妻、出演者に聞いてから書き直している」と、妻との二人三脚ぶりを披露している。代表的共同著作としては、ベストセラーになった『The Coxford Singlish

Dictionary』（二〇〇二年）がある。『オックスフォード英語辞典』をもじった本書について、二〇〇五年、英国の「タイムズ」紙は「固有言語事典として極めて貴重だ」と評価した。また二〇〇〇年に夫妻が共同で立ち上げたウェブサイト「TalkingCock.com」について、二〇〇八年の筆者のインタビューに対し、ゴー監督は「『TalkingCock』は「ナンセンスな冗談を言う」を意味するシングリッシュだ。二〇〇〇年に始まった『きれいな英語を話そう運動（Speak Good English Movement）』に対する問題提起として立ち上げた」と述べている。

続いて映画作品を取り上げる。

『シンガポール・ドリーム』
（提供：Colin Goh & Woo Yen Yen氏）

・『シンガポール・ドリーム』（二〇〇六年）

本作は、夫妻で共同製作、脚本・監督を務め、二〇〇六年、東京国際映画祭「アジアの風部門」で、同国初の最優秀映画賞を受賞した。

遺産相続で争う息子と娘が、父の葬式時に親戚縁者と麻雀をしながら、亡父に連れて行ってもらったウビン島での魚釣りや、国立競技場のサッカー観戦などの思い出を懐かしむ。二人は「メロンの種、海老煎餅！」と競技場の売り子の口上を真似るが、すぐに周りの気まずい雰囲気を感じ、黙り込む。その後カメラは、若き日の写真を燃やしながら涙ぐむ母、死者が冥土で使う紙銭を呆然と燃やす娘、ギターを抱えながら、娘の夫が高校のバンド時代の写真を見る姿を次々と映し出す。

両親がデートしたエリザベス・ウォーク、蟹を食べたポンゴール、サティとアイス・カチャンを食べたフォートカニングという思い出の場所も今はすっかり様相を変えてしまった。シンガポールは豊かになったが、その代償としての犠牲はあまりにも大きい。

以上の作品群には単なるノスタルジックな情念ばかりではなく、急激な再開発への批判精神が込められている。一方で、ジャック・ネオ監督の作品のように、政治目的のためにノスタルジーが利用される事実にも留意したい。

**(3) ジャック・ネオ監督**

現在も父は魚屋を、母は軽食と飲み物を提供するコピティアム（kopitiam［マレー語のコーヒー kopi と福建語の店 tiam の複合語で、軽食と飲み物を出すコーヒーショップ］）を営業している。一九六〇年生まれの彼の学歴は、タンジョン・カトン中等学校で終了したが、学歴偏重の同国ではエリート・コースから外れたことを意味する。CNNのインタビューで「中等教育終了後の進路を決めるGCE－Oレベル試験後、将来の進路について悩んだ私は、シンガポール国軍（SAF）に志願し、兵站部《へいたん》に配属された。二年後、兵士慰安を目的としたSAFのミュージック・ドラマ劇団に移り、脚本と監督の勉強をした」と述べている。一九七九年、シンガポール放送公社（SBC）の俳優、司会者をSAFの許可を受けて兼務することになった。

八年間の軍隊生活を終えた彼は、一九九〇年から一〇年間も続いた、華語放送八チャンネルのコメディー・バラエティ・ショー『コメディ・ナイト』への出演で一躍有名になった。特に、同番組の『リアン・ポーポー』では、元気のいい八〇歳代のおばあちゃん役を演じ、圧倒的な人気を博した。二〇〇八年の筆者によるインタビューで、以下のように述べている。

観客は笑いたいから映画を観に来る。彼らをどうやって楽しませるか、これが私の一貫したテーマだ。『コメディ・ナイト』では、視聴者の反応を見ながら、彼らが何を好み、何が受けないかを学んだ。アーミー・キャンプで、兵隊の反応を見て廻ったのも貴重な経験、よい訓練になった。

彼の映画との関係は、エリック・クー監督の『12階』に出演した時から始まる。短編『Replacement Killer』（一九九八年）で、シンガポール国際映画祭（SIFF）の監督賞を受賞し、Ⅱ部の第3章で述べる大ヒット作『Money No Enough』（一九九八年）の脚本を書いた。

脚本家、俳優、司会者そして映画監督をこなす、彼のマルチ・タレント性は、現場での実地訓練（OJT）を通して学んだ結果なのである。

以下に作品について述べる。

・『ホームラン』（二〇〇三年）

シンガポールの分離・独立直前を時代背景とした本作は、マジット・マジディ監督の『運動靴と赤い金魚』（一九九七年）に着想を得て制作された作品である。半端仕事に従事する父と、妊娠している母を両親に持つ、貧しい家庭の兄妹愛を中心に物語は展開する。妹の靴をなくした兄アー・クンは、レースに出て二等賞の賞品である靴を得ようとするが、一等になって困惑する。ライバルである金持ちの息子ベンが、靴を彼に贈呈しハッピーエンドとなる。

なお、主たる舞台はカンポンだが、都市再開発が進んだ同国では既に多くのカンポンが失われているのでマレーシアで撮影された。本作で妹を演じたソー・ファンが、シンガポール初の台湾・金馬奨新人賞を獲得し、ネオ監督はイラン国際児童映画祭で監督賞を受賞した。

本作は、ゴー・チョクトン首相が、政治目的のためノスタルジーを利用した好例なので、彼の感想を紹介しよう。

私は本作を観て感激した。一九六一年、私はGCE-Aレベル試験の終了後、大学入学前にリム・チュカン地区の小学校で、数か月間教壇に立った。多くの生徒は貧しく、破れて指が出た靴を履いていた。私が経験した当時の状況を本作は思い出させる。同時に、今の子供たちは、果たしてボロボロの靴が何を象徴しているかを理解できるだろうかとの疑問がよぎった。カンポンはHDBに取って代わり、靴はブランド物になっている。

去年、私は彼の作品『Money No Enough』と『僕、バカじゃない』を評価した。「建国記念日の賞に値する」と賞賛する妻に「二作品だけでは十分ではない」と言ったが、高い興行収入を上げた本作で、私は再考してもよい時期に至ったのではないかと考えている。

リー・クアンユーの著作『シンガポール・ストーリー』に示されるとおり、政府の「貧しい時代を忘れるな！ 今の繁栄は誰のおかげだ?」なる思考が、本作に対するゴー首相の演説からも見えてくる。同時に、庶民階級の代表者として、政府の主張する「建設的な意見」発表者の役割をネオ監督に負わせ、「国民再統合」に利用しようとの意図を政府が持っているのは明らかである。彼が二〇〇四年の建国記念日に、映画関係者初の公共奉仕賞を授与されたのはその証左だと言えるのではないだろうか。

## 2　封印された歴史の再評価

### (1) タン・ピンピン監督

タン・ピンピン監督の経歴などについては、Ⅱ部の第1章で触れたので、その作品について見ていこう。

・『お墓の引越し』（二〇〇二年）

二〇〇七年、筆者のインタビューに、タン監督は「一九九六年に祖父のお墓を掘り起こした時、ビデオで撮った。このホーム・ビデオを基に、大学院修了作品として本作を制作した。資金はディスカバリー・チャンネルの東南アジア諸国の新人映画制作者への支援コンペで得た賞金二万米ドルだ」と述べた。

ケネス・P・タンは「コンセプト段階から、シンガポール人が監督した、初のドキュメンタリー映画」と評価している。本作は、国内に留まらず海外においても絶賛され、アメリカの第二九回学生アカデミー賞のベスト・ドキュメンタリー賞を、シンガポール人として初めて受賞した。

本作は、政府が主導する都市再開発の下で、先祖代々の墓を掘り返し、政府が建設した施設で火葬・埋葬せざるを得なくなった五万五〇〇〇世帯の悲しみを、チュー家のホーム・ビデオ形式で描いた作品である。

リリー・コンは、開発至上主義が死者にまで及ぶ事実、つまり伝統的埋葬方式である土葬から、政府が決定した火葬に変わった影響について述べている。

植民地時代末期には一〇％に満たなかった火葬方式は、郊外部のＨＤＢ建設と呼応するように一九七〇年代から急激に上昇して、一九九三年には六七・六％となった。この趨勢は、祖墓が取り壊され、取り出された遺骨が火葬に付され、政府の供給する高層建物の小部屋に祀られる状況が急速に進んでいる事実を示している。開発用地が限られている当国の現状を勘案すると、快適な住居空間の提供という現実的な観点から頷ける点もあるが、一方で伝統的祖先崇拝儀礼に基づく家族の紐帯の弱体化を示している。

福浦厚子は「一九九七年には、八三％が火葬を選んでいる。また寺廟や墓地ですら、宗教性や神聖さを根拠に保存を訴えても、公共道路、宅地開発、高速鉄道（ＭＲＴ）建設が優先され撤去されてきた」と述べている。

コン、福浦が指摘するとおり「四〇年前、よりよい住居を建設するとの政府の先見性の結果、死者もこのモダンな住居に移り住むことになった」と皮肉を込め、本作のナレーターが語る。「ブロック番号三〇六、部屋番号五三号」と付されたチュー家の安置所は、近代的で快適な住環境を誇るＨＤＢと何と似ていることか。安置所の前に供え物の台を置くと、供養もできなくなる狭い廊下で、窮屈そうに祈りを捧げる彼らの姿は、家族の紐帯の崩壊を象徴している。荼毘に付した後、帰宅した次男は「清明節の時には、手作り料理で祝いスイカを切ってみんなで分けた、こういう家族・縁者の集まりはもうできない」と残念そうに語る。本作は、セピア色に変色した、旧墓所での家族・縁者集合記念写真を映し出し、弔意を表するように鐘が鳴って終わる。

ケネス・Ｐ・タンは本作について「チュー一家は一方で、進歩・発展の共犯者だとも言える。タン監督は洗練された手法をもって、二分法では解き明かせない複雑な状況を浮き彫りにした。政府が主導する開発至上主義と『アジア的価値』の矛盾について再考するよう観客に促している」と指摘している。チュー家の三男は「個人的に火葬には賛成できない。死者は安らかに眠っていたのに、彼らの平和をかき乱すのは悲しい。しかし国は小さい。でもなぜ、こんなにゴルフ場が多いのか？　この土地を恒久的な墓所のために提供できないのか？　でも政府が土地を必要としているのだから仕方がない、これからも私たちを守って幸福を与えてください」と弱々しく語る。今まで経済成長の恩恵を十分ではないにしても享受していたチュー一家は、初めて権力の影響を具体的な形で受けた。当然の如く、公と個の対立は個の敗北となり、「仕方がない」との無力感を持った言い訳となる。

ケネス・P・タンが指摘する「共犯者」を生み出すこの潮流は、政治への無関心が投票行動にも表れ始めている日本人にも当てはまるのではなかろうか？

・『インヴィジブル・シティ』（二〇〇七年）

本作の制作意図は、以下の登場人物の発言に代表されているのではないだろうか。

セントーサ島のスラポン地域で発掘を行っている考古学学者リム・チェンシアンは、タン監督に「今日、あなたが来た記録をビデオに撮らないと証拠は残らない。これと同様、ここで発掘されるビールの缶、コカコーラの瓶などは記録すべき魅力的証拠品だ」と述べ、カメラは一九五六年製コカコーラの瓶と、背景のツタが絡まり、今や朽ち果てた砦跡《とりであと》を映す。タン監督の「なぜ重要だと思っているのか?」との質問に対し、リムは「私は世界各地の発掘を依頼されているが、より重要なのは自分が帰属する場所で何が起きたかを知ることだ」とその意義を強調する。

教育省（MOE）で、華語教科書を編纂する傍ら、歴史研究会「タンジェント」会員でもある、ウィー・シューティアンは、助手と共に「今は何にも残っていないと思うよ」と戸惑う中年女性を、「フォーラムで、自分が学んだ夜間教室を再訪したいと言っていたね。その場所に行こう」と説得する。タン監督のインタビューに答え、彼は「シンガポールは急速な発展を遂げた。確かに経済発展を語るのも大切だ。しかしより重要なのは、公的発表・報告とは別の、それ以前に起きた側面を再検証することだ」と答える。

最終的に、パヤレバー地区に所在する学校跡を突き止め、中年女性と彼のやり取りが始まる。「ホーカーズ組合の事務所が教室となって、読み書きを教えていた」、「活動禁止後も、クラスは続けられたか?」、「いいえ、猶予期間もなかったと思う、ただ読み書きを習いたかったのに残念だ。まして、組合はホーカーズのために戦っていたのに」と答える。

再びウィーは、一九四六年当時、マラヤ共産党（CPM）本部だったビルの前で、華字紙「聯合早報」、「聯合晩報」の元記者ハンに「当時、CPMは合法だったのか?」と聞く。ハンは「そうだ。ここにいると記憶が鮮明に蘇る」と答える。ウィーは「ハンさんの説明は衝撃的だった。今まで話されていない事実が明らかになったと思った」と同監督に述懐する。

考古学研究者たちの、地味だが淡々と作業を進めるエンドシーン、及び「国民がどのような生活を送っていたかを知るのがこの発掘の意義だ」とのリム・チェンシアンの問題意識は、タン監督の本作のテーマと共通している。本作の登場者たちは、現存する物的証拠をもって、何らかの形で過去を保存しようと努力している。しかし急速に変化する同国では「見えなくなってしまうもの化（Invisible化）」する可能性は高い。発掘チームの証拠を残さなければという焦燥感と、タン監督の本作における思いが見事に重なり合っている。

Invisibleには「不可視の隠れたもの」という別の意味がある。一九五〇～六〇年代に実施された華語校の生徒弾圧、夜間教室閉鎖、CPM活動などは、封印された歴史だからだ。忘れ去られる前に証拠を残すべく、タン監督はタイトルに「備忘録」を付加させ、単なる喪失感を超えた深い焦燥感を持って本作を制作したのである。ちなみに、本作はオーストラリアのパース・シンガポール協会でも上映された。上映会のキャッチフレーズは「シンガポールの記憶は、誰のもので、その記憶とは何か？」である。

しかし本作は「見えなくなったもの」の再発掘、また現在進められている歴史の歪曲化への再認識を日本人にも促しているという側面を見逃してはならない。本作で、日本人記者が、元抗日・反植民地主義運動家、グオ夫妻へのインタビューに際し「読者は、拷問の記述を喜ばないので、反英運動時の二人の愛情物語にする」と発言する場面が登場する。記者の発言は、日本人の歴史認識を歪め「事実を見えなくする」結果を引き起こす可能性が秘められている。我々は加害者だという歴史の重さから逃れることはできないだけに、重要な発言である。

### (2) ブー・ジュンフォン監督

一九八三年生まれのブー監督は、国内外から高評価を受けている若手監督の一人である。ニーアン・ポリテクニック映画・メディア研究科(FMS)を二〇〇三年に最優等生として卒業した彼は、MDAから優秀賞を授与された。最終学年時の六か月間、バルセロナのカタルーニャ高等映画学校に留学し、脚本家・監督として初の短編『家族の肖像』を完成させている。帰国後の二〇〇五年、韓国のアジア映画アカデミーで、台湾のホウ・シャオシェン監督の指導を受けた。シンガポールで初の映画学士号を付与する、ラサール芸術学院のパットナム映画学科を二〇〇八年に卒業し、生徒総代としてマックナリー賞を受けた。卒業制作は『タンジョン・ルー』である。

輝かしい短編映画に対する国内外での受賞は、国威発揚を目指す政府の注目を浴び、二〇〇九年、NACより青年芸術家賞を授与された。更に翌年に開催された建国記念日の撮影監督に選任され、二〇一一年には、若手に授与される最高の賞シンガポール青年賞を受けている。主流を歩くかに見えるブー監督は一方で、LGBTへの理解を求める「ピンクドットSG(Pink Dot SG)」を支援する活動家でもあるが、詳しくはⅡ部の第7章で述べる。

二〇〇九年、筆者のインタビューに、ブー監督は「両親の世代は、歴史的事実の忘却を選んだが、私は、失われた彼らの過去を再発見したい」と抱負を語っている。

それでは作品を見ていこう。

・『サンドキャッスル』（二〇一〇年）

本作は、カンヌ国際映画祭の国際批評家週間で上映された同国初の作品であり、第一回ベトナム国際映画祭で、最優秀作品賞、監督賞、NETPAC批評家賞を受賞した。

二年間の兵役義務を待つ一八歳の主人公エンの亡父は、一九五六年から学生運動に参加し、一九六一年の教育制度変更への抗議と、試験ボイコットの扇動者の嫌疑をかけられ、二七年間にわたる拘留・亡命生活を送る。しかし、転向宣誓書に署名しなかったので帰国は許されず、マレーシアのジョホールバルで亡くなった。エンは、亡父の閉ざされた過去の真相を究明しようとするが、当時の事情について、亡父と一緒に活動していた母は語ろうとしない。母は現在、教師として働きながら、認知症になった祖母の世話で多忙を極めている。

母が、老人ホームに祖母を訪ねるシーンに、「我々の物語は、決して語られることはないだろう。私の唯一の希望は、あなたが払った犠牲を息子のエンに知ってもらうことだ。人生を全うし、自分に忠実であり続けると私に約束してくれ」との亡父の言葉が重なる。本作は、エンが入隊し、祖母の死を知って終わる。

ブー監督は「無邪気にも、学生運動がタブーだったのを全く知らないで取り上げた。一九五六年の抗議活動に参加した、元華語校活動家へのインタビューは拒否されたので、主として国立図書館と国立アーカイブの資料を基に制作した。唯一、インタビューに応じてくれたのは、フォン・スィーシュエンの息子オットー・フォンだった。元拘留者の息子としての苦悩を語ってくれ、エンの性格づくりに役立った」と語っている。フォンは、一九五〇～六〇年代の反植民地主義者、組合活動家である。I部の第1章「シンガポールの歴史」で述べた一九六三年の「冷凍庫作戦」で逮捕され、その後マレーシアに移送・拘留された。一九六七年に釈放されたが、同国に留まり、一九九〇年にシンガポールへの帰還を許可され、妻と共に永住権を取得した。

『サンドキャッスル』（提供：Boo Junfeng氏）

歴史家のホン・リサは、筆者に「本作は一九五六～六一年に焦点を合わせているようだ。意図的かどうかは不明だが、『冷凍庫作戦』は除外されている」と指摘している。また「歴史家も、今日までできる限りの努力を行っていないのを自省すべきだ」とした上で、「より大きな政治的視点からというより、むしろ家族の葛藤を描いている。少ない資料を基に、身の丈に合わせて制作された映画だ」と述べていた。「冷凍庫作戦」をテーマにするのは、リー・クアンユーとの関連性を考えると、今でも生々し過ぎるのである。ブー監督は、華語校学生の代表的活動拠点だった中正学校出身だが、「在学中の四年間、活動家は、すべて共産主義者だと教えられていた。タン監督の『インヴィジブル・シティ』を観て、歴史的視点から描きたいと思うようになった」と述べた。彼の発言は、人民行動党（ＰＡＰ）政権批判者からの視点で検証された歴史文献がいかに少ないか、また教育現場の状況が、端的に示された好例だと言える。

一方、本作は利用価値があるとの実利的思考が政府にあったのは明らかである。二〇一三年、筆者のインタビューに対し、ＭＤＡ役員は「学生運動のシーンは問題視されなかった。歴史に関わる微妙な問題を取り扱っているが、関係者に不愉快な思いをさせずに作ったからだ」と強調していた。

筆者のインタビューに、ブー監督も「詳細な史実は二次的なもので、フィクション映画を作りたかった」と、彼自身が抱いている問題提起とは距離を置いた発言をしていた。高齢者問題を真摯に描いた本作の位置づけについては、Ⅱ部の第8章で考察する。

ここで、ヴェネツィア国際映画祭の最高賞である金獅子賞を受賞した、ホウ・シャオシェン監督の『悲情城市』（一九八九年）と比較して考えてみよう。『悲情城市』は、台湾の戒厳令（一九四五〜八七年）解除からわずか二年後に国内でタブー視されていた「二・二八事件」を取り上げ、上映された作品である。本作について、ホウ監督は「我々の主観的イメージに基づき、当時の息吹を模索した作品だ。撮影中、多層的で奥深い空間を表現したいと考え、距離を置いた傍観者であることに留意し、一切の批判なしに描き出そうと考えた」と語っている。

しかし、困難な時代を傍観者的視点から冷静に描き出すことによって、誰かがこの事件を語ってくれるのを待つ、受け身の「目撃者」から、再検証に参加する主体的な「当事者」へと、観客の意識を変換させる効果を持った作品とも言える。事情聴取前に、主人公が家族と共に記念写真を撮るエンディングは、歴史を語り継ぐ信念、言い換えると「私事の公の歴史への昇華・共有化」を明確に示す秀逸なシーンである。

では、ブー監督の『サンドキャッスル』はどうだろうか?

ブー監督は、同国における映像表現の限界を知る現実的思考を持つ一方で、この現状を何とか打破したいという強い願望を持っている。数回にわたる筆者のインタビューに、彼は常に真摯な態度で言葉を選びながらも、映画制作のあるべき姿、多様性に富んだ表現の自由を強調していたからである。しかし、ホウ監督の『悲情城市』と違い、「個人の歴史をカーペットの下に押し込めた」母のように、意図的な沈黙を選択している人々の深い悲しみを描き切れなかったのではないだろうか。また祖父の死によって、再考すべき亡父の歴史の「語り部」を失う悲劇と、政府の実利的教育制度の現状を結果として明らかにしたと考えざるを得ない。彼の才能を高く評価する筆者としては、長編第二作『Apprentice』に期待したい。

### (3)『To Singapore with Love』を巡って

タン・ピンピン監督による本作は、二〇一三年に開催された第一〇回ドバイ国際映画祭で、「アジアアフリカ・ドキュメンタリー映画部門」の最優秀監督賞を受賞した。監督自らが聞き手となり、完成させた本作は、一九六〇～八〇年代に「治安維持法」から逃れ、現在マレーシア、タイ、英国に居住する政治亡命者(政治活動家、学生運動指導家、共産主義者)の九人が、なぜ母国を離れたのか、いかなる日常生活を送っているか、そして彼らの母国への思いを描いている。しかし二〇一四年九月一〇日、MDAは「治安当局の正当な行動を歪めて描いているがゆえに、国家の安全保障と国益を弱体化させる作品」だとして「NAR(国内上映禁止、配給禁止)」に指定した。

この決定を受けてタン監督は「二〇一五年に分離・独立五〇周年(SG50)を迎えるに当たり、過去について論議を尽くすのは極めて重要だ。MDAがその機会を喪失させたことに失望した。亡命者を描いた本作が、海外での上映を許可する『NAR』指定を受けたのは大いなる皮肉だ」と公表した。

「不服申請審査委員会(FAC)」は、「NAR」指定への審査請求を一一月一二日に却下したが、審査中であるにもかかわらず、情報コミュニケーション省(MCI)大臣をはじめとして閣僚が強圧的諸発言を繰り返した。更に一〇月三日、リー首相は「SG50」の意義を強調し「本作は、シンガポールが民主社会を成就すべく苦闘していた時代に、共産主義者と戦った人々の名誉を汚す作品である。彼女が、たとえFACの判定を待っていても、本作に対する政府決定に変更・譲歩はない」と宣言すると共に、「映画は、書物より強い影響力を持つ」と強調した。

一国の首相までが登場するのはシンガポールならではと言える。経済的繁栄の実績を基に「SG50」を次回総選挙の勝利への導入部と位置づける政府は、本作が歴史再評価の動きに火を注ぐのではないかとの強い危機感を持ったと考えられる。

リー首相は、共産主義者の脅威を強調するが、現在もタイ南部に居住する共産主義者へのインタビュー映画、『I Love Malaya』（二〇〇六年）は「PG」、『The Last Communist』（二〇〇六年）も「PG」、『Village People Radio Show』（二〇〇七年）は「NC16」指定を受けている。では、本作をなぜ「NAR」指定としたのか？

本作には、「冷凍庫作戦」（一九六三年）と「スペクトラム作戦」（一九八七年）によって海外亡命し、PAP政権、特に両作戦の決定者であるリー・クアンユーを、現在も糾弾する人々が登場している。「建国の父」リー・クアンユーの死去後、彼の神格化を「SG50」に合わせ画策する政府にとって、本作はあまりに刺激的過ぎたのである。

歴史には常に敗者と勝者の視点があり、差異が生ずるのはやむを得ない。リー首相が真の民主主義国家を強調するのであれば、その差異を検証するため、封印された歴史の情報開示の決断は、「SG50」が絶好の検討機会になるはずだった。本作の「NAR」指定解除を強く望んでこの章を終えたい。

# 第3章　言語と大衆文化

シンガポールに滞在していると、使用する言語の差異によって、生活環境、更には生活習慣まで大きく違う身分社会だと感じることが多い。日本にも高級な住宅が立ち並ぶ地域と、庶民の住む地域とがあるが、言語に起因して差異が生じているわけではない。

この章では、分離・独立運動で勝利を収めた英語教育組エリートを主体とする政府が推進している言語政策、及び文化政策の経緯と問題点について、映画制作者がどのように捉えているか、華人系に焦点を当て考察する。エドモンド・リーヨーファが「二〇〇〇年時点で福建系四一・一%、潮州系二一%、広東系一五・四%、客家系七・九%、海南系六・七%、その他七・九%、計二〇以上の方言集団からなる」と指摘するように、華人系は一括りにできない多様性がシンガポールにはあるからだ。

## 1　言語政策と華人系への影響

### (1)　華語化

シンガポール政府は、一九六六年より、教育現場で英語を第一言語、各エスニック集団の母語（華人系の場合は方言ではなく華語）を第二言語とする「二言語教育政策（Bilingual Policy）」

を実施している。方言は華人社会の分裂・対立を引き起こす恐れがあり、国民統合上マイナスだとして、一九七九年より「華人は華語を話そうキャンペーン」を開始した。すべてのテレビ番組は一九八二年以降、方言から華語に、またラジオも高齢者のための中国各地域の方言によるニュースを除いてすべて華語に切り替えた。

一九九九年、ゴー・チョクトン首相による「ハートランダー（Heartlander）とコスモポリタン（Cosmopolitan）が互いに認め合わないと、社会はバラバラになってしまう」との演説は、二層化の象徴的言辞として議論を巻き起こす端緒となった。同首相の発言は「コスモポリタン」が、完璧な英語、華語を話しグローバリゼーションの潮流にアクセスでき、同国発展を支える望ましい集団とみなされるのに対し、「ハートランダー」は国民の核という意味を持つものの、政府の保護政策に依存する弱者で方言、シングリッシュを話す集団だとの政府の視点を反映している。同時に、政府が強調する、限られた人的資源を最大限利用するための能力主義社会の基盤を不安定にさせかねないとの危惧感もあると考えられる。

政府の思考に対し、チュア・ベンフアは次のとおり批判している。

シンガポールでは英語、華語、方言間に制度化されたヒエラルキーが存在し、方言に対しては何ら教育的インフラも支援もない。二五歳以下のシンガポール人は祖父母と会話もできなくなっており、一方、祖父母は華語を勉強せざるを得なくなっている、まさに政府が唱導する「アジア的価値」に反する形になっている。更に、華語と英語を話す人々（コスモポリタン）は「内なる植民地化」を進め、ゆっくりと、しかし確実に方言を話す人々（ハートランダー）が沈黙するように強制している。

**（2）シングリッシュ**

方言の周縁化に目処をつけた政府は、二〇〇〇年より「きれいな英語を話そう運動」を開始した。この運動の契機は、ゴー首相の「シングリッシュは文法に則らない構文を使い、外国人に理解できない不完全な文章を使用している。シングリッシュを話すのは格好がよいとか、シンガポール人的であるといった態度を取るべきではない」との一九九九年の演説である。政府は、シングリッシュを教育程度が低い層が話す言葉として、その否定的な面のみを強調し、一掃しようとしている。

この運動に異を唱えるコーリン・ゴー監督は、シングリッシュのハイブリッド性に注目し「多言語国家に相応しく、英語、マレー語、タミル語そして多様な中国方言を包含した、シンガポール特有・固有な英語であり、我々の文化のユニーク性を確認できる唯一のものだ」と主張している。同監督の『シンガポール・ドリーム』においても、シングリッシュは頻繁に登場する。長男センの許嫁《いいなずけ》に同僚が語る台詞「早くセンちゃんと結婚式をあげた方がいいよ」は、「Better faster, marry with Ah Sen」と表現されている（省略と「with」は文法上の誤り）。「Better faster」は華語表現の「越快越好」にほぼ相当し、「Ah」は南部中国で多用される「～ちゃん」を意味する。

政府は、国内外向けに二重基準を用いている。たとえば政府観光局（ＳＴＢ）はウェブサイトで、外国人観光客に異国情緒を訴える宣伝文句としてシングリッシュをあげている。更に方言に対しても、検閲委員会（ＢＦＣ）は「方言を使用した芸術映画は、海外の映画祭、または映画研究会などでの限定上映であれば、ケース・バイ・ケースで許可する」と強調しながらも、「華語推進政策（華人は華語を話そうキャンペーン）の遵守」を規定している。ゴー監督は『シンガポール・ドリーム』を海外の映画祭で上映する時は、方言を華語に変更する必要はない。しかし、方言の台詞が挿入された予告編のテレビ放映は、一切禁止するとＢＦＣから宣告されたので断念した」と述べている。

## 2　言語政策の映画への影響

・『Money No Enough』（一九九八年）

ジャック・ネオ監督の本作では、典型的ハートランダー三人組が主人公である。ジャック・ネオ扮する、昇進問題がこじれ退社するが新しい仕事に就けない、ホワイトカラーで浪費家のケオン、マーク・リー扮する、借金の返済ができなくなりジョホールバルに逃亡する建築業者のオン、そしてヘンリー・チア扮する、人のよさだけが取り得の、軽食と飲み物を提供するコピティアム（コーヒーショップ）のウェイターが、洗車会社を起業し成功するというハッピーエンドの作品である。

本作は、アジア通貨危機の影響で映画鑑賞人口も減少し、国産映画もわずか四本しか上映されなかった一九九八年当時、『タイタニック』（六七〇万Sドル）、『ロスト・ワールド／ジュラシック・パーク』（六四〇万Sドル）に次ぐ第三位の五八〇万Sドルの興行収入を上げた。国民約四人に一人が観た計算になり、ネオ監督の『Ah Boys To Men』（二〇一二年）が、六二一万Sドルを達成するまで、国産映画の興行収入第一位を保持した。

ではなぜ、これほど高い興行成績を上げられたのだろうか？

まず、ネオ監督が自らをハートランダーだと明言していることである。ソフィア・シディックは本作について、以下のように指摘している。

本作は、エリック・クー監督が『ミーポックマン』、『12階』で描いた、公営住宅（HDB）に住む疎外化されたハートランダーではなく、仲間意識を持って活気に富んだ彼らを登場させ、精神的中核場所としてHDBが機能していることを示した。アジア通貨危機に、政府は人員削減、給与の大幅カットを実施した。本作は、この厳しい経済的状況からの逃避の場を提供すると共に、忍耐力と創意工夫があれば、経済的成功を達成できるのではとの希望を観客に抱かせた。同時にコメディー形態を取りながら、アジア通貨危機の派生的影響として物質万能主義の弊害を検証している。

シディックの指摘は重要である。物質的に豊かな生活を送っていても、常にモノへの飢餓感を抱いている登場人物たちに、観客は自己を投影し苦笑せざるを得ない。タイトルのとおり「金が足りない」彼らの飢餓感を理解するネオ監督の制作意図が的中した作品と言える。

物質万能主義と、政府依存が巻き起こす混乱は、たとえば次のシーンに示されている。HDB内のコピティアムで、海外で国旗が焼かれた事件に怒り「名誉を守るため行動を起こすべきだ」と主張する男に、周りの反応は「政府が頼みもしないのに、なぜ国民が立ち上がって行動しないといかんのだ」と冷たい。更にケオンと相棒たちは、我関せずと、金儲け、新車などの話題に集中している。

『Money No Enough』（提供：Jack Neo氏）

ケオンは、コスモポリタンのように法外に高いコンドミニアムには住めないが、エグゼクティブHDBに住んでいる。ちなみに一九九五年から、プール、テニスコートを併設するエグゼクティブHDBの販売が開始された。彼は、豪華な住居を披露すべく友人たちを晩餐に招待し、「大理石の床に三万Sドル、アップグレードに一〇万Sドル使った」と誇らしげに語るが、実は彼の月収四〇〇〇Sドルを遥かに超えたローンの割賦金を月々支払っている。

次に、本作の登場人物たちが話す方言（福建語）について考えよう。

チュア・ベンファは「本作はシネコンに滅多に行かない多くの人々を引き寄せた。福建語を話す自らの姿を国産映画の大画面で初めて観ることができたからである」と述べている。その一方で「この喜びは『抑圧された人々の帰還』と言えるが、皮肉にも福建語を話す登場人物が揶揄の対象になっているという点で、彼ら自身の犠牲の上に本作が成立していることにも留意すべきである」と指摘している。

言語政策に対する彼の指摘は正しいが、ハートランダーが自らを犠牲者とみなしているのかは疑問である。むしろ、ガサツな駄洒落を遊びとして受け止めた上で苦笑いしていると考える方が自然だと思われる、彼らは強かなのである。特筆すべきは、本作が、日常的に使うシングリッシュと、マス・メディアから消え、学校では教えられない福建語を登場人物が大画面上で生き生きと駆使する、同国で初の映画となったことである。発言機会さえ失われているハートランダーの鬱積を代弁しているがゆえに、共感を得られたと理解すべきではなかろうか。

二〇〇九年、筆者とのインタビューに際し、ボリス・ブー監督は以下のとおり述べた。

普段は華語を使わないタクシーの運転手、ホーカーズ（屋台村）の主人が、テレビドラマで華語を話しているが、現実と違って全く不自然だ。五〇％まで方言が挿入できる映画は、まだよいと言える。ネオ監督の作品には様々な社会的問題が描かれている。深刻な問題をコメディー・タッチで描く彼の手法は、観客にメッセージを伝える最も効果的な方法だと思う。香港のマイケル・ホイ監督も、同様の手法を使って人気を博しているではないか。

ブー監督が指摘するように、本作にはハートランダーが好んで使う政府への皮肉・揶揄が溢れている。「物品・サービス税（GST）」は「彼らから搾り出せ（Go Squeeze Them）」と置き換えられ、また極端に高い「自動車税（COE）」は福建語の発音に近い「Die For It」となる。しかし最も手厳しいのは、ケオンが勤務する会社名「All Lee Enterprise」である。彼は皮肉を込めて「この会社は、姓がリーである者のみを雇う」とのたまう。会社名のリーは、リー・クアンユー、リー・シェンロン首相、更に政府所有投資会社「テマセク・ホールディングス」CEOでリー首相夫人であるホー・チンを含めたシンガポールを実質支配する「リー一族」を明らかに揶揄しているからである。本作は、スラップスティック映画を超えた作品だと言える。

・『僕、バカじゃない』（二〇〇二年）

二〇〇三年三月二〇日、コー・ブーンワン議員（当時。二〇一一年五月より現在、国家開発省［MND］大臣）は、国会で以下のとおり述べた。

福建語を日常言語とする家庭で育ち、オーストラリアで大学教育を受けた私の福建語能力は小学校レベルだ。本作を華語放送のチャンネル8で観たが、福建語の「lim-peh」が、華語に吹き替えられていた。何かが失われていると感じ、思わずスイッチを切ってしまった。だが、「華人は華語を話そうキャンペーン」は維持すべきだ。

複雑な心情を吐露した彼の発言は、アイデンティティの根本である、言語と文化喪失への危惧感を抱いている証左だと言えないだろうか。父権性を象徴する「lim-peh」は、福建系シンガポール人にとってニュアンスに富んだ単語で、英語、華語に適切な訳がないと言われる。本作のテレビ放映に際し、前述したとおりネオ監督は「lim-peh」を華語に吹き替えた。これに対し、視聴者から「オリジナリティは維持すべきだ。すべての会話を華語にするのは、現実の社会を欺くことになるのではないか」との苦情が多数寄せられたのである。

・『Money No Enough II』（二〇〇八年）

大量の告知・宣伝媒体使用と、一挙同時上映効果で五〇八万Sドルという高興行収入を達成した本作では、更に政府への皮肉がエスカレートする。国民に嫌われている電子道路課金制度（ERP）のゲートを海に投げ込むシーンから始まるからだ。この暴力的なシーンに政府がいかに衝撃を受けたかは、二〇〇八年八月一八日の英字・華字紙「My Paper・我报」が「ER

P値上げの影響を和らげるための政府の真摯な努力について、本作が十分に説明してないので少しがっかりした」とのリー首相の建国記念日でのコメントを紹介する記事を掲載したことからも理解できる。公共奉仕賞を彼に授与した政府からすれば「飼い犬に手を噛まれた」心境だったのだろう。なお、ERPは交通渋滞緩和のため日本の高速道路に設置されているETCと同様、車に搭載する車載器と道路上に設置されたゲートが通信を行い自動的に料金が徴収されるシステムで、一九九八年から導入された。

本作は、豊かな生活を夢見て配送会社に三〇年間黙々と勤めている長男、豊かな生活を営むビジネスマンの次男、怪しげなサプリメント販売で資金繰りが苦しくなる三男ファンが主人公である。金がすべての三人の生き方を風刺する前半から、認知症が進んだ母の資産を狙って口論が巻き起こる深刻な後半部に移行する。しかし、最終的には兄弟の結びつきを再確認し、前作と同様ハッピーエンドで幕が閉じる作品となっている。

ケネス・P・タンは「ネオ監督の作品は、上映当初、爆発的なヒットこそ見せないが、口コミで徐々に興行収入を伸ばすという特徴がある。彼の初期の作品群は、スラップスティックだったが、本作でERPを『Every Price Rise（何もかも高くなっている）』と言わせているように、表現がより強烈に、また皮肉っぽくなってきている」と述べている。

しかしハートランダーの視点から、高興行収入の背景についてもより深く考察する必要があるのではないだろうか。

冒頭シーンで建国記念日のテーマソング『We are Singapore』が、華人系公認言語である華語と英語ではなく、方言である福建語で歌われるのに筆者は驚いた。筆者の友人によると「華語や英語の歌詞を理解できない高齢者もいるので、ネオ監督が福建語に変えた」とのことだった。友人は、一九八七年からすべての小学校を英語校とする教育改革によって、授業が英語に変わり、先生を含め大きな転換を余儀なくされた世代に属する。「教育改革により、今まで優秀だと思われていた生徒の中でも英語の授業についていけず脱落していく者がいた」と述懐していた。

一方で、ハートランダーと他のエスニック集団に対する、ネオ監督のステレオタイプ的描写への批判も紹介する必要があるだろう。たとえば、ウー・イェンイェンは「祖母の話をしよう」と題するコラムで以下のとおり批判している。

ネオ監督が描くハートランダーはあまりに単純化されている。HDBで育った私の家族は、異なった世代が異なった言葉でコード・スイッチしながら会話していた。方言しか話せなかった私の祖母は、働き者で一二人の子供を立派に育てた。しかし、彼に限らず他の監督もこの複雑な環境を適切に描き切れていない。まして、すべての作品が男性の視点で制作されている現状には納得できない。

彼女の指摘は正鵠を射たものだ。更にネオ監督の作品には、たとえば規則最優先の頭が固いインド系、歌と踊りに狂奔するマレー系という平板なステレオタイプ的描写が多い。安易なスラップスティック映画に陥らないためにも、ネオ監督はこれらの批判に対し対応すべきであろう。

・『シンガポール・ドリーム』(二〇〇六年)

Ⅱ部の第2章で紹介した、コーリン・ゴー監督の本作で、ハートランダーの願望を描くシーンが登場する。

宝くじに当たった父が、得意満面で家族を引き連れ高級海鮮レストランに赴き、夢にまで見る5Csを実現しようと張り切る。「これで俺もエレベーターに小便するような人間が住むHDBとはおさらばだ。やっとコンドミニアムに住めるぞ!」と、誇らしげに華語と福建語を交え叫ぶ。5Csは、クレジット・カード、現金、自動車、コンドミニアム、ゴルフクラブのようなプライベートクラブの会員権を指す。

また、長男センの帰国歓迎夕食会の後、帰宅する車中で、長女メイは夫にしんみりと「私は成功していると思う?」と聞く。夫は「勿論だよ、いい会社にいるじゃないか」、「でも私は大学を出ていないから」、「僕もそうだよ。でも僕を尊敬しているかい?」、「当たり前じゃない、馬鹿なこと言わないで! でも、もっと頑張って欲しいの」と答える。二人の会話には、英語優先の教育制度、及び学歴と所得が直結する現状への鬱屈したハートランダーの感情が示されている。

ゴー監督は「政府の言語政策は、方言とシングリッシュの周縁化を促進すると共に、階層固定化、更には伝統移民文化軽視にまで及んでいる。言語の差異によって家族、社会が分断される状況と、その結果として多くの個人的また文化的思い出もまた同様に喪失することを意味すると主張したかった」と述べ、家父長的国民管理体制について次のように批判している。

「シンガポール憲法」は第一四条第一項で、国民の言論・表現の自由に対する権利を認めている。政府は驚異的な経済成長を達成した。しかし、シンガポールを単に豊かであるというのではなく、偉大な国家とするために、意見具申への寛容と多様な意見が述べられる、開かれた場を政府が早急に構築することを強く求める。

政府は政治に無関心な国民を問題視している。選挙時に人民行動党（ＰＡＰ）候補者が国民に方言で話しかけるというその場限りのパーフォマンスではなく、方言、シングリッシュを話すハートランダーが、自らの意見を広く開陳できる場を設ける重要性を、政府はより強く認識すべきではないだろうか。

### 3　『Money No Enough』と『シンガポール・ドリーム』の制作姿勢の差異

二〇〇八年、ニコラス・チーは、筆者に「ネオ監督は、我々は被害者で、誰か（政府）が悪いと主張しているから受ける。一方、ゴー監督は、我々も加害者になり得ると主張したから受けなかった」と重要な指摘をしている。筆者との二〇〇八年のメール・インタビューで、ゴー監督は「分離・独立後、一貫して与党であるＰＡＰ政権の言説に対し受け身の姿勢ではなく、個人の良心に従い行動すべきだ。本作で、我々は政府だけを抗議の対象としたのではなく、従順且つ相手を非難するだけの我々自身も含まれていると主張したかった」と述べているからだ。一方でネオ監督が、沈黙せざるを得なくなっているハートランダーの代弁者の役割を果たしている点も前述したとおりである。

人が唯一の資源と言っても過言ではない同国の現状を考えると、コスモポリタン化はやむを得ない潮流であろう。しかしその一方で政府が主張する、多様性に富む社会の構築には、単に検閲に留まらない、封印されている歴史の再評価、及び方言、シングリッシュ規制を含めた諸規制緩和こそが必要且つ重要な課題ではなかろうか。

大衆文化に移る前に、マス・メディア、特に英字紙の「芸術映画」対「娯楽映画」、今や死語同然の「ハイ・カルチャー」対「ロー・カルチャー」と対比させる姿勢も、多様性に富む社会実現に貢献するとは思えないので紹介したい。

同国で発行される国内紙はすべてシンガポール・プレス・ホールディングス（SPH）の傘下にあり、厳しい報道管制により記事内容に大きな違いがないと言われている。それにもかかわらず、『Money No Enough II』に対する英字紙と華字紙の報道姿勢は、大きく異なっている。

二〇〇八年八月二二日の「ストレイツ・タイムズ」は、ハートランダーが期待する作品だと述べた上で、「福建語による野卑なジョーク、感傷的なメロドラマ、不自然な結末の本作は、ジャンク・フードのようだ」として、星一つ半という低い評価をつけた。二〇〇九年二月一四日の同紙は「文化貢献賞を受賞した、ネオ監督のステレオタイプ化された筋の単純さにイライラさせられる。彼の作品が、我が国を文化・芸術的、更には精神的にも前進させることはないと断言せざるを得ない」との感情的とも言える批判記事を掲載した。

一方、二〇〇九年の筆者によるインタビューで、華字紙「聯合早報」の記者は、以下のとおり冷静な評価を下している。

ネオ監督の作品は、笑ってストレスを解消するのに最高だと思われているし、皆が話題の対象とする社会問題を扱っているので分かりやすい。映画批評家がつける星の数とは関係なく支持されているのだから、娯楽的価値も考慮すべきだと思う。

本紙では、たとえば『Money No Enough II』は、質で星二つ、娯楽性で星三つというように、両視点から判定している。

## 4 文化・芸術政策の映画への影響

・『881歌え！パパイヤ』（二〇〇七年）

ロイストン・タン監督の本作は、二〇〇七年の国産映画興行収入第一位（三五四万Sドル、輸入映画を含めると第一〇位）、挿入歌のCDも二か月間で約一万八〇〇〇枚の販売を達成したミュージカル映画である。

主人公は、「福建歌王」と称されたチェン・ジンランの舞台を見て、歌台（getai）歌手になると誓ったパパイヤ・シスターズである。癌に苦しみ二五歳で天に召された小パパイヤと、歌台歌手になったことが露見して実家を追い出される大パパイヤが、元歌台歌手のお針子リンの協力を得て、強力なパトロンがついたドリアン・シスターズとの歌合戦で勝利する物語である。歌台とは、日本の盂蘭盆会に相当する鬼節（Hungry Ghost Festival）期間中に、死者供養のため五〇〇か所以上の仮設舞台で公演される華やかな歌謡ショーである。

本作は、随所に挿入されるタン監督によるボイス・オーバー「静」の要素と、歌台歌手が繰り広げる歌と踊り「動」の絶妙なバランスを取りながら展開する。BFCから「映画界の不良青年」との烙印を押された同監督の、Ⅱ部の第5章で述べる『15』（二〇〇三年）、及び国際的評価を得た『4：30』（二〇〇五年）に続く長編映画第三作である。二〇〇七年八月一三日の「ストレイツ・タイムズ」で、オン・ソーファンは本作を以下のとおり評価した。

『881 歌え！パパイヤ』（提供：Royston Tan氏）

我々の伝統文化を継承するのは、近代化と同じくらい重要なことかもしれない。建国記念日に挙行される国家的イベントであるナショナル・デー・パレード（National Day Parade〔NDP〕）当日、私は、ハートランダーを祝福する歌台を描いた『881歌え！パパイヤ』を観ていた。愛国の情は同じだが、その意味合いは異なる。明るい将来への展望を描くNDPに対し、本作は一九七〇年代の大衆文化を高らかに歌い上げているからだ。経済発展の名の下で、クリフォード・ピア、ナショナル・ライブラリーは取り壊された。近代化という強大な圧力に対し、我々の遺産を守らねばとのタン監督の強い情熱が、本作から痛いほど感じ取れる。

その意味で本作は、威信をかけて開催される国家行事NDPを超えるのではなかろうか。

二〇〇七年九月四日の華字紙「聯合晩報」は、本作を賞賛し「歌台の根を絶やすべきではない」と述べた言語学者・作家のチュア・チーライに対する、「なぜ、大学教授が低俗な歌台を称揚するのか？」などとの読者からの投稿を紹介すると同時に、以下のとおり、彼の反論を掲載した。

私は、繁栄し明るいと言われるシンガポール社会に「亀裂」とも呼べる状況が露呈しているのを憂慮する。方言文化と歌台文化が、根絶やしにすべきおぞましいものだとすれば、なぜ、ゴー上級相（当時）は勿論のこと、各界の評論家が賞賛し、更には多忙な国民が『881歌え！パパイヤ』を観て涙を流し笑っているのか？

タン監督とスタッフは、長期にわたって傍流視されてきた歌台歌手の苦労と努力を本作で見事なまでに描き上げている。目立たない小さな野の花まで取り除いてしまったら、気高いガーデン・シティ（シンガポールの別称）は、本当に生きていけるのだろうか？

「母語、伝統文化を学ぶのは時間の無駄ではないか？世界の共通語である英語のみを学習すればよいのでは？」などの投稿に対し、チュア・チーライは再び二〇〇七年一〇月二日の同紙に、以下のコメントを寄稿した。

バイリンガルの人々は言語資本を手にしたが、同時に貴重な文化遺産を失ったのも事実である。私は潮州系だが、私の潮州語は中途半端で、潮州文化は表面的なものに留まる。

自らの考えを主張する自由はあるが、言語政策の得失を検証して、初めて将来の方向性を確認できるのではないか。

歌台

以上のやり取りは、同国の言語政策の問題点を端的に示している。

本作についてタン監督は「今まで歌台は低所得者層の非常に安っぽい、品のない見世物と考えられていた。福建ボーイとして、私が本作で描きたいテーマは、福建語の歌の美しさと、ムーラン・ルージュのような歌台への再評価である」と述べている。たとえば、方言、歌台、更に背景をなす大衆文化への彼の再評価・賛歌は、故人の霊と残された者の交信が年一回許される鬼節に、小パパイヤがあの世から戻り、再びパパイヤ・シスターズとして一緒に歌う感動的なラスト・シーンに示されている。

レニ・リーフェンシュタール監督の『民族の祭典』（一九三八年）を髣髴とさせる、壮大な国家的イベントNDPは国民統合上の重要な式典である。経済発展を象徴するマリーナ・ベイの高層ビル群を背景に祝われるNDPと同日に本作が封切られたのは、言語政策、大衆文化に対する政府の姿勢への痛烈な批判が込められている。

本作の登場人物は、他者化されつつあるハートランダーを代弁し、ロー・カルチャーとして不当に差別されている歌台上で、彼らの琴線に訴える福建語ポップ・ソングを、大らかにまた強かな反骨精神をもって歌い上げている。上からのハイ・カルチャー政策と対極する、周縁化されつつある、下からの大衆文化の再評価を示しているのである。

ハートランダーの強かさは、福建語も我々の祖先が使用していた伝統ある言語だとの主張に示されている。言葉が本来持つ力強さを作品中に充満させることによって、政府の主張するハイ・カルチャー促進と、教養ある国際人育成に冷水を浴びせかけているからだ。更に重要なのは「方言五〇％ルール」に縛られているとは言え、登場人物が福建語、華語、マレー語、更にはシングリッシュを楽々と、そして生き生きとコード・スイッチしながら会話していることだ。現実社会を反映した、この言語の氾濫をもって、映画館は、政府が押しつける社会規範からの脱出・抵抗の場に変貌するのである。

一方で本作には、英語教育組との確執が色濃く投影されている。華語教育組の貧乏なお針子リンとパパイヤ・シスターズの対抗相手として、音楽CDを無料配布する英語教育組のドリアン・シスターズが登場する。挑戦を受けたパパイヤ・シスターズに、リンが「彼女らは綺麗だし、気楽な生活を送れるお金持ちだ。初めから勝負になるはずがない」と翻意を促すシーンがある。このシーンは、コスモポリタンとハートランダー間の階層化を象徴すると同時に、ハートランダーの鬱屈した複雑な感情を示している。

しかし、政府は現在も言語に対し頑ななまでに硬直的な姿勢を固持している。二〇〇七年一一月四日の華字紙「聯合晩報」の記事を紹介しよう。

癌患者のための寄付金を募るテレビの特集番組で、「台湾の福建歌王」と称される王雷は福建語で二曲歌い、癌予防協会は二万一七四八人からの寄付申し込みを得た。「もし『881歌え！パパイヤ』の歌手たちが福建語で歌ったら、もっと寄付を集められたはずだ」との抗議電話が殺到した。メディア開発庁（MDA）は「方言の歌は、六分を超えてはいけない。王雷の歌は六分かかったので、他の歌手が登場する時間は残っていなかった」とコメントした。

MDAの規定を非難するつもりはないが、寄付金募集という善行に対して、緩和措置があってもよいのではないか。頑なに六分ルールを固守する必要性があるのだろうか。

なお「方言五〇%ルール」だが、二〇〇八年、ネオ監督が筆者に「抵触しないよう、たとえば『Money No Enough』では、華語と福建語を台詞に混ぜて四七%に抑えるようにした」と述べている。しかし、BFCのガイドラインでは「方言使用はケース・バイ・ケースで判定する」と述べるだけで、「方言五〇%ルール」は明記されていない。検閲当局は、映画制作者がこのルールを意識し、自己検閲せざるを得ない状況を生み出させるという巧妙な手法を取っているのである。

本作は「粗野な福建語の台詞と福建語の歌を合計すると、五〇%を超えるにもかかわらずPG指定を受けた」との指摘が、一部マスコミから提起された。二〇〇八年、本作のプロデューサー、エリック・クー監督は筆者に、交渉経緯について以下のように述べている。

ロイストン・タン監督の『Hock Hiap Leong』と『Cut』（二〇〇四年）を観て、ミュージカルの才能を発見し、「次はミュージカルをやれ」と提案した。MDAのCOO（当時）マン・シュウサンとは「一緒にロイストンでやろう」と話していたが、ロイストンから歌台の話を聞いてこれで行こうということになった。マン・シュウサンと一緒に、レインツリー社CEOのダニエル・ユンに話をもって行ったら「参加したい」と言われた。

本作は歌詞を含めると「方言五〇％ルール」を超えているが、彼らと組んだら有利になると思った。MICAの方言に対する審査は厳しいが、MDAとレインツリー社が投資を決定したので、最終的に認可された。本作は、福建語の歌を正当化したのが大きい。

クー監督の発言は、以下の関連機関の思惑を逆手に取り、強かな交渉を展開した結果だと考えられる。

・情報通信芸術省（MICA）は、MDAの統括機関であり、地域ハブ化推進の強力なツールとして、映画産業を位置づけている。
・経済開発庁（EDB）は、映画産業の発展は勿論だが、外国人高知識技能者招聘を促進するため、彼らにとって文化的に魅力ある環境整備が重要だと考えている。
・STBは、歌台を観光客誘致の一つの目玉にできると考え、キャンペーン「ユニークリー・シンガポール」の一環として、観光パンフレットに本作のポスターを使用した。

本作について、マン・シュウサンは二〇〇八年、筆者に次のように述べている。

福建語の歌を再編集し、若い層にも「クールだ！」と思わせ、更にストーリーを単純化して、福建語と歌台をセールス・ポイントにした。本作は、製作開始前に日本に売れ、満場一致でアカデミー外国語映画賞候補として送付することが決まった作品だ。本作は鬼節の記録映画となるし、大衆文化を再評価する作品だ。

本作はゴー首相（当時）のお墨付きを得たが、その背景には最大の人口を擁する福建系華人、特にハートランダーへの選挙対策がある。マス・メディア関係者の「本作出資により、福建系の選挙協力を得られるのではないかとの目論見が、MICAに対するMDAの説得材料の一つとして使われた」とのコメントもこれを裏づけている。本作にかける関係者の強かな交渉力を示す好例だと言える。

タン監督が、低級文化と蔑まれ支援の対象から外されていた歌台に代表される大衆文化・慣習を多くのシーンで紹介したのは、大衆文化と方言を継承するとの同監督の強固な信念を示している。同監督の戦術を認知したからこそ、多くのハートランダーも本作への支持を惜しまなかったのである。

一方で同監督は、民族文化（エスニック・カルチャー）へのノスタルジーに留まらず、大衆文化（ポピュラー・カルチャー）として若者層の共感を広く得ようとした。彼らの心の内面深く大衆文化を刻み込ませるため、未来を見据えた戦略をもって本作を成功させた。今後も政府の支援・助成を得られない歌台が生き延びていくためには、民族文化から大衆文化へ転換する必要性があると、彼は本作制作に当たって鋭く気づいていたと言える。二〇〇七年一〇月五日の

「ハリウッド・レポーター」誌で、彼は「中高年齢者のみを対象とした作品ではない。若者も重要なターゲットだった。歌台の売上も上がったと聞いたが、重要なのは長い間抑圧されてきた、歌台と福建語の伝統を維持することだ」と強調している。本作の歌台アドバイザーであるアーロン・タンは、歌台の伝統を維持しながら、レーザー光線と最新音響システムを導入し、若者にも魅力的なショー形式に変えるべく、二〇〇一年にレックス・エンターテイメント社を設立した。当時三〇歳だった彼は、最年少の歌台主催者となった。

本作の音楽プロデューサー兼作曲家のエリック・ンは、方言を理解できないティーン・エイジャーのために、歌詞の一部を華語に変えて理解できるようにした。また一九五〇～六〇年代に流行したチャチャのリズムから、現代風のポップスへの編曲によって、福建語の歌は古臭いというイメージを見事に払拭した。彼は「ヒップ・ホップと同じだ。チェン・ジンランの持ち歌でヒットした『Mami Number 3』こそ、真の『ユニークリー・シンガポール』だ」と情熱的に語っている。若い血が歌台の活性化に寄与しているのである。

次に、歌台と共に大衆文化を代表する街戯（street

街戯（ストリート・オペラ）

opera）の状況を考察してみよう。

リム・ゲクエンは次のように述べている。

「中国ワヤン」と呼ばれる街戯は、多くの中国移民の娯楽として、また重要な宗教行事の一環として一九世紀初頭から始まった。各移民社会集団は幇（bang）を形成し、二〇世紀以降は、中国オペラに文化的・娯楽的要素（歌台）を徐々に付加させていった。しかし一九七〇年代以降の歌台隆盛と共に、潮州、福建オペラが主流である街戯の公演環境は厳しさを増し、宗教行事の公演も制限を受けるようになっている。

更に「華人は華語を話そうキャンペーン」の一環として一九九二年、国家芸術評議会（NAC）は、中国伝統文化振興のため「中国オペラ協会（Chinese Opera Society Singapore）」を創設した。「アジア的価値」に代表される文化の政治化（国民統合）を目指す政府にとって重要なのは、ハイ・カルチャーとしての劇場（戯院）で公演される北京オペラなどである。この思考は、非芸術的・世俗的だとして街戯の格下げを意味することに我々は留意すべきである。

二〇〇七年一一月三日の「ストレイツ・タイムズ」は、「消え行く福建語オペラ（福建ワヤン）」と題し、「マレーシア、シンガポールで一九五三年から活動し、今も毎月二〇以上の寺廟で公演するギー・ボクフア（九七歳）が主宰する『シン・サイホン劇団』が存続の危機に瀕している。福建語オペラの将来を憂慮する国立博物館は、タン監督にドキュメンタリー映画制作を要請した」との記事を掲載した。タン監督は、「タイム・アウト」誌のインタビューで、「『881歌え！パパイヤ』制作開始前の一年間、私は同劇団の活動を撮影した」と語っている。伝統的移民文化である街戯の継承が困難になっている状況は、二〇〇六年の筆者の聞き取りでも明らかになっている。金鷹劇団の座長は「残念だが、潮州オペラを学びたい若い継承者がいないため、長年続いてきた劇団を年末には解散するつもりだ。他の劇団もマレーシア、タイで公演するようになっている」と語った。

ここで別の角度から、ケネス・P・タンのタン監督に対する分析を考察しよう。

国家遺産庁（NHB）から制作依頼されたロイストン・タン監督の短編『The Old Man and the River』（二〇〇三年）は、国家教育プログラムの一環として学校の歴史教材として使用されている。また『15』は、反ドラッグ・キャンペーンの一環として教育的宣伝映画として利用されている。政府の観点からすれば、同監督の作品は、観光客、投資家、芸術家に、興味深く且つ魅力溢れる国と感じさせるのに貢献している。更に芸術活動を支援する国という好印象を世界に与えて経済的にも寄与している。それ故、NACは二〇〇二年、彼に青年芸術家賞を授与したのである。

映画評論家が好んで使う「抵抗者」としての位置づけとは別に、ケネス・P・タンの「政府機関との相互依存関係」なる指摘は正鵠を得ている。シンガポールの過小な投資家と狭隘な市場規模、海外市場拡大の必要性という厳しい現状を勘案すれば、映画制作者の現実的協力関係は批判できない。一方で、多くの映画関係者は「更なる映画産業育成政策を推進すべく政府自身も変化している。今こそ、我々は彼らと交渉することができる」と述べている。政府が次世代産業候補としてあげる映画産業育成のためには、物質的豊かさへの偏重と、能力別教育制度などに批判的な映画関係者に皮肉にも依存せざるを得ないからだ。

豪華なエスプラネードなどの箱ものを作った政府にとって、人材の囲い込みは必須であると同時に、自発的同意を得るべく柔軟な政策運営を取らざるを得ない。この変化は「ＯＢマーカー」拡大の環境が整いつつあると同時に、政府が分離・独立より強調する、経済発展を最優先とする「生き残りのイデオロギー（ideology of survival of the nation）」が既に時代遅れの思考であることを端的に示している。

最後に、二〇一四年一二月一〇日の「ストレイツ・タイムズ」の記事を紹介し、この章を締めくくることにしたい。

一九六五年から現在までを時代背景として、五人の子供を養育した波乱に富んだ女性の人生をテーマとする『Long Long Time Ago』制作をジャック・ネオ監督が公表した。予算が六〇〇万Ｓドルと言われる本作は二部構成で、第一部は二〇一五年の「ＳＧ50」に合わせるべく年末に、第二部は翌年の旧正月に公開予定である。

この記事で重要なのは、彼の「資金調達ではなく、キャスティングが最大の悩みだ。中国語方言（福建語、潮州語、広東語など）を流暢に話せ、時代設定を正確に反映させるため、現代的な顔立ちでない子役を探すのは極めて難しい」との発言である。

政府は、経済発展を基盤とする近代化を推進する上で、言語政策と文化・芸術政策の維持は必須の政策だと確信している。しかし多言語・多文化社会を標榜しておきながら、方言と大衆文化を無視した結果は、今や同国の歴史を語り継ぐ上で、深刻な障害となっている。

ハートランダーの代理者と自認するネオ監督の新作に期待したい。

# 第4章　宗教と民族の歴史

「多民族・多宗教国家」に相応しく、人材開発省（MOM）は勤労感謝の日と建国記念日に加え、各宗教の祭日、春節（旧正月）、グッド・フライデー（聖金曜日：キリスト受難日）、クリスマス、ベサック・デイ（釈迦誕生日：日本の「花祭り」）、ハリ・ラヤ・プアサ（ラマダン明けを祝う祭日）、ハリ・ラヤ・ハジ（イスラーム教の祭日、日本では「犠牲祭」と呼ぶ）、ディパバリ（ヒンドゥー教の正月）を、国民の祝日にしている。

一方で、リー・クアンユーが「トラウマとも言える民族暴動の辛い経験は、民族・言語・宗教の別なく、すべての国民に平等な複合国家を建設するとの固い決意を我々に抱かせた」と自著で述懐するように、過敏とも言える宗教政策が取られている。「民族暴動」とは一九六四年、華人系住民とマレー系住民が衝突し、二三人の死者を出した惨事を指す。

二〇〇七年、ジャック・ネオ監督が「検閲は緩和されているが『宗教と民族問題』は別で、新人監督には慎重に対応しろと注意している」とCNNに答えたように、「宗教」をテーマにした映

表7　マレー系、インド系の信仰[*1]

| 人種 | 宗教 | 2010年 | 1980年 |
|---|---|---|---|
| マレー系 | イスラーム教徒 | 98.7% | 99.6% |
| インド系 | ヒンドゥー教徒 | 58.9% | 56.3% |
| | イスラーム教徒 | 21.7% | 22.1% |

出典：シンガポール統計局、Singapore Census of Population 2000 及び2010より筆者作成

＊1　国民と永住権保持者（居住者）の合計。対象は15歳以上。

画は、未だに「OBマーカー」を超える可能性が高いと考えられている。

表7で示されるように、マレー系とインド系では、ほとんど変化がないが、華人系には、宗教政策の影響が顕著に見られるので、この章では華人系に焦点を絞り考察する。

## 1　宗教に関わる法律と政策

シンガポールは、政教分離原則に基づく世俗主義を標榜し、異宗教間の協和を重視するとして国教を定めていない。

憲法第一五条は、信教の自由（第一項）、及び結社の自由（第三項）を認めている。憲法第一六条第一項は「宗教、人種、門地あるいは出生地を理由として、いかなる市民に対しても差別があってはならない」と規定している。しかし第一五条第四項で「公共秩序、モラルに関する一般法に抵触する行為は認めない」と明記し、宗教に悪影響を与える行動に対しては以下の関連法規を制定し、更に必要に応じ「治安維持法」、「扇動法」で規制している。

・**団体結社法**　一〇人以上の団体は登録義務があり、内務大臣は、安寧秩序を損なう結社への登録抹消の権限を持つ。

・**宗教調和維持法**　異なる宗教間の緊張を高める聖職者の行動や、宗教団体の社会的、政治的問題への関与を禁止し、内務大臣に罰金、懲役などを科す権限を付与している。

・**望ましくない出版物に関する法**　検閲の担当部署は、メディア開発庁（MDA）である。

次に、宗教が教育現場でどのように教えられているか見ていこう。

一九八四年から、儒教倫理、聖書知識、仏教学習、ヒンドゥー教知識、イスラーム知識のいずれかを必修とする「宗教知識科（Religious Knowledge）」が中等教育で導入された。宗教と言えるか疑問である儒教倫理が必修科目となっているのは、西洋の個人主義を排斥し、国家に恭順な国民の創出と生産的労働者育成を目指すとの政府の意向を反映している。華人系＝華語＝中国文化＝儒教、仏教、マレー系＝マレー語＝マレー文化＝イスラーム教、インド系＝タミル語＝インド文化＝ヒンドゥー教、その他との人工的区分により、エスニック集団の固定化を図る「CMIOモデル」政策により、道教を同教科から除外した結果、道教徒減少の一要因になったと考えられる。

「宗教知識科」は侃侃諤諤の議論を巻き起こし、一九九〇年に必修科目から外された。しかし、廃止後も、政府は後述する「国民共有価値白書」に代表される儒教的価値観を「公民・道徳教育」科目で依然として維持している。

一方「宗教知識科」による宗教熱の高まりに加え、一九七〇〜八〇年代の急速な経済発展に伴い発生した社会問題にキリスト教団体が取り組み、若年層が市民活動に関心を持ち始めた。政府は、この傾向が政治運動に発展しかねないとして一九八七年、マルクス主義的国家転覆計画に関わったとして、「スペクトラム作戦」を発動し、主要なキリスト教団体を監視下に置いた。しかし、首謀者とみなされたヴィンセント・チェンのように、彼ら逮捕者は外国人労働者の人権を守る活動を行っていたのである。竹下秀邦は「リー・クアンユーは、マルクス主義者の計画と関連づけて憂慮していたのか、『解放の神学』系のカトリック神父らの活動とダブらせていたのか、その意図は明確ではない。しかし宗教問題に限定してみると、当時の政府が取ろうとしていた宗教政策との絡みが浮かび上がってくる」と指摘している。

この作戦後の一九九〇年、「宗教調和維持法」が制定され、一九九一年に「国民共有価値白書」が公表された。この白書は、①個人よりも社会、社会よりも国家、②社会の基本単位は家族、③社会は個人を尊重し、支える、④争いよりは合意を重視、⑤種族調和と宗教調和、以上を重点目標とした。一九九四年には「家族の価値（Family Values）」が公表され、更に宗教知識教育に代わり、儒教的色彩を色濃く残す、道徳教科書「新公民」が学校教育に再登場した。

二〇〇一年の同時多発テロ（九・一一事件）の数か月後、アメリカ捜査当局との綿密な連携の下に、ゴー・チョクトン政権は「治安維持法」を発動し、同国内で連続爆弾テロを企てた容疑で一三人を逮捕、彼らの所属組織をジェマ・イスラミアとして公表した。更に二〇〇二年に発生したバリ島の爆弾テロ事件を契機として、国家主導による宗教融和政策を推進するため、翌年「宗教協和宣言（Declaration of Religious Harmony）」を公布した。二〇〇六年には、リー首相が、エスニック集団間、及び宗教間の協和推進を目的とする「コミュニティ参加プログラム（CEP）」を発表し、二〇〇九年の建国記念日演説で、再び宗教間の協和を強調した。

山下博司は「『宗教協和宣言』は、世俗国家における宗教、コミュニティの協和に資する宗教の自覚を国民全体に鼓舞する内容に染め上げられている」と指摘している。特に、「コミュニティの協和に資する宗教」との指摘は重要である。勤勉で従順な国民創出、及び国民統合に寄与させる目的で、コミュニティ・センターを活用し、宗教の囲い込み、即ち宗教の政治化を意図しているからである。

次に宗教施設に対する政策を考える。福浦厚子は「英植民地時代の宗教政策は、種々の団体に運営を任せる方針がとられ、中国寺廟についてもコミュニティの要所としての機能が尊重されていた」とした上で、政府の政策について、以下のとおり指摘している。

一九七〇年代は、民族紛争との関連で宗教に対して慎重な措置がとられた時期だった。一方で、「再開発のために、歴史上、建築上の価値がないものは、移動させる」として、一九七三年より、宗教建造物の撤去推進政策が展開されるようになった。一九七四〜八七年までに、七〇〇の中国寺廟、一九の教会、二三のモスク、七六のイスラームの祠、二七のヒンドゥー寺院が撤去されたのである。

その一方で、記念物保存局が一九七一年に新設され、聖アンドリュース教会、ティアン・ホッケン寺院（天福宮）、ハジャ・ファティマ・モスクなどが歴史建造物に指定された。観光推進政策に寄与できる寺院は残すとの、政府の実利主義的思考が示されている。

## 2　華人系の宗教意識の変化

前章で述べたように、華人系は二〇〇〇年時点で、二〇以上の方言集団が存在し、彼らの宗教は多様性に富むが、分離・独立以降の宗教政策による変化が、一〇年毎に統計局が実施している「国勢調査」などから見られるので紹介したい（表8）。

なお統計局は、キリスト教について、カトリック二九・三%、その他七〇・七%とし、その他の内訳を明示していない。後述する「独立系キリスト教団」の影響力が計測できない不満が残る。更に統計上、仏教と中国伝統信仰を含む道教に区分しているが、現状が反映されているとは言えない。トン・チーキオンは、同国の信仰特性について以下のとおり述べている。

表8　華人系の宗教の変化[*1]

| 宗教 | 1980年 | 1990年 | 2000年 | 2010年 |
|---|---|---|---|---|
| 道教／中国伝統信仰 | 38.2% | 28.4% | 10.8% | 14.4% |
| 仏教 | 34.3% | 39.4% | 53.6% | 43.0% |
| キリスト教 | 10.9% | 14.3% | 16.5% | 20.1% |
| 無宗教 | 16.4% | 17.7% | 18.6% | 21.8% |

出典：表7（p.154）と同

＊1　国民と永住権保持者（居住者）の合計。対象は15歳以上。

観音菩薩、大伯公、関帝など一体以上の神々が祀られていることから理解できるように、仏教、道教、民間信仰の習合が進行しており、その判別は難しくなっている。家庭内に祭壇を置かない華人はわずか八・六%である。蓄財、子孫繁栄、幸福、長寿といった価値・目標は、彼らの儀礼行動を形成する上で強い影響力を持っている。

これは、アラン・エリオットの「華人系は、神という曖昧な対象を拝するが、この信仰は神教（Shenism）と呼ばれる」との指摘、及び杉井純一の「仏教・道教・儒教を包含した混淆形態としての中国宗教を実践してきたという方が実態に近いであろう」との論述に通じるものがある。彼らの論述を基にすれば、仏教と道教／中国伝統信仰を区分する統計上の前提には無理があると考える。

一方、「国勢調査」から新潮流の萌芽が見られる点も指摘しておきたい。一五歳以上の華人系が信仰する宗教のうち、道教／中国伝統信仰が二〇〇〇年の一〇・八％から二〇一〇年には一四・四％に増加した。特に、同宗教信仰者に占める大卒者は二・七％から五・三％に増加している。実証研究は未だないが、オンライン・ベースでTaoism Singapore Forumが結成され、道教に関する議論が盛んに行われるようになっていることから、自らのルーツを再検証しようとする動きが反映されていると考えられる。

一九八〇年代以降、知的関心の対象として仏教思想（教義）を再評価する者が増加している。前述した宗教知識教育の影響に加え、一九八〇年代後半以降に見られる伝統的仏教教団の改革に向けた「仏教の組織化」による意識向上が要因だと考えられる。たとえば、政府公認団体であるシンガポール仏教協会は、セミナー、キャンプ、慈善活動等を通しての広報活動、及びキリスト教と同様、華人系向けに華語と英語による説教や出版活動を積極的に推進している。

キリスト教派では、英国植民地時代からカトリックと約三分の二を占めると推定されるプロテスタント（主としてメソジスト、プレスビテリアン）が布教活動を行っている。

プロテスタント系、特に独立系キリスト教団の、カリスマ的革新運動に改宗する若者が増加している。信徒増加の背景には、同国特有の混淆的特性が見られることに留意すべきである。市川哲は「悪霊の追い出し、癒し、ビジョンの解釈などを伴ったペンテコスタ派の集会は、童乩（タンキー）による悪霊払いと機能的に等価とも言える。華人系の宗教的心性は、『キリスト教的装い』をまといながら、より現代的な形でリニューアルされたと言えるかもしれない」と指摘している。なお童乩は、神の意思を憑依し伝える霊媒師である。

彼らの過激な布教活動の一環として他宗教への攻撃があげられる。たとえば、二〇一〇年六月二二日の英国の日刊紙「ガーディアン」は、以下の記事を掲載した。

二〇〇八年、約二万人の信徒を持つニュークリエーション教会のマーク・ン牧師は、道教を秘密結社、ギャングと嘲笑したかどにより、公安局（ＩＳＤ）の事情聴取を受けた。また信者数一万二〇〇〇人のライトハウス・エバンジェリズムのロニー・タン牧師は、涅槃概念を嘲笑し、同局の聴取を受けた。彼らの扇動的排他性に対し、政府は、一九六〇年代の民族暴動を想起させるとして危惧感を抱いている。

二〇一一年一一月二九日の「ウオール・ストリート・ジャーナル」は「二〇〇九年、ムハンマドを否定する小冊子をムスリムに配布したかどで、フェイスブック投稿者が八週間投獄された。二〇〇六年に創設された『オンライン・シチズン』は、『宗教調和が表面的である理由は、宗教・民族関係の発言を斥け、レイシズムに対する真摯な議論を許可していない政府の姿勢にある』と批判している」との記事を掲載した。この状況に対し、ランドルフ・クルーバーは「インターネットは、宗教上の情報収集、布教、コミュニティ化の重要な媒体になっているが、一方で諸刃の剣にもなり得る」と、他宗教攻撃に利用される危険性に注意を喚起している。

ここで、カリスマ的キリスト教団浸透拒否を行動で示した市民組織の具体例をあげたい。二〇〇九年、「行動と研究のための女性協会（AWARE）」選挙で選任された新執行部のうち六人は、同協会が作成した中等学校低学年向け教材「性教育プログラム」内の同性愛の記述に反対する「Anglican Church of Our Saviour」の信者だった。「ストレイツ・タイムズ」の報道を受けて退陣要求の市民運動が沸き起こり、再選挙が実施され、現執行部が成立した。この混乱時、退陣要求に参加した映画関係者は、筆者に「AWAREをキリスト教原理主義者が乗っ取った。彼らは、豊かで高学歴の人が多い。政府内にも入り込んでいるので、イスラーム原理主義者以上に危険だ」と述べた。この間、政府は沈黙を守っていただけに、性教育、同性愛、そしてメディアの関わり方を含めた「宗教問題」に対する市民活動の代表例と認識されている。

華人系の無宗教者が表8で示したように増加しているが、特に回答者のうち四一・二%が一五～三四歳である。また、ヒューマニスト・ソサエティ・シンガポールは二〇一〇年、宗教に囚われない社会活動団体として初の公認・登録を受けた。

以上のとおり、精神性の充実追求、既存宗教の教義に違和感を覚える無宗教者の社会活動参加、更に自らのルーツを再考する華人系の動きは、物質主義を否定する思考を示していると考えられる。

しかし、ジョージ・ヨー情報芸術省（ＭＩＴＡ）大臣（当時）が「我々は、多元主義を必要とするが過剰性は求めない。なぜなら、過剰性は我々を滅ぼすからだ」とし、「シヴィック・ソサエティ」と彼が呼ぶトップ・ダウンによる市民社会推進を明確にしていることに留意したい。ゲイリー・ロダンは「独立組織が、政治行動への参加を享受できるシヴィル・ソサエティと違い、シヴィック・ソサエティは、政府と共同して政策課題を微調整する機能を持つ社会組織である」としている。政府のシヴィック・ソサエティ概念は、国民の政治参加を限定すると同時に、同ソサエティの枠内に留まれとの警告を発していると考えられるからである。

以上の状況下で、田坂具隆監督の『親鸞』（一九六〇年）、三國連太郎が監督した『親鸞 白い道』（一九八七年）、道元を描いた高橋伴明監督の『禅 ＺＥＮ』（二〇〇九年）のような、宗教指導者をテーマにした映画が制作できるだろうか？

世俗主義を標榜し「宗教の政治化」を推進する政府は、政局を不安定にさせる恐れありとの理由で、一宗派、開祖を称揚する映画制作を容認しないだろう。冒頭で、ネオ監督の発言を紹介したとおり、宗教は繊細なテーマなのである。

## 3　映画に表象される宗教

### (1)『シンガポール・ドリーム』

コーリン・ゴー監督による本作には、周縁化されつつある伝統的移民信仰が、現在も強く残っているシーンが登場する。たとえば、玄関脇の家を守る大伯公に捧げる線香立て、共用部の外廊下に吊るされている天后の祭壇である。顔尚強は、両守護神について次のように述べている。

中国では見られない大伯公は、福徳正神とも呼ばれる。伝説によると、広東省に生まれた張理（一七三六～九五年）だとされる。マレーシアのペナンに到着後、幇（bang）の一流派である「私会党」を丘兆祥等と共同で創設した。彼の死後、徳を慕った信者が大伯公の称号を贈ったことから始まる。大伯公は、福建系をはじめ潮州系、広東系そして客家系と広く信仰されている。天后聖母は媽祖とも呼ばれ、福建省出身の本名は林黙、霊感により漁民と船員を助けたと言われ、死後神格化された。福建系、潮州系、海南系に信仰されている。

### （2）ケルビン・トン監督

三人兄弟の長男として、一九七三年に生まれたトン監督は、英語教育組であると同時に、少年期から華語を話し福建語、広東語も理解できるクワトロリンガルである。シンガポール国立大学（NUS）法学部卒業後、わずか九か月で弁護士を辞め、「ストレイツ・タイムズ」の専属映画批評家になった。同紙の「ライフ欄」担当時に、Ⅱ部の第5章「教育と階層の固定化」で紹介する長編映画『イーティング・エア』（一九九九年）で監督デビューしたが、興行上は失敗に終わった。しかし彼の才能を発見し支援者となったのが、当時、SPHメディアワークス社COOのマン・シュウサンである。彼は、同社が所管する英語チャンネルIと華語チャンネルUの新番組のため、外部タレントの一人としてトン監督に白羽の矢を立て、監督、脚本を依頼した。高視聴率を上げ、マンの期待に応えた彼は、日本語の「僕」を意味するボク社（BOKU Films）を二〇〇三年に設立した。

トン監督の問題意識は、ビクトリア・ジュニア・カレッジ在学中に自ら劇団を立ち上げ、指導者、判事そして奴隷しかいない仮想の国を描いた、シンガポールを皮肉った『忠実なもやし』の脚本、監督を担当したことに示されている。「偉大な映画は、日常生活に素材を得た脚本を書くことにより生まれる。金融街シェントン地区のヤッピーと同様、工場地帯ツアスの労働者は語るべき物語を持っているからだ」と述べている。また「政府から映画制作を催促されているが、映画制作は法律立案とは違う。絶え間ない政府との葛藤が継続している。まるで第一次大戦時の、取ったり取り返されたりする陣地戦のようだ」と、文化・芸術政策を批判している。

政府のハイ・カルチャー志向に疑問を持ち、多様性が何を意味するのかを問い続ける一方で、トン監督は二〇〇二年、検閲審査委員会（CRC）委員、国家芸術評議会（NAC）映画部会の委員就任を受諾した。検閲などの規制緩和について自らの意見を述べ、映画業界改善のための好機として積極的に活用したのである。

彼は『素晴らしき大世界』（二〇一一年）の監督・脚本、キャット・ゴー監督の『Dance,

Dance, Dragon』（二〇一二年）の製作・脚本を担当した後、主たる制作の場を香港に移した。しかし「SG50」記念オムニバス映画には七人の映画監督の一人として参加した。更に、妹の死因を究明すべく、アジアに向かったアメリカの犯罪記者が超常現象を経験するホラー映画『The Faith of Anna Waters』制作を開始した。本作の成功を期待したい。

それではトン監督の作品を見ていこう。

・『メイド 冥土』（二〇〇五年）

フィリピンの片田舎から潮州オペラ劇団を運営するテオ家の住み込みメイドとなった、一八歳の主人公ローザが鬼節時に経験する恐怖を描いたホラー映画である。本作は、二〇〇五年の国産映画興行収入第一位（二一五万Sドル）、マレーシアでも一三〇万リンギットの興行収入を上げた大ヒット作である。二〇〇七年の筆者のインタビューに対し、ボク社の共同出資者でプロデューサーでもある弟レオン・トンが「本作は、フォルテシモ社が世界配給権を購入し、既にアメリカを含め一六か国で上映されている」と述べたように、トン監督にとっても海外に羽ばたく契機になった作品である。本作は、MDA、レインツリー社（各二五％）、及び香港のドリーム・ムービー社、フィリピンのモビピックス社（各一五％）、合計四社が共同出資した。

しかし、出資者とトン監督の製作意図には差異があるようだ。

本作についてレインツリー社CEOダニエル・ユン（当時）は「大ヒット作、日本映画『リング』（一九九八年）、タイ映画『ナンナーク』（一九九九年）を観て、私は今こそ自らのアジアン・ホラー映画を製作し、国際市場に打って出る好機だと考えた」と述べた。またＭＤＡは「ＡＳＥＡＮの一員であり、英語映画需要が高い国であるフィリピンと初の共同製作が実現できたのは喜ばしい」と公表した。本作を一九九〇年代後半から政府が積極的に推進するコンテンツ産業輸出振興政策に則った作品にしたいとの願望が示されている。

その後もコンテンツ産業育成政策の一環として、海外投資家との共同製作、及び国産映画の輸出振興を主要な柱とする、映画産業振興を積極的に推進している状況は、二〇〇九年のルイ・タックユー情報通信芸術省（ＭＩＣＡ）大臣の次の演説に示されている。

『メイド 冥土』（提供：Media Corp Raintree社）

> 我が国は多文化社会であり、国際語である英語を駆使できる。更にコンテンツの製作、配給、ポスト・プロダクションを行う上で、西洋と東洋の架け橋としてのメディア・ハブ機能を果たせる理想的位置を占めている。現在、ハリウッドが積極的にリメイク版の素材をアジア地域のコンテンツに求めている。この好機を逃さないよ

う、映画関係者はMDA、シンガポール映画委員会（SFC）と、より一層の協力関係を密にし、魅力ある国産映画を広く海外市場に知らしめる環境を整備されんことを強く希望する。

一方、トン監督は制作意図について以下のように述べている。

最近のホラー映画の流行を追った作品ではない。メイドの雇用という、我が国で一般化された習慣と、他者からは奇妙な儀礼と思われる鬼節を組み合わせた映画を制作しようとのアイデアから誕生した作品だ。

メイドはわずかな生活費を稼ぐため故郷から遠く離れ、いじめに苦しみながら一日中せっせと働かざるを得ない。これ自体がホラー映画のテーマになり得る。疎外感、見えざる危険そして無言の恐怖の基盤に立脚しているからだ。異国の異なった環境下で、メイドは見知らぬ人の家に住み込み、すべてが正常であるかのように振る舞うのを期待されるが、これは驚くべき苦境を意味している。誰を頼みにできるのか？ 危険と恐怖にさらされた時でも、彼女は失職の恐れから叫ぶことさえできない。メイドは単なる道具という思考こそがまさにホラーだ。

二〇〇六年、トン監督は筆者に「資金の支援を得るため、MDAとレインツリー社の海外市場拡大政策に沿った商業映画、具体的にはホラー映画にする必要があった。私はメイド虐待とかマイノリティの疎外感やフラストレーションをテーマにしたかったが、両者の妥協点はホラー映画だった」と述べている。「妥協点」なる言葉は、本作制作に当たって、現実的交渉が行われたことを暗示している。同時に、映画産業化には一定の規制緩和も止むなしとするグループと、あくまでもメイド問題を顕在化させまいとして規制を優先するグループ間の政府内部の確執を示して興味深い。

また、本作においては、文化観の差異も強く示されている。

MDAとレインツリー社にとって、メイドの劣悪な環境と庶民の伝統的慣習は関心事でない。むしろ両者の関心は、海外の観客を対象に安全でクリーンな同国にも神秘的で刺激的な場所もあるとの異国情緒を感じさせる映画製作にあった。同時に、政府が望む外国人高知識技能者にとっても快適な近代的生活を享受でき、且つ同様のエキゾチックな経験ができる国だとの宣伝に本作が使えるとの目論見をもって参加したと考えられる。

一九九九年、MOMは、「マンパワー21計画（Manpower 21 blueprint）」に基づき外国人高知識技能者への開放（優遇）政策を加速させ、政府観光局（STB）は「ユニーククリー・シンガポール」と銘打ったキャンペーンを二〇〇四年から開始した。

ケネス・P・タンは、筆者の二〇〇九年のインタビューで次のとおり述べた。

「ストレイツ・タイムズ」の読者層の多くを占めるコスモポリタンは、本作に登場する鬼節、潮州オペラをエキゾチックで超自然的な変わった遺習だとし、自分とは関係ない世界だと考えている。一方、ハートランダーは、「聯合早報」、特に「聯合晩報」の主読者であり、ロイストン・タン監督の『881歌え！パパイヤ』を支持したように、この慣習を背景とした世界に浸っていると考えられている。両者間の意識差は大きい。

二〇〇八年の筆者のインタビューで、トン監督は「映画監督になっていなかったら、文化人類学者になっていただろう」とした上で、彼は「伝統儀礼を行う民衆信仰は、祖霊信仰の影響を深く受けている。植民地政策で重要な役割を担ったカトリック教は、祖先崇拝にも柔軟に対応し容認していた」と述べた。筆者は、ケネス・P・タンの指摘も理解できるがトン監督の考えに賛同したい。本作は、カトリック教徒であるローザの、カルチャー・ショックに留まらない恐怖の深層心理と、テオ家の自殺し復讐に燃える息子エスターの鬼節時の登場を結びつけることにより混淆の文化観を見事に示した作品である。カトリック教国フィリピンを含むアジア地域に広く存在する精霊信仰が顕在化したがゆえに、カトリックである彼女が恐怖を感知したと考えるからである。

彼の発言を東賢太郎の「二段重ねのキリスト教」から見てみよう。

カトリック布教から四〇〇年以上が経過し、表面上は完全にカトリック化したと考えられるフィリピン低地社会（ルソン島やビサヤ諸島）において、土着の精霊信仰の影響を強く受けた民衆信仰の実践が見られる。超自然的存在である妖怪アスワンを扱ったフィリピン製ホラー映画も何種類か製作され、それらはいずれも好評を博している。

ここで、これらの映画の背景にあるシンガポールの伝統的宗教儀礼と現状を考察しよう。まず、鬼節（ハングリー・ゴースト・フェスティバル、中元節）を取り上げる。

鬼節の会場

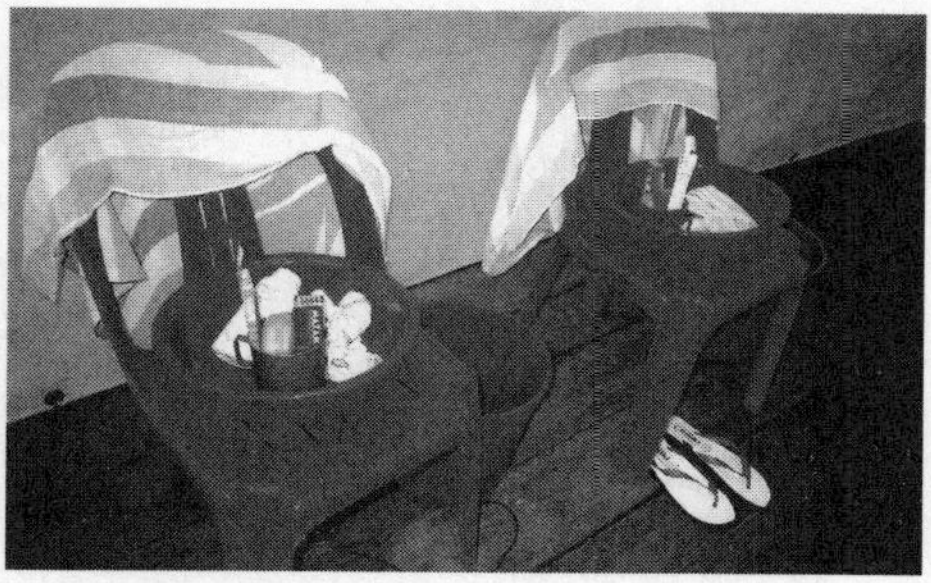

孤魂への慰安セット

日本の盂蘭盆会に相当する鬼節は、華人系年中行事の中でも旧正月に次ぐ華人社会の盛大な年中儀礼となっている。特に、故郷から遠く離れ、異国で孤独死した人々は、さまよえる霊となって家族の供物を受けられないと信じられていた。華人系にとって、鬼節は彼らをもてなす重要な儀礼だと考えられていた。同国における移民の特性を示している。また、他のアジア諸国とは違い、シンガポールでは一か月間続く。この間、結婚式などの慶事、新規事業は行われず、水泳、夜遅くの外出などは忌避される。

天寿を全うした正常死者は慈悲深い祖霊となり、非業の死を遂げて凶鬼となった異常死者は餓鬼となる。特に死産の子供や未婚者の死は、儀礼上・社会上不完全死とみなされ、成仏できずに冥界をさまよい、身内の者に災いを及ぼしかねないと信じられている。しかし凶鬼、餓鬼という直接的な表現は災いが降りかかると信じられているので、「好兄弟」と呼ばれる。この期間中、死者を供養するために仮設の舞台を組み、中国オペラ、歌台の公演、オークションが五〇〇か所以上で開催され、公演会場の最前列は彼らのために空席となっている。筆者はクレメンティ地区で二〇〇七年、冥界から長旅をしてきた孤魂のため、洗面器、歯ブラシ、口紅、タオルなどの慰安セットが置かれた「孤魂棚」と、昇龍の装飾を施した大線香が立てられた会場を見る機会を得た。

死は人生の終わりを意味せず、来世も現世と同じシステムで動いているので、霊は現世と同じ食物、衣類、住居を得る必要がある。供え物をすることによって、生者は福禄寿（現世利益）の見返りを得る互恵主義が根底にある。

祖先の霊を供養するとの目的が主で、死者から見返りを受けることを期待しない、日本の盂蘭盆会とは本質的に異なる。二〇〇八年、筆者のインタビューでトン監督は「鬼節儀礼が盛んな理由は、シンガポールが移民社会であるのに加え、ビジネスマンがオークションとディナーを利用して経済的つながりを深化させる目的があるからだ」と指摘していた。華人系の特性の一端を示して興味深い。

鬼節は、神明を祭祀し、且つ冥界から来た孤魂に対して一風呂浴びて、観劇しながらご馳走を食べてもらい、お土産を持って帰ってもらう。その代わり、地域社会に陰福が舞い込み、平安であることを願う行事なのである。その実、死者の名を借りて、生者間の社会的、経済的つながりを一層深化させるのが鬼節なのである。

次に、ゴースト・マリッジ（霊婚、冥婚、死霊婚）について述べておく。

諏訪春雄は「中国から渡来した形態で、男性が未婚のままで死ねば当然後継者がいない。家系断絶を避けるため、冥婚によって妻を娶り、夫婦関係を成立させ、この夫婦に養子を迎え、擬制上の後継者を得て家を存続させようとするものである」と述べている。この習俗は「ゴースト・マリッジ」と呼ばれるが、本作にも次のシーンで登場する。家系の存続を強く願う雇い主テオ夫妻から、ローザは死んだ息子エスターとの結婚を強制される。彼女は、弟の治療費と教育費を夫妻が負担するのを交換条件として承諾する。

二〇〇二年九月八日の「The Sunday Times」紙によれば、シンガポールには、広州出身のスウィー・オエ師が一九〇四年に建立した、セン・ウオン廟（都城隍廟）がある。この廟のタム導師（女性）は、新郎・新婦の人形、紙で作った嫁入り道具（新郎側の負担）を調え、一九九八年以降、一〇〇件以上のゴースト・マリッジの仲人役を司っている。

このような宗教儀礼がシンガポール社会にあることを踏まえた上で、次の作品を見てみよう。

セン・ウオン廟

・『Rule #1』（二〇〇八年）

トン監督の長編第三作であり、超常現象を描いた本作は、香港のフォーチュン・スター社に加え、シンガポールのレインツリー社、スコルピオ・イースト社、ボクトン社、三社が出資した国際的共同作品である。アラン・パーカー監督の悪霊追跡劇『エンゼル・ハート』（一九八七年）、連続殺人鬼の悪霊が人から人へと憑依していく、グレゴリー・ホブリット監督の『悪魔を憐れむ歌』（一九九八年）に相似した作品である。

アジアの歴史・文化が投影された本作はフラッシュバックを効果的に挿入し、死霊を追跡する警官二人の葛藤を描いている。本作について、二〇〇八年一二月二〇日の「聯合早報」は

「自らの路線を極めるべく努力するトン監督は、本作でパン兄弟を超えた」と賞賛した。オキサイド・パンとダニー・パン兄弟は、香港で生まれ、タイに制作活動の場を移した後、ホラー映画『The EYE（アイ）』（二〇〇二年）で世界的に認められた監督である。

トン監督は「死霊が存在し、警察がそれを知っているとしたら、彼らは果たして真実を明かすだろうか？ ここに本作の前提がある」と述べている。脚本執筆に当たって彼は、シンガポールの現役警官、退職者の反応を探るべく、インタビューを行った。驚くべきことに、彼らは自らの経験を基にした不可思議な事件について話し始めたのである。

しかし、本作はすべて香港でロケした作品である。二〇〇三年に脚本を完成させたにもかかわらず、完成まで約四年の歳月をかけざるを得なかった原因が、そこには反映されている。

シンガポールでは、警官を描いた映画は事前許可を必要とされる。「緑豊かな清潔で美しいガーデン・シティ」を標榜する同国では、ジャック・ネオ監督の『Just Follow Law』（二〇〇七年）のように、毅然と犯罪に立ち向かう、安全・治安の守護者としての警察を描かなければならない。超常現象的なホラー映画、特に本作に登場するカルト集団の集団自殺を描いたような映画に対する、警察の過敏な反応を勘案すれば認可は到底得られないと、トン監督は判断したのであろう。その結果、自由に撮影できる香港をロケ地と決定することにしたと考えられる。

二〇〇九年九月八日の「AsiaOne News」によれば、シンガポールでも二〇〇八年、クー・ウィッタヤ（当時一六歳）が、弟や友人など七人の仲間に対し「一度死んで『スレイヤーズ』に生まれ変わり、魔族を倒して世界の終末を阻止しなければならない」と説き伏せ、集団自殺を図り、二人が死亡した事件が起きている。『スレイヤーズ』は、一九九〇年に出版されベストセラーになった神坂一による日本のライトノベルである。

では、死霊の存在とカルト的集団自殺に代表される超常現象を描き、警察が翻弄される本作がなぜ「Ｒ21」、「Ｍ18」指定を受けず、無難な「ＮＣ16」指定に決定されたのだろうか？トン監督は「当時ＭＤＡのＣＯＯだったマン・シュウサンの支援が大きかった」と述懐している。筆者がインタビューした多くの映画関係者は「国産映画の輸出促進のためにはある程度の柔軟性が必要だとする部局と、警察、保守派グループの声に従順な検閲当局の両方を抱えるＭＤＡは一枚岩ではない」と指摘した。各種情報を総合すると、若者層を見込め、且つ輸出促進に寄与できると考えるグループが勝利したと推測できる。

以上のとおり、西洋的・近代的合理主義思考のシンガポールにおいても日本と同様、別の側面として不合理性に富み、政府が迷信と蔑視する思考が色濃く残存している。同国を研究する上で、人民行動党（ＰＡＰ）政権が超常現象を含めた宗教・慣習に対し、未だに神経質になっているがゆえに、極めて興味深い対象に宗教政策はなり得るとして、この章を終えたい。

二〇一四年シンガポール国際映画祭（ＳＧＩＦＦ）のオープニング上映作品、『Unlucky Plaza』で長編映画監督デビューを果たし、本作の脚本も手がけたケン・クエックに「なぜケンブリッジ大学で英文学を専攻したのか？」と聞いた。

彼は笑いながら、「母は華語教育組、父は華語が話せない英語教育組だ。両親は、私の英文学専攻希望を聞き不満げだった。シンガポール国立大学（ＮＵＳ）なら、『法学部か工学部にしろ』と主張しただろう。『ケンブリッジ大学にする』と言ったら『どの学部でもよい』となった」と答えた。「親の名門校志向は、日本と似ている」と応じると、「やはりそうか！」と返してきた。

天然資源を持たない同国にとって、人的資源の最大有効活用と能力主義が教育政策の根幹だとする、リー・クアンユーは一九六六年、「指導者（社会を成功に導くエリート）、よき幹部（エリートの計画立案補助）、そして社会的規律を遵守する大衆から構成されるピラミッド構造構築」の重要性を強調した。

彼の思考がいかに反映されているかをユネスコの資料で見てみよ

表9　生徒1人当たりへの投資額

| | シンガポール | 日本 |
|---|---|---|
| 小学校（初等教育） | 5,879米ドル | 7,605米ドル |
| 中学・高校（中等・後期中等教育） | 8,948米ドル | 7,798米ドル |
| 大学（高等教育） | 14,676米ドル | 8,097米ドル |

出典：ユネスコ「GLOBAL EDUCATION DIGEST 2012」

う（表9）。

シンガポールはGDPに対する学校教育への公的財政支出比率が三・三％と、日本の三・八％、英国の五・六％、米国の五・四％と比べ低い。更に高等教育への投資額は日本の八〇九七米ドル、米国の九一四四米ドルと比べても高く、リー・クアンユーの発言のとおり、その少ない支出を集中的に高等教育に投資しているのが分かる。

## 1　教育制度

教育省（ＭＯＥ）の公表資料を基に概観しよう。

### (1) 初等（Primary）教育

二〇〇三年から、六年間の初等教育は義務教育化された。成績評価によりＥＭ1、ＥＭ2、ＥＭ3にコース分けされていたが、二〇〇八年からは教科毎の習熟度別編成に変更され、四年終了時に科目別の成績で異なったレベルの授業を選択できるようになった。彼らは全員、最終学年時に初等教育修了試験「ＰＳＬＥ（Primary School Leaving Examination）」を受ける。最初の能力主義の洗礼である。

ＰＳＬＥと、中等教育修了証となるケンブリッジ普通教育認定「ＧＣＥ－Ｏレベル試験（Singapore-Cambridge General Certificate of Education［Ordinary Level］）」は、生徒ばかりでな

表10　国際テスト比較

| | シンガポール | 日本 |
|---|---|---|
| 国際学習到達度調査：数学的リテラシー（括弧内はデジタル数学的リテラシー） | 平均得点573点で第2位（566点で第1位） | 平均得点536点で第7位（539点で第6位） |
| IEA国際数学・理科教育動向調査：小学校4年生の算数得点（括弧内は中学校2年生の数学） | 平均得点606点で第1位（611点で第2位） | 585点で第5位（570点で第5位） |

出典：国際学力調査：文部科学省、国立教育政策研究所、IEA国際数学・理科教育動向調査の2011年調査（TIMSS2011）

く、テスト結果により教師の優劣判定材料にもなる。カリキュラム消化とテスト対策に追われ、両者にとって過大な負担になっていることから、授業は一方的な知識伝達の場となり、生徒は従順にそれを吸収する結果になる。

リー首相は二〇〇四年の建国記念日の演説で、知識集約型産業を育成する観点から「Teach Less, Learn More（教えを少なく、学びを多く）」を提起した。丸暗記形式の学習を少なくし、生徒に自分の才能を発見させる空間を、教師には授業形態を考えさせる時間を与えるべき（量より質への転換を促す）との趣旨である。

しかし、即戦力化方針に基づき英語、母語、数学、理科を重視する配点、及び優秀な生徒を幼少期から選抜するという実利的政策に変化は見られない。有名小学校は、周囲一～二キロ圏内に住む子弟の入学を最優先にするため、筆者の友人のように「孟母三遷」よろしく家族全員で近隣に引っ越すケースも見られる。二〇一二年八月二四日の英字紙「TODAY」は「リー首相の方針発表から六年経つが『小学校の生徒は、今も厳しい競争状態下にいる』と皆が言っている。企業や大学が学歴信仰を持つ限り、親はＰＳＬＥの高得点を期待し、名門小学校入学を継続する」との記事を掲載した。親の志向にも変化は見られないのである。

生徒の涙ぐましい勉強成果は、表10のように、政府が「教育制度の輝かしい成果」だと発表する国際テストで示されている。

小学校、中学校では、二〇〇〇年より人格形成の目的で課外学習（Co-Curricular Activities〔ＣＣＡｓ〕）が必修となった。指導力、社会活動への参加度等に基づき得点化され、高校、大学入学時に評価の対象にされる。更なる負担が追加されたと言える。

この厳しい競争は幼稚園から始まっている。コミュニティ、個人、民間団体、宗教団体が経営する多くの幼稚園は、最長三年間で四歳から六歳の子供が通う。筆者の聞き取りによると、一年目はアルファベットを勉強し、二、三年目になると英語、華語、算数、しかも毎週スペリング・テストがある。小学校では、ある程度の識字、計算能力があるとの前提を取っているので、幼稚園に行かなかった子供は入学前に三か月間の補習授業を受けなければならない。生徒は、ＰＳＬＥを「英語の勉強を止めてください（Please stop learning English）」と皮肉っている。負担の過大さがうかがわれる。

**（2）中等（Secondary）教育**

日本の中学校に相当する。二〇一四年は、四万二三三六人がＰＳＬＥを受験、九七・六％が合格した。合格者の約七割が「急行コース」、約二割が「普通コース」、約一割が「技術コース」に振り分けられ、中等教育に進んだ。なお、PSLEが不合格となった二・四％は、翌年再受験するか、不合格者を受け入れるノースライト校（NLS、三〜四年制）に入学する。卒業後、日本の職業訓練学校や実業学校に相当する技術教育学院（Institute of Technical Education［ITE］）に入学するか、受験せず社会人になるかを選択する。

### （3）後期中等（Post-Secondary）教育

日本の高等学校に相当する教育機関である。

・ジュニア・カレッジ（JC、二〜三年）　中等教育の「急行コース」の生徒は四年修了時、「普通コース」の生徒は五年修了時に前述した「GCE－Oレベル試験」を受験し、JCに進学する。JC修了時に大学入学資格である「GCE－Aレベル試験（Singapore-Cambridge General Certificate of Education［Advanced Level］）」を受験する。

・ポリテクニック（Polytechnics［以下「ポリ」と表記］、高等技術専門学校）　GCE－Oレベル試験合格後、三年間実務を勉強し、産業界の需要に合った人材育成を目的とする学校で、現在五校ある。ポリでは、エンジニアリング、会計、観光、福祉、マスコミュニケーション、バイオ、映像・デザインなどの多様な分野を専攻できる。大多数は修了証を取得して社会に出る。少数だが、海外大学との提携大学を含む国内の大学に入学、または海外留学して学士号を取得する者もいる。

前述した両校以外に、次の学校があるので紹介する。

・中高一貫教育校　二〇〇四年、GCE－Aレベル試験を受験できる、PSLE最上位者を対象とした「統合プログラムコース（Integrated Program〔IP〕）」が設けられた。二〇一四年のMOE報告では、一八校（うち八校はIPとOレベルコースを併設）が指定され、欧米の一流大学に奨学金を得て留学する学生を輩出している。

・特化校（Specialized Independent Schools）二〇〇五年、数学と科学を集中的に学ぶ、シンガポール国立大学（NUS）ハイスクールが、また二〇〇四年、芸術、運動能力に優れた生徒のための学校（School of The Arts Singapore と Singapore Sports School）が開校した。独自の修了証が授与され、大学進学資格を得られる。

次に「急行コース」以外の生徒の進路を紹介しよう。

「普通コース」進学者は、中等教育四年終了時に「GCE－N（A）レベル試験」を受験し、修了証を取得後、更に一年在籍して前述した「GCE－Oレベル試験」に挑戦し、JCに進む者、二〇一三年より始まった「Polytechnic Foundation」で一年間、ポリテクニック基礎プログラム（PFP）を学びポリに進学する者、またはITE（一～二年制）に進む者に分かれる。国内に一〇校あるITE入学者は、敗者のラベルが張られ、その頭文字から「もう上がりだ（It's The End）」と揶揄されてきた。しかし、全日制の実務訓練により、各種資格が取得できることから人気が上がってきている。

「技術コース」進学者は、中等教育四年終了時に「GCE－N（T）レベル試験」に合格すると、ITEを経て就職する。一九九二年に創設されたITEは、二〇〇五年より「One ITE System, Three Colleges」教育モデルの下、カレッジ三校に統合された。ITE入学者は、ポリに進学する者もいるが、ポリなどの敗者復活戦成功者は数％に過ぎないと言われている。

### （4）大学教育

MOEの「Education Statistics Digest 2014」によれば、後述する五大学合格者は二〇一三年、同世代の二九・四％を占め、二〇〇八年の二五・二％より若干増加している。現在、シンガポール国立大学（NUS）、南洋理工大学（NTU）、シンガポール経営大学（SMU）、更にアメリカのマサチューセッツ工科大学（MIT）と中国の浙江大学が共同し、大学資格取得希望者増に対応し二〇〇九年に設立された、シンガポールデザイン工科大学（SUTD）がある。

英国の高等教育専門誌「Times Higher Education（THE）」の「世界大学ランキング二〇一四－二〇一五」によれば、NUSが第二五位、NTUは第六一位（東京大学は第二三位、京都大学は第五九位、北京大学は第四八位）である。同ランキングの二〇一〇－二〇一一は、NUSは三四位、NTUは第一七四位（東京大学は第二六位、京都大学は第五七位、北京大学は第三七位）だった。両大学は目覚ましい評価向上を遂げていると言える。

以上の既存国立四大学に加え、海外大学とポリが提携した、シンガポール工科大学（SIT）が、二〇一五年に五番目の国立大学として認可予定となっている。他に、二〇〇五年に社会人を対象として設立され、二〇一二年に国立大学相当に認定され、将来六番目の国立大学となる予定のＳＩＭ大学（UniSIM）がある。更に、アニメーション、放送番組制作、音響制作、インテリアデザイン教育を学ぶラサール芸術学院と、演劇や舞踊、音楽、映像・服飾デザインなどを学ぶ南洋芸術学院（ＮＡＦＡ）が政府の財政支援を受け、専門分野に応じて修了証、もしくは学士号を提供している。

大学増加の背景には二〇一二年のリー首相による「二〇二〇年までに、主にポリ卒業生に対し、ＳＩＴ及びUniSIMの三〇〇〇人受け入れ増を決定し、大学進学率も二〇二〇年までに四〇％にする」という意向がある。

二〇一三年五月一八日の「ストレイツ・タイムズ」は「ＭＯＥは公開していないが、今年はポリ卒の約一七％、ＪＣ卒の約七〇％以上が国内の大学に入学したと思われる。より高い給与を求め、授業料などを払えない者は、働きながら預金を貯め、UniSIMなどのパートタイムかフルの学生として戻る。しかし、月並みの大卒証書を取得しても、就職に有利ではなくなりつつあるのが現状ではないか」との記事を掲載した。

## ２　教育ハブ化（グローバルスクールハウス構想）と課題

政府は、グローバリズムに対応できる人材育成を目的として世界の有名大学誘致を提起した。この動きは、二〇〇一年創設の経済検討委員会（ＥＲＣ）によって加速した。ＥＲＣの教育部会が翌年に打ち出したのが、教育産業の潜在力に注目した「教育ハブ化（グローバルスクールハウス構想）」である。経済開発庁（ＥＤＢ）は、留学生数を二〇〇二年時の約五万人から、二〇一五年までに一五万人に増やし、ＧＤＰに占める教育産業の比率を二〇〇〇年の一・九％から、三～五％に引き上げる目標を掲げた。

しかし現在、同国の物価上昇が教育ハブ化に影を落としている。香港上海銀行（ＨＳＢＣ）は「シンガポールは、生活費と授業料合計が年間約三万九〇〇〇米ドル、米国の約三万六〇〇〇米ドル、英国の三万五〇〇〇米ドルより高い」と報告している。

ヘン・スウィーキート教育大臣は「海外留学生の授業料合計は、二〇一二年の約一億七〇〇〇万Ｓドルから、二〇一三年に一億八〇〇〇万Ｓドルに増加した」と収入増を誇った。しかし、英国の高等教育専門誌（「ＴＨＥ」）のデヴィッド・マチュースは「ＥＤＢは、二〇一五年の目標値一五万人の可能性に対する回答を拒否した。二〇〇八年の九万七〇〇〇人を最高とし、二〇一二年には八万四〇〇〇人と減少している。その道はほど遠い」と指摘している。

政府は、低価格の用地提供、税減免、研究センターなどへの資金支援を実施している。しかし、これらのインセンティブ終了と共に、運営継続が難しいとして閉鎖する大学が登場しているのも事実である。ニューサウスウェールズ大学は「応募者が予想よりかなり少なく、事業性なし」として二〇〇七年に閉鎖した。シカゴ大学のビジネス・スクールは二〇一三年、中国市場に期待して香港移転を決定した。また同年、リム・フンキャン貿易産業（ＭＴＩ）大臣は「ニューヨーク大学ティッシュ・スクールは、不動産価格高騰、運営費増加により閉鎖される」

と明言した。

その一方で、同国初のリベラル・アーツ専攻のイェール・NUSカレッジが、二〇一三年より募集を開始した。またインペリアル・カレッジ・ロンドンとNUSが二〇一〇年、博士号資格互換制度を持つ医学部を開設した。両校共に高度な授業を呼び物にして留学生を受け入れている。NUS、NTU、SMUの各MBAコースは産業界の最新情報を得られるとして、中国、インド、マレーシアなどからの留学生に人気が高い。また、社会人入学も受け入れる、スイスのIMD、フランスのINSEAD、スタンフォード大学のMBAコースも人気が高い。MBA分野への明確な傾斜は、教育制度が経済政策と直結していることを示している。

一方で、イェール・NUSカレッジ設立に際し、全米大学教職組合が二〇一一年、イェール大学に「専制的都市国家における学問・表現の自由欠如」を批判した公開質問状を提出した。政府も強《したた》かである。リム・チュエンポーMOE事務次官は「永住権保持者と留学生は緩衝剤だ。シンガポール人大卒者が増えれば、徐々に彼らと置き換えることができる」と述べた。

日本の海外留学生受け入れ状況は『平成二五年度 文部科学白書』によると、「二〇一三年の留学生数は一三万五五一九人だが、二〇二〇年までに三〇万人を目指す」と報告している。しかしシンガポールに加え、世界中で留学生誘致政策が推進され、質の高い留学生の奪い合いが始まっている状況を日本は注視する必要があるだろう。

シンガポールにおける海外留学生は別の問題を浮上させている。

二〇一三年五月一四日の国会答弁で、MOEはイー・ジェンジョン議員の質問に対し、「二〇一二年度の学生割合は、シンガポール人学生が七九%、外国人留学生が一六%、永住権保持者が五%となっている。シンガポール人学生の優先入学は今後も維持するが、今後のグローバル市場拡大を考えると、基幹産業の支援人材として留学生の一定比率維持も重要だと考える」と答弁した。

慢性的な労働力不足を留学生で確保しようとする政策と、教育ハブによる国家のブランド化志向がうかがわれるMOEの答弁に対して、海外留学生に就職機会を奪われるのではと、国民は不安を抱いている。人材開発省（MOM）は「労働力調査二〇一四」(Labour Force in Singapore, 2014) で「学位保持者の失業率は平均三・九%だが、教育学部〇・七%、法学部三・四%、工学系二・八%に対し、芸術関係六・二%、コミュニケーション・情報関連六%と、学部によるばらつきはみられるが、昨年の学卒資格者平均失業率三・六%より上昇している」と報告している。

### 3　所得格差と学歴

MOMが二〇一四年七月一七日に公表した「学歴別初任給調査」は、初任給について「全日制大卒が三〇五〇Sドル、ポリ卒が二〇〇〇Sドル、ITE卒が一四一〇Sドル」と報告している。ちなみに、日本の厚生労働省の「平成二六年賃金構造基本統計調査結果（初任給）の概況」によれば「男女計で、大卒二〇万四〇〇円、高専・短大卒一七万一〇〇〇円、高卒一五万八八〇〇円」であり、いかにシンガポールの給与差が顕著であるかが理解できる。

この差異は学歴に留まらず、学部にまで及ぶ。NUS、NTU、SMUが共同で毎年実施し、MOEが二〇一五年に公表した「二〇一四年の学部別就職率と初任給」(Graduate Employment Survey 2014)は、表11のとおりである。

この表から「学部で異なる就職率と初任給」が理解できる。筆者の友人も、芸術専攻希望の息子を説き伏せ、NUSの土木工学部に入学させ、更に在学中の成績もその後の昇格に重要だとしてハッパをかけている。

次に、職業がいかに所得格差に関連しているかは表12から理解できる。また同調査は、職業別の就労期間による所得変化について次のとおり報告している。

二五～二九歳を一〇〇とすると、四〇～四九歳のマネージャー職(幹部職)、専門職が一・五〇～一・九二倍、準専門職・技術職、事務補助職、サービスとセールス職が一・〇五～一・一八倍であるのに対し、清掃等の単純労働職は〇・八六倍と、むしろ低下している。国民が、子供の将来を考え高学歴を望むのはやむを得ないのだ。

また、親の収入による階層の固定化が、子供の将来に影響している。統計局は「世帯収入調査二〇一四」(Key Household Income Trends, 2014)で「一～二部屋の公営住宅(HDB)居住者の世帯収入(月額[雇用者のCPF負担金を含む])は二三一三Sドル、三部屋は五八〇五Sドル、四部屋は八二九三Sドル、五部屋とエグゼクティブHDBは一万一六〇六Sドル、民間マンションは一万九八四三Sドル、戸建ては二万七三六三Sドル」と報告した。約一一・八倍に達する差は、教育にも大きな影響を与えている。二〇一二年一一月一二日、国会答弁でMOEは「小学校トップ六校の生徒でHDBに住む生徒は四割」と述べたが、国民の約八〇%がHDBに住んでいる事実を考えると少ないと言える。

所得格差が学歴格差につながる、「より豊かな層の子弟が大学に行ける」との指摘は、日本を含め諸外国でも見られる。しかしシンガポールでは、Ⅱ部の第3章「言語と大衆文化」で考察した使用言語と所得が密接に関係しているだけに、より深刻である。また、政府は教育の機会均等、敗者復活を主張しているが、ポリから大学への合格者が、年間平均二〇人程度という数字を見ても、階層固定化が加速している状況が理解できる。

表11　学部別比較表

| 学部（全日制） | 就職率 | 初任給（中央値） |
|---|---|---|
| SMUビジネス・マネージメント学部 | 86.4% | 3,333Sドル |
| NUS土木工学部 | 97.1% | 3,208Sドル |
| NUS法学部*1 | 97.6% | 5,150Sドル |
| NTU芸術・メディア・デザイン学部*2 | 68.0% | 2,700Sドル |

初任給計算基準＝1年以上の雇用契約者を含む最低週35時間常勤勤務者
＊1　1年間の実習を修了した法学学士（Hons：優等学生）。
＊2　映画制作も専攻できるNTUの学部。

表12　職業別給与比較（40-49歳）

| 職業 | 基本給与（中央値） |
|---|---|
| マネージャー職（幹部職） | 7,695Sドル |
| 専門職 | 5,335Sドル |
| 準専門職、技術職 | 3,074Sドル |
| 事務補助職 | 2,036Sドル |
| サービス、セールス職 | 1,518Sドル |
| 単純労働職（清掃等） | 1,080Sドル |

出典：人材開発省「Occupational Wages Survey 2012」

## 4　映画に表象される教育

・『僕、バカじゃない』（二〇〇二年）

ジャック・ネオ監督の本作は、他コースの生徒から落ちこぼれグループと嘲笑される、「EM3コース」で勉強するブーンホック、リウ、テリーの葛藤をテーマにしている。喜劇映画の体裁を取りながらも、教育制度の問題点を正面から捉えた本作は、政府が教育制度を再考する契機になった作品だと言われる。

彼らは、自分たちをバカにした他のコースの生徒を傷つけてしまう。校長室でブーンホックとリウは他コースの生徒からバカにされたと喧嘩の理由を説明する。過保護のテリーは、母の「自分のことだけを考えろ」との教えを守って黙秘し、二人の怒りを買う。テリーの父とリウの父は、駐車場の空きスペースを巡って争い、テリーの父は、販促キャンペーンの仕事をリウの父の会社から競争相手に代えてしまう。しかし競争相手のキャンペーンは失敗し、テリーの父の会社は苦境に立つことになる。

貧しいがしっかり者のブーンホックに、リウはカンニングをさせてもらおうとするが、先生に発見され、自殺しようとするが失敗する。リウの母は白血病と診断され、骨髄移植しないと死ぬと言われる。先生は、リウの絵が国際コンペで二等賞になったことを入院中の母に告げる。テリーの父が最終的に移植に協力し手術は成功する。また悪友たちからいじめられていたテリーが、今回は勇敢に立ち上がって対抗するシーンで本作は終わる。

ネオ監督は本作の制作動機について、「アーツ」誌のインタビューに答え「シンガポールでは英語、数学の成績がよくない生徒は、アウトカーストの扱いを受けている。彼らは他の科目で能力を発揮できるかもしれないのに、学校も社会もチャンスを与えていない。卒業後に初めて尊敬を受ける者もいる」と述べている。本作でも、絵画の天賦の才能を持ったリウが、海外で認められてようやく、学校関係者から認知されるというシーンが挿入されている。二〇〇八年、ネオ監督は筆者に「本作を観てもらえれば、教育制度を変更した方が同国の将来のためになることが理解できると思う」と述べた。

『僕、バカじゃない』（提供：Jack Neo氏）

確かに本作が、教育制度変更の契機になったと思われる。しかしこの背景に、政府の選挙対策、創造的起業家育成、そして知識集約型産業振興に本作を利用しようとする思惑があったことは否定できない。二〇〇四年のリー首相の「Teach Less, Learn More（教えを少なく、学びを多く）」という発言に見られるように、今までの詰め込み教育では、創造力を高められないとして、教育改革を検討していた時期と一致するからである。

本作の教育制度批判は、国民の「建設的意見」に対し、真摯に対応している政府の姿勢を訴える機会を与えたとも言える。一方で、ネオ監督は政府の思惑を理解した上で、どこまで「OBマーカー」を拡大できるかを試していたとも考えられる。とは言え、統合プログラムコース（IP）が同年に採用された。エリート養成の英才教育は継続している。

・『イーティング・エア』（一九九九年）

ケルビン・トン監督の本作は、総制作費八〇万Sドルに対し、三五万Sドルの興行収入と失敗に終わったが、ロッテルダム国際映画祭と香港国際映画祭に招待され、好評を博した作品である。なおタイトルのイーティング・エアは「余暇を楽しもう」を意味し、また主人公アー・ベンと、女友達アー・リエン両名につく「アー（ah）」は、「〜ちゃん」の意味を持つ接頭語である。

ドロップアウトした少年アー・ベンと、親友アー・グーをリーダーとする不良少年グループは、昼間はビデオ・ゲーム場、HDBの屋上にたむろし、遊ぶお金がなくなると街を徘徊し、結婚衣装屋の主人などを脅迫して小遣い銭を稼いでいる。夜は、高速道路で他の不良グループとロード・レースをして時間を潰している。

アー・ベンは、ショッピングセンター内のコピー屋で、退屈な毎日を過ごす内向的な少女アー・リエンと出会い恋に落ちる。彼女の母は屋台で新聞や雑誌を売っているが、気がよいだけが取り得の女性である。ある日、アー・グーは、麻薬中毒による幻覚に襲われ飛び降り自殺した男のバッグから麻薬を発見する。彼は、高利貸しから麻薬を売るまでのつなぎとして新しいバイクの購入資金を借りるが、ギャングに騙され高利貸しから追われる羽目になる。これ以上隠れているのは無理だと考えたアー・グーは、ボスと交渉すべく出向くが半殺しの目に遭い、アー・ベンに病院に連れて行かれる途中で死んでしまう。そしてアー・ベンも高利貸しに殺されてしまう。息絶えた彼を発見したアー・リエンの高速道路を歩く姿を映し本作は終わる。

爆風と言えるエレキ・ギターとドラム演奏を背景にして始まる本作は、副題のとおり「モーターサイクル・クンフー・ラブストーリー」である。同時に、福建語、華語、シングリッシュをコード・スイッチしながら会話する、典型的ハートランダーの若者たちの生態を描いている。トン監督は、オートバイを乗り回しクンフーに憧れる、陽気で粋がっている彼らに焦点を合わせて脚本を書いた。また過激な色彩を使い、言語も同国の代表的ゴタマゼ料理を意味するロジャック（rojak）状態を示すことによって、「これこそシンガポール映画の方向性を示す映画になり得る」と考え、制作に踏み切った。

本作は、シュールとも言える映像スタイルを駆使し、シンガポールの公的言辞では決して語られない、喧嘩と遊びに明け暮れる少年ギャングの生態を生き生きと表象した作品である。特に、アー・ベンを演ずるベンジャミンの存在感ある風貌は、観客に強い印象を残すのに成功した。更に、台所で黙々と料理する両親が突然、鮮やかな紅い色彩をバックに息子と大立ち回りするシーンが登場する。実は彼の白日夢であるこのシーンは、マイケル・ホイ監督の『Mr. Boo! ミスター・ブー』(一九七六年)の、鮫の頭蓋骨と腸詰ヌンチャクの対決を想起させる。トン監督は、モダンで明るいシンガポールと反する側面を描いたエリック・クー監督の『ミーポックマン』を観て、強烈な衝撃を受けた。しかし彼は、クー監督とは違う手法、たとえば、香港のマーシャル・アーツ・コミック誌で展開される、非現実世界の明るい調子が漲《みなぎ》る映画を制作しようと決心した。『イーティング・エア』は、現在も若者の根強い支持を受けている。二〇〇八年、シンガポールで開催されたシネ・オデオン映画祭とシンポジウムで、本作は最優秀映画賞、監督賞、音楽賞、記憶すべきロケ地賞を受賞した。

『イーティング・エア』を観たロイストン・タン監督は「ロジャックな台詞を駆使する登場人物たちの強固な連帯感を描いた本作は、一陣の爽やかな風のようだ」と評価した。三年後にタン監督は、暴力に明け暮れ、ザラザラとした疎外感からドラッグと自殺願望を抱く、実在の一〇代少年ギャングたちの心情を繊細なタッチで描いた、彼の代表作となる短編『15』を制作した。彼は「自分は改造されたロボットだが、次世代の若者は感性のないロボットになるのではないかとの不安を抱かざるを得ない」と語り、数学、科学等の実学を重視し、芸術を含むリベラル・アーツを軽視する現教育制度を批判している。

・『シンガポール・ドリーム』(二〇〇六年)

コーリン・ゴー監督による本作中に示される「学歴偏重思考」の影響を見てみよう。長男センは求職活動を始めるが「アイダホのポリテクニック卒業？　ここはシンガポールだよ。クライアントが納得できるＭＩＴとかスタンフォードといった有名校でないとね」と面接官から暗に採用を拒否され、現実の厳しさにうなだれる。彼は盲目的な母の愛情と、頻繁に背中を叩き「頑張れ！」と鼓舞する家父長の権化と言える父、更に政府の能力主義政策に押しつぶされる犠牲者を象徴している。

年少期からの英語、数学、科学といった実学的な科目の能力を基にした有名校志向は、エレベーターの前で隣家の母が「あの子はスペリング・テストで一〇〇点なのに、何であなたは九五点なの？　名門の南洋小学校には入れないわよ。アニメを見過ぎるからよ！」と子供を叱責するシーンに示される。

「高学歴者＝高収入者＝成功者」という思考は、センが「どんな家を、どんな自動車を持っているか、どの大学を卒業したかで人の見方は変わるんだ。もし成功しなくても、成功したように見せなくてはいけないんだ！　この国では外見が大事なんだ！」と叫ぶシーンに示されている。

こうして、既得権を失う恐れから充足感をいつも得られない飢餓状態、言い換えると、人口に膾炙した「人に負けたくない」を意味する「キアス（kiasu）」に象徴される思考をますます強めることになる。また、まるでウオール・ストリートのＭＢＡ卒のビジネスマンのように、何かを生み出すのではなく、すべてを数字で解釈する思考が育まれていくのである。

以上の思考が、学校、芸術分野にまで波及している状況について、ある映画関係者は二〇〇九年、筆者に次のように語った。

まず学校だが、試験などの計測可能な手法を使って成績がよい生徒を「資産」、成績不良の学生を「負債」と考えている。これでは、企業のバランス・シートと同じだ。メディア開発庁（MDA）は、映画を投資の対象としてGDPに貢献させようとしている。目標達成度を測る補助指数「重要業績評価指標（KPI）」を、定量化できない芸術分野にまで使おうとしている。しかし、どのように計測するのか。彼らにとって重要なのは入場者数で、質向上への理解度は低い。

二〇〇九年、ケネス・P・タンは、筆者に「若手映画制作者は、確かに技術教育を受けているが、語彙が少なく、安易に他の映画を真似てしまう。多様なジャンルの映画を鑑賞し、優れた文学作品を読み、芸術に触れて切磋琢磨すべきだ」と述べ、最近の日本にも見られるリベラル・アーツ軽視の風潮を批判した。更に、成績偏重の教育制度によって競争から弾き出された生徒たちが、将来の進路も職種も限定されている事実がある。

一方、生涯学習を含めた中堅技能者の育成が課題になってきている。政府は二〇一四年、「ポリテクニックとITE教育活性化検討委員会（ASPIRE）」の「働く場でのよりよい支援を促進させるため、インターンシップとカリキュラムを再検討し、今まで以上に実業界との連携を強化すべきだ」との答申書に基づき、両校への新政策を発表した。具体的には、ドイツ、スイスで行われている実習制度を採用し、生徒は月々給与を受領し、プログラム修了時に雇用者から証明書を受け取るとの制度化である。

「ＡＳＰＩＲＥ」構想は、高等教育進学の能力なしとみなされた生徒に、社会で即戦力となる技能を身につけさせ、将来の職業に応用できるように、実践的な教育・訓練プログラムの拡充と生涯学習の重要性を強調している。一人たりとも無駄にしないという効率性重視思考の学校教育への導入である。この章の最初で、リー・クアンユーの「ピラミッド構造」を紹介したが、彼の実利的哲学は、今も同国の経済政策に直結する教育制度として根づいている。しかし今や一人当たりの国民総所得（ＧＮＩ）が、日本を上回り豊かになった同国において、モノではなく心の豊かさ、自らのアイデンティティを真剣に問う声が高まってきている。たとえば、コーリン・ゴー監督は次のように述べている。

我々の祖先は、自由、平和、そしてより豊かな生活を夢見て、禁令を破り中国を離れた（Dream）。この勇気と勤勉の精神が、都市国家シンガポールの成功を導いたのは明らかだ。しかし、この成功プロセスが賛美され始め、「Dream」は、より上位の学位を、よりよいキャリアを、更には、画一的に指示された人生設計図に基づく「Plan」へと転換した。上からの人生設計図が、個人の利益（Dream）に直結すると安易に信じるべきではない。信ずるもののために戦わないのは誤りである。自らの個人的な夢の実現を、大人になるまで待て、試験が終わるまで待て、卒業するまで待て、と何度言われてきたことか！　しかし到底、退職するまで待てない！

我々は母国を愛するがゆえに、我々の批判と不同意の表明が、「国家への反逆」を意味するとは考えていない。

一方、アイデンティティに関連し、国民国家の視点からも考えなければならない。一九九六年、リー・クアンユーは「分離・独立以降、我々は英語教育の中産階級を生み出してきた。豊かになった彼らは、社会全体の福利・幸福ではなく、個人、家族の成功を優先している」と慨嘆した。また、ゴー・チョクトン首相も「生徒の現代史に対する知識欠如を憂慮する」と述べた。彼らの問題提起を基に、国民の団結を強調する「国民教育（NE）」が翌年から開始された。吉野耕作が「再構築型」と定義する「ネーションとして確立している状況でのナショナル・アイデンティティの維持、促進、強化を志向するナショナリズム」を今まで以上に明確にしたと言える。二〇一四年一〇月七日、MOEは翌年の分離・独立五〇周年（SG50）に向け、NEの状況について国会で報告した。

現在、すべての小学生は、社会科で歴史を勉強している。また中学校低学年の歴史では、一四世紀初期から植民地時代、移民の苦闘史、そして分離・独立以降、国民の団結によって、いかに我が国が発展を遂げているかを学ぶ。更に日本占領下における厳しい時代への理解が含まれる。NEに関連する、国防記念日、民族融和記念日、建国記念日、国際友好記念日という記念日を行動的国民醸成のため重視している。

一方で、国民国家の礎になる教育に付随する雇用問題が、同国に限らず各国の深刻な課題となってきている。たとえば日本では、厚生労働省が「非正規雇用の現状と課題」で「非正規雇用者は一九八四年の六〇四万人から二〇一四年には一九六二万人に上昇した。一方、正規雇用は三三三三万人から三二七八万人に減少した。正社員として働く機会がなく、非正規雇用で働いている人（不本意非正規）の割合は、非正規雇用労働者全体の一八・一％、特に二五〜三四歳が二八・四％と突出して高い」と報告している。

シンガポールの若者も、将来の生活設計に対する不安を抱いている。表面上の輝かしい低失業率などの指標と違って同国には、海外留学生、外国人労働者との徹底した競争、及びグローバリズムの名の下で、英語教育優先に適応できるか否かで振り分けられるという厳しい現実があることを直視すべきである。

我々は、ネオリベラリズムの優等生であるシンガポールを反面教師として、リベラル・アーツ軽視から導き出される功罪を再考すべき時期に入っているのである。

# 第6章　徴兵制と国民意識

シンガポール滞在中、ピカピカに磨き上げたブーツに糊の効いたユニフォームを着た一群の若者たちによく出会った。特に二〇一二年は、国民兵役（National Service［NS］）制創設四五周年だったこともあり、迷彩服を着た兵士、戦闘機パイロットなどのシンガポール国軍（SAF）宣伝ポスター（テーマは「父より息子へ」）をよく見かけた。

まず、シンガポールの軍事力について紹介しよう。

二〇一四年度の国防予算は、全歳出の約二二%、一二五億六〇〇〇万Sドルで、費用項目の第一位を占めた。ちなみに、財務省の「日本の財政関係資料（平成二六年一〇月）」によれば、防衛予算は一般会計歳出総額の五・一%を占めている。単純比較できないが、二〇一二年の各国別対GDP比は、表13のとおりで、いかにシンガポールの対GDP比率が高いか理解できる。

国際戦略研究所（IISS）によれば、二〇一二年時点で同国は、現役軍七万二五〇〇名、予備役三一万二五〇〇名、準軍事組織七万五一〇〇名から構成されている。更に、国民を心理・社会・経済・民事・軍事の各分野にわたって組織化する「トータル・ディフェンス（総合防衛）政策」を推進している。二〇一三年、リー・クアンユーは「私は、隣国からの脅威に断固とした態度を取った。シンガポールに防衛能力がなかったら、彼らは、我々を何度も苦しめただろう」と述懐した。いったん敵が国土に踏み入れば戦闘はすぐ終了してしまうという小国がゆえの総合防衛政策採用の背景がうかがわれる。一九九〇年のイラク戦争で、クウェートは二日間で制圧された。二〇〇八年にはロシア軍が七日間でグルジアの南オセチアを占領し、同国の心臓部にまで深く杭を打ち込んでいる。

IISSは「ミリタリー・バランス報告書二〇一五」で、「中国の防衛費は、アジア諸国全体の約二八%のシェアだった二〇一〇年から、二〇一四年には約三八%まで上昇し、日本は逆に二〇%から一四%に低下している。バランス・パワーの不透明感により、アジア諸国は防衛費の増強と、潜水艦購入など装備の性能向上を図っている」と指摘している。二〇一三年、IISSのアジア・太平洋主任研究員ウイリアム・チョーンは、シンガポールの置かれている状

駅構内のシンガポール国軍のポスター

表13　軍事費のGDP比（2012年）

| | | |
|---|---|---|
| シンガポール | 3.52% | 第15位 |
| イスラエル | 5.69% | 第4位 |
| アメリカ | 4.35% | 第9位 |
| ロシア*1 | 3.49% | 第16位 |
| 中国 | 1.99% | 第40位 |
| マレーシア | 1.55% | 第58位 |
| 日本 | 0.97% | 第102位 |
| インドネシア | 0.78% | 第116位 |

出典：CIA,「The World Factbook」Military Expenditures
*1　ロシアのみ2014年。

況を反映した防衛政策の特性を「3D（外交［Diplomacy］、海岸線で食い止められる抑止力［Deterrence］、最後に侵略した敵をSAFが全軍事力をもって打ち負かすため前面に出る［Defeat］）」と形容している。

### 1 シンガポール国軍（SAF）創設の経緯

英国政府は「国民兵役条例」（National Service Ordinance）を一九五四年に施行した。シンガポール在住の英国籍、植民地及びマラヤ連邦籍を保持する一八〜二〇歳の男性が登録された。登録を怠った者は、罰金または収監されると規定されたため、何千人ものインド人がシンガポールを去った。華語校の学生は反対運動を組織し、訴状を手渡すべく約五〇〇人が総督府に集合し、中正学校に閉じこもった約二五〇〇人が警察に鎮圧された。一九五四年「五月一三日事件」である。

一九五七年三月一二日、シンガポール生まれの一四二〇人の申請者から二三七人が選ばれ、初の歩兵連隊（SIR［第二SIRは一九六二年］）が発足した。一九五九年の英国自治領成立前だったので、英国軍管理下で新兵訓練が行われた。一九六五年の分離・独立時、シンガポールの軍隊規模は、わずか一〇〇〇人の兵士と将校が所属する二つのSIRのみで、幕僚のほとんどはマレー系だった。母国に忠誠を尽くす自国軍創設、特にムスリム国家マレーシア、インドネシアとの緊張関係を踏まえた防衛体制構築は喫緊の課題だった。

リー・クアンユーは、財務大臣ゴー・ケンスイを、一九六五年八月に創設された内務・国防省（MID）の初代大臣に任命した。MIDは一九七〇年、国防省（MINDEF）と内務省（MHA）に分離する。

ゴーは、バンコク駐在のイスラエル大使モルデカイ・キドロンと接触した。キドロンは、諜報特務庁（モサド）のヘジ・カーメルと共に、リーとゴーに面会している。独立数日後の素早い動きである。カーメルは「ゴーは『ムスリム諸国に囲まれている小国イスラエルのみが、我々の軍隊創設に協力してくれる』と述べた」と語った。一方、リーは、インドのラール・シャーストリー首相と、エジプトのガマール・ナーセル大統領が、自国軍創設の緊急支援要請に返事をよこすまで、イスラエルへの回答を保留した。両国は独立を祝福したが、軍事支援についでは言及しなかった。

イスラエルへの依頼案が決定され、一九六五年一〇月、シンガポール使節団がイスラエルに派遣された。一二月には六人のイスラエル国防軍士官と家族がシンガポールに到着して作業を開始した。ゴーは「イスラエル人到着が、マレーシアとシンガポールに住むムスリムの反感を引き起こさないよう緘口令をしいた」と述べた。彼らの存在を隠すため、日焼けした彼らは「メキシコ人」と呼ばれていた。イスラエル国防軍との関係は、二〇〇〇年に出版された、リー・クアンユーの著作『シンガポール・ストーリー』で初めて公にされた。約四〇年間にわたり極秘扱いだったのである。

一九六五年一二月、志願者を週末に訓練する「国民防衛隊法（People's Defence Force Act）」

が施行された。志願者の多くは華語教育を受けた華人系で、教育省（MOE）を中心とする公務員、警察官、義勇軍（英国植民地政権の指揮下で教育を受けた民兵）から構成されていた。一九六六年二月、第一期三か月士官育成コースが終了し、独立後初の建国記念日で行進した。

興味深いのは、イスラエル側の指摘「シンガポールでは、徴兵に対する心理的抵抗がある。家族が望む職業一〇業種のうち、兵士は最後だった。最初に芸術家、次が哲学者、教師、商人と続き、九番目が泥棒だ。兵士は軽蔑に値する職業だった。失業率が一四％を超えていた一九六六年末当時、職を得るための最終的手段と考えられていた」である。リー・クアンユーも自著で、華人系の「よい息子は、兵隊にならない。質のよい鉄は釘にならない」との思考を認めている。彼は、イスラエル教官に「無学な失業者を優先的に採用して欲しい。英国軍兵士は知的で教養があったが、兵士としては無価値だった。天皇の命令に従い行動した、粗野な日本軍兵士が、英国軍を打ち負かしたというのが歴史的事実だ」と述べた。

一九六六年から、英国内でスエズ以東からの撤退計画論議が始まり、英国の「一九六七年国防白書」は「東南アジアの英国軍を一九七一年までに五〇％削減し、七〇年代半ばまでに全面撤退させる」と明言した。英国軍の影響力弱体による安全保障への不安感もあり、徴兵制による自国軍拡充に拍車をかけることになる。一九六七年一月、新公務員の軍事訓練が義務化された。一か月後、「国民兵役改正法（National Service［Amendment］Act）」が可決され、同年三月、シンガポール人男性一八歳以上の徴兵登録が開始された。軍事訓練施設が少なかったこともあり、最初の登録者九〇〇〇人の上位一〇％が常勤・正規ＮＳに選出され、残りは国民防衛隊

（PDF）、特別警察・自警団の非常勤として配属された。常勤者は、兵役終了後の予備役編入時には、政府や政府機関で働けるなどの公的支援が保証されるという懐柔策が提示された。また一九六七年九月、家族への影響を重視した政府は「徴兵延期規定」を官報に掲載した。

リー・クアンユーは、自著で「一九五四年に発生した国民兵役制反対暴動と違い、今回の登録時には何の問題も起こらなかった。国民の姿勢は明らかに変化していた」と誇っている。しかし、シンガポール国立大学（NUS）組合、華人商工会議所が賛成した一方で、華語校生徒三〇〇人による反対街頭デモが行われた。一九六三年の「冷凍庫作戦」に代表される、相次いだ弾圧で、多数の指導者が逮捕・投獄され、忌避者が警察に逮捕されていたにもかかわらずである。また、リーは公営住宅（HDB）を利用した戦略を採用した。「政治安定化のため、世帯主をマイホーム所有者にしなければならないと考えた。深い共通した歴史体験を持たない新国家には、徴兵される息子を持つすべての親の持ち家意識の醸成、言い換えると『子供が守るべき母国』に投資させることが必要だと考えた」と述べている。

一九六八年、イスラエル空軍の退役大佐が、空軍創設のアドバイザーとして任命された。彼は「米国の夜間航行訓練マニュアルを詳細に調べ、手法を進化させた」と述べている。同年一月、機甲部隊創設が決定され、秘密合意に基づき、七二台の仏製AMX－13軽戦車がイスラエルから購入され、翌年に陸揚げされた。

当時、マレーシアは戦車を持っていなかった。リー・クアンユーは、一九六九年、トーマス・スタンフォード・ラッフルズ上陸を祝う「シンガポール建国一五〇周年記念」式典に、英連邦四か国の国防相を招待した。建国記念日パレードで、招待者は機甲部隊の行進を見て驚いた。ゴーは「我が機甲部隊は、マレーシアに劇的効果を与えた」と語っている。

また、優秀な人材の入隊促進・確保のため一九七一年、「SAF海外奨学金制度」を導入した。代表的被給付者には、ジョージ・ヨー元情報芸術省（MITA）大臣、リー首相がいる。

SAFにおけるマレー系の処遇だが、一九六七年のSAF創設時から一九七七年まで、マレー系は戦闘要員ではなく、主として警察と国民防衛隊に配属されていた。一九八七年、リー首相（当時国防次官）は「マレー系は上級将官に登用していない」と公言した。批判されると、同年四月二日の「ストレイツ・タイムズ」で「戦闘発生時、愛国感情が宗教と相容れないかもしれないという難しい立場に兵士を置くことを望まない」と弁明した。駐シンガポール大使館勤務の経験を持つアメリカ人ショーン・ウオルシュは「マレー系に対する差別、たとえば機密に属する部門から除外する方針が公然の秘密となっている」と批判した。彼の批判に対し、国防大臣は「専門家、士官のマレー系比率は、エスニック人口比に準じている」と打ち消した。

## 2　国民兵役（NS）制度

シンガポール国民男性、及び親が永住権保持者の息子は、一六歳半の時にNS登録義務を、一七歳時に健康診断、運動能力審査等の徴兵検査を受けることになる。兵役適正との判定を受けると、一八歳時に召集令状が届き二年間の兵役に服する。現役兵（Full-time National Service man［NSF］）である。一七歳で入隊したジャック・ネオ監督のように、一六歳半の時に両親の承諾を得て入隊する選択肢もある。二〇〇四年に兵役義務は、二年半から二年に短縮された。NS後、親しみを込めて当時を「世間知らずの日々」と回顧する人々も多い。

しかし、対象者の出国は厳しくチェックされている。一三歳から一六歳半の息子を持つ親は、三か月以上二年以内の海外滞在はMINDEFに出国許可を、二年以上の場合には七万五〇〇〇Sドルの保証金支払いと、出国許可の申請義務がある。一六歳半以上の三か月以上の滞在はより厳しく、出国許可申請と七万五〇〇〇Sドルの保証金が求められる。

服務先はSAFに限らず、警察（SPF）、シンガポール民間防衛隊（Singapore Civil Defence Force［SCDF］）もあるが、大半は陸軍（Army）に入隊する。実際の入隊は、第5章「教育と階層の固定化」で述べた後期中等教育終了まで延期するのが一般的である。大学卒業までの延期も認められるが、あくまでも「召集猶予」なので、大学や大学院の卒業・修了後は、兵役に就かなければならない。二重国籍者もNS登録が義務づけられ、一八歳になれば二年間の兵役義務を負う。

台湾やヨーロッパ諸国で制度化されている、良心的兵役拒否は非合法で、拒否者は最高三年間の懲役、または（及び）一万Sドルの罰金が科せられる。

入隊者は、一般人立入禁止のテコン島で、九週間の基礎軍事訓練（Basic Military Training［BMT］）を受ける。終了時のテストに合格すると、成績に基づき各所属部隊に編入される。

NS期間中、新兵で四八〇Sドルの給与が支給される。二年間のNSが終了すると「予備役

（NSmen）」となる。四〇歳までは（将校は五〇歳まで）年一度召集がかけられ、最大四〇日間の再訓練、更に体力テスト（IPPT）とキャンプ訓練（ICT）を受けなければならない。IPPT不合格者には、体力強化補習訓練（RT）が課せられる。毎年不定期に非常召集がかけられ、対象者は一定時間内に定められた装備を装着し、非常呼集司令部に集合しなければならない。違反者は罰金、懲役が科せられる。

予備役期間中、二日以上六か月内の海外滞在は、MINDEFに通知義務があり、六か月以上は出国許可申請が求められる。一種の出国管理であり、「犯罪者でもないのに、なぜ通知義務を負うのか？」との不満を表明する者が多い。

NS義務を終えて大学を卒業し社会人になる頃には、二五歳前後となる。女性や他の外国人と比べて社会人生活が遅れるハンディに加え、社会に出てからも予備役としての義務を負っている。彼らのストレス、及び政府の改善策については後述したい。

また、期間が二年半の時代のNSに入隊した筆者の友人は「当時は、使用言語で異なった色のバッジをつけさせられた。緑は英語教育組、オレンジは華語教育組、黄色はインド系、紫は方言のみを話すGCE－Oレベル試験未了者だ。英語を話せる士官でも、方言を使っていた」と語った。しかし一九七八年、言語政策により中国語方言は禁止され、英語、マレー語、華語のみが許可される。しかし福建語とシングリッシュは簡単には消えず、現在も使用されている。

## 3　映画に表象される国民兵役（NS）制度

・『アーミー・デイズ』（一九九六年）

一九八四年に小説として発表され、一九八七年に公演（二〇〇六年に再演）された劇場劇を、オン・ケンセン監督が映画化した本作は、制作費七〇万Sドルに対し、興行収入一六〇万Sドルを上げ、大ヒットしたコメディー映画である。

原作者マイケル・チャンの半自伝的要素を持ち、彼が本作の脚本も書いている。製作・配給はキャセイ・アジア映画社で、二〇年間の製作休止期間を経て、本作を復帰第一作として選んだ。オン監督は、一九六三年にシンガポールで生まれ、ニューヨーク大学ティッシュ・スクールで演劇を専攻した。東西文化を混淆させた演劇で有名になった彼は、一九八五年にリム・シオウが創設した英語演劇集団「シアターワークス」の舞台監督でもある。彼は、シンガポールで最も栄誉あると言われる青年芸術家賞（一九九二年）と文化貢献賞（二〇〇三年）を同国で初めてダブル受賞した芸術家である。

本作は、違う出自・文化的背景を持つ五人の青年が、BMTの厳しい訓練に耐えて友情を育んでいく姿を描いている。登場人物が話す言語は、シングリッシュ、英語、福建語、華語と多様性に富んでいる。本作の副題「From Real Blur to Real Men」の「Blur」は、シングリッシュの「何も知らない初心な少年」を意味する。五人の登場人物を紹介しよう。

**華人系のマルコム・プン**　物語の進行役を務める。父が保健省の高級役人で、ブキティマ地区の高級住宅地出身。大学入学に必要なGCE－Aレベル試験に合格した彼は「ちゃんとしたベッドがある個室に移れるの?」と無邪気に聞き、同期から笑われる、マザコンである。髪をカットされる時「アンディ・ラウの髪型にして」と言って無視される。当初は新しい環境に戸惑うが、徐々にBMT生活を楽しむ優等生となる。NS終了後、大尉に任官する。

**マレー系のジョハリ・サレー** 結びつきが強いマレー系らしく、家族・親戚が総出で入隊を見送る。ラップ音楽をウオークマンで楽しみ、シルベスター・スタローン演ずる「ランボー」を気取る彼は役者願望である。本作にも登場する実在のマレー系女優ディアナ・ユソフに憧れ、最終的に彼女との共演を果たす。

**インド系のクリシュナ** ボリウッド映画の男優を気取る彼は、ガールフレンドのラティから「ヒーローにならないで!」と釘をさされる。しかし、格好よいヒーローになるべく、BMTの訓練に励む。その一方で、彼女と一緒の時間を取るべく、「家族、親戚が死んだ」と嘘をついて外出許可を取るなど規則を破るのも厭わない。NS終了後、めでたくラティと結婚し、弁護士になる。ちなみに、NS期間中にガールフレンドと別れることが多く「テコン島は恋人たちの墓場」と言われている。

**華人系のテオ** 実家はホーカーズ(屋台村)でソバ屋を営む。下品だと揶揄される福建語を話し、不良を気取る彼は「何で若いうちから苦しむんだ? 気楽にやろうぜ!」と公言し、厳しい訓練には消極的である。同期は「華語を話せ」といつも冗談交じりで諭している。NS終了後に携帯の販売店に就職する。

**ユーラシアン(Eurasian[欧亜混血])のケニー** 父から「NSで本当の男になれ!」と言わ

れ、家族全員がオーストラリアに転居後も、彼だけが戻された。「みんなと同じバス、トイレを使うの？　嫌ね！」と嫌悪感を露わにするゲイの彼は、朝に顔パックで登場し、皆を驚かせる。訓練中のナヨナヨした動きに苛立つ訓練担当伍長から「オーチャード通りのエアロビクスは高いが、ここの訓練はタダだから頑張れ！」とハッパをかけられる。「軍の慰問隊に入る」との夢はかなわず、ＮＳ終了後は、ブティックのマネージャーになる。

個性豊かな脇役が彩りを添えているのも、本作の特徴だ。

同期との仲間意識が理解できず、ＢＭＴは時間の無駄だと考え、「こんなに痩せて！」と嘆くマルコムの母は、息子の食事だけが関心の的である。テオの妹フエイは、これ見よがしの派手な服装で面会日に登場し「兵隊はＡＢＣ（好色なワニ等の爬虫類を意味する）と言われているって本当？」とアッケラカンと聞き、兄を当惑させる。華人系の訓練担当オン伍長は「すべて、俺の許可をもらえ！」と厳しいが、彼らを一人前の兵士にするという固い意志を持つよき指導者である。他に、彼らが立派な兵隊になれるか、いつも心配しているインド系のモンテイロ軍曹、男勝りの華人系銃剣術教官のウエンディー・チュン軍曹らが、脇を固めている。更に、正体不明のMr. Xが登場し、マルコムに怪しげな指南書『101 Ways To Twang In The Army』を売りつける。「Twang」は「うまく立ち回ってサボる」を意味するマレー語が語源だと言われている。

演技過剰とも言えるステレオタイプ化された登場人物が、多様な言語を使ってジョークを駆使する本作は、国内で四二日間上映され大ヒットとなり、「シンガポール映画再生」の起爆剤となった。

ここで、原作者マイケル・チャンを紹介しよう。彼は、著作の傍らメディアコープ社の出版部門編集者を一九九〇～二〇〇九年（二〇〇四年より編集役員）まで務めた。「シンガポールのコメディー王」（一九九二年）など、多くのニックネームを冠せられる彼は、本作について「薄っぺらなパロディーが氾濫する脚本にした」と認めている。しかし彼は、シンガポールに見られる、偏見・差別観を俎上に載せるべく、意図的にパンチの効いたジョークを書いたのである。

一九五五年、マレーシアのムアールで五人兄弟姉妹の末っ子として生まれた彼は、シンガポールの名門私立校アングロ・チャイニーズ・スクール（ACS）に入学し、シンガポール国立大学（NUS）英文科を卒業した。一九九二年にシンガポール国籍を取得している。ウィットに富んだ作品群の背景には、彼の明敏な観察眼がある。『アーミー・デイズ』に描かれたステレオタイプは、前述したように「偏見・差別観」の裏返しなのだ。『Private Parts』では性転換者の窮状、『My Lonely Tarts』では、マレー人移民のアイデンティティ模索と苦境を描いている。しかし『アーミー・デイズ』では、ゲイであるケニーの家族との深刻なトラブルについて、サラッと触れているだけである。当時の保守的傾向に加え、商業映画の性格を勘案すればやむを得ない。この数年、軍隊内におけるゲイの処遇に対する問題提起が顕在化しているが、次章で述べる。

・『Ah Boys To Men』(二〇一二年)

ジャック・ネオ監督による本作は、シンガポールとマレーシアの共同製作である。MINDEFの協力を受け「NS四五周年」を祝って制作された。長尺のため二部構成になっており、パートIは二〇一二年一一月八日、パートIIは翌年二月一日に公開され、二作合計で興行収入は約一四〇〇万Sドルという空前の大ヒットとなった。パートIIIの『Ah Boys To Men 3』は海軍潜水部隊を描いた作品で、二〇一五年の旧正月に公開された。

『Ah Boys To Men』(提供:Jack Neo氏)

筆者は、ネオ監督が一九七〇年代に製作した音楽テープ『福建兵士(Hokkien Soldier)』を聴いて興味がわき、二〇〇八年八月のインタビュー時「ユーチューブで、この歌を聴いた」と切り出した。彼は「このアルバムは、発売当時は売れたんだ。今は福建語を理解できる人が少なくなったので、英語の歌詞に替えた」と笑みを浮かべた。『アーミー・デイズ』について質問すると、「この映画は英語劇で、私とはやり方が違う！」と気色ばんだのが印象に残り、彼が英語教育組の作品に強い対抗意識を持っていると感じた。その時は、彼が軍隊ものを制作するとは考えてもいなかった。

本作のパートⅠは、ネオ監督の『Money No Enough』（一九九八年）を上回る、同国最高の興行収入六二一万Sドルを達成した。二〇一三年四月、大ヒットで機嫌がよい彼にインタビューした。彼は以下のとおり述べた。

ＭＩＮＤＥＦから武器、装備そして兵士を借りたのみで「製作資金はいらない」と言った。介入されたくなかったからだ（筆者注：製作資金の一部は、メディア開発庁［ＭＤＡ］の助成金から得ている）。ＭＩＮＤＥＦも、昔は訓練を秘密にしていたが、今はむしろ皆に知ってもらいたいと考えている。

ＢＭＴ前の子供を持つ親も本作を観た後、訓練は危険ではない、時間の無駄ではないと理解するようになった。若者も「ＮＳが待ち遠しい」と言ってくれた。これが本作制作の目的だ。最後の行軍シーンは、あえてジャングルの中ではなく、マリーナ・ベイの美しい街並みを歩かせた。我々が母国を守るというメッセージを込めたかったからだ。

彼の意図は、導入部のマーライオン、ＨＤＢ、ロビンソン通りの金融街が、正体不明の敵から攻撃され、破壊される戦闘シーンに示されている。実際は、主人公のケン・チョーが遊ぶコンピューターゲームからの借用なのが後から分かる。

本作のパートIは『アーミー・デイズ』と同様、BMTを受ける若者の友情話である。ケン・チョーは、金持ちのマザコン息子である。ガールフレンド、エミーと一緒に海外留学を実現する夢が、NSのために頓挫することを何とか避けたいと考えている。過保護の母は、息子の入隊を延期させるため、医者に診断書の偽造を依頼し、知り合いの国会議員に陳情するが「違法行為だ」と言われ、泣く泣く彼を送り出す。

二週間後、同期と共に外出を許可されたケンは、エミーに「新しいボーイフレンドができた」と打ち明けられる。彼女を取り戻すべく、病気休暇を取って抜け出そうと計画し、炎天下の行進訓練中に水も取らず、熱中症で倒れ、病院に搬送される。父は会議中に息子の病状を知り、病院に向かう途中、心筋梗塞に襲われ交通事故に遭って入院する。ケンは、自分のバカげた行為で、父が負傷したことを深く反省し、回復後は真面目な兵士として訓練に戻る。

本作の特徴を『アーミー・デイズ』と比較しながら考えよう。

ネオ監督は、自分が体験した一九七〇年代の状況を挿入し、現代と対比させている。筆者のインタビューで、彼は「一九七〇年代の訓練は、イスラエル国防軍のスタイルを踏襲して厳しかった。本作で、木にキスするため何度も駆け足で往復させるシーンがあるが、これは緩い罰則だ。一九七〇年代の制服は、シンガポールになかったので、タイや香港、中国まで生地を探しに行ってリメイクした。制服につける徽章などは、同じものにしたかったので、ビーチ通りの古道具屋で探した」と述べている。彼のこだわりは功を奏し、現在五〇歳代の筆者の友人も

「休暇で戻った息子を家族全員で歓迎し、制服を洗濯板で洗い、当時流行のキウイ印の靴墨で靴を磨くシーンを見ていると、その当時にタイムスリップした気分になる」と述べた。同時に、歌台の歌手、王雷（父の義弟役で登場）が福建語で『福建兵士』を歌うシーンに、深い感慨を覚えていたようだ。また、兵舎を見た母の「外国人労働者の宿舎みたい。シングルルームはないの?」との不満に、父は「俺の時よりずっとよくなっている」と答える。政府の常套文句である「短期間の経済的成功で、国民は豊かになった」ことを示す、典型的なシーンだと言える。また、HDB内のシェルターを倉庫代わりに使っているシーンが登場するが、実は多くの家がそうしている。「バレると、罰金を喰らってしまうよ」と祖母が諭すシーンは、何から何まで罰金を徴収しようとする政府の姿勢を反映したものだ。

本作の中国語方言には、括弧付きの華語による説明がついている。ネオ監督が筆者に「これは私が考えた。昔はそう思っていなかったが、今はサブタイトルの必要性を感じている」と述べていたのが印象的だった。確実に方言は公的場から消えつつあるのだ。

しかし『アーミー・デイズ』が、多民族国家の特性を示しているのに対し、本作では華人系のみが前面に登場している。更にケンの母が「兵隊一人一人にメイドをつけないの?」と聞くシーンがある。また、偵察兵になった母と祖母がメイドをまず斥候に出し、彼女が射殺されるのを見て、「やはり危なかったわね」と納得する空想上のシーンが登場する。喜劇仕立てとは言え、華人系優先思考とメイド差別には違和感を覚えた。

一方で両作品に共通するのは、日本でも問題視されている「モンスター・ペアレント」とも言うべき母親の過度な息子への愛情である。特に『Ah Boys To Men』では、人気喜劇女優、アイリーン・アン演ずる母が、ものすごい剣幕でMINDEFに乗り込み「テコン島は水で囲まれているのに、たった二滴の水さえあげられなかったの？　あんたはMINDEFから奨学金をもらって大学まで行ったのに、役立たず！」と叫ぶ。

ネオ監督の制作意図とは関係なく、隣国に最新の防衛能力を誇示し、国民への愛国意識と危機意識高揚を目的として、本作をMINDEFが活用しようとしているのは明らかである。リー首相は、二〇一二年の建国記念日で「二〇年前は、テコン島の公衆電話で長い列を作って、家族や恋人に連絡していた。今は入隊の最初の晩に自分の携帯でかけられるようになった」と柔軟な姿勢への変化を述べた。大ヒットとなった本作の過去と現在の対比シーンを準用したに違いない。

・『23：59』（二〇一一年）

怪談話がBMT期間中の数少ない娯楽の一つであることを反映し、軍隊ホラー映画が多く、人気を呼んでいる。

エリック・クー監督が創設したゴリラー・ピクチャーズ社の本作は、一九八三年のテコン島で夜間行進中に失踪した兵士の内臓が切り裂かれ、地上に散乱した状態で発見された事件をヒントに制作された。なお、この事件は未解決である。二〇一一年の国産映画興行収入第二位（一五五万Sドル）を収めた本作は、ギルバート・チャンの初の単独監督作品である。同監督は、本作に続き、ホラー映画『Ghost Child』（二〇一三年）を制作した。

一九八三年の鬼節の時期、新兵のタンは、少年と奇形の母の亡霊が登場する悪夢に苛《さいな》まれている。同期の一人は「三年前、女々しいといじめられていた新兵が同じこの房で、二三時五九分きっかりに首吊り自殺した。この時間に死ぬと亡霊となって安息できなくなるぞ」と脅す。同期のジェレミーは「あと一週間の辛抱だ。不吉な日なので、夜間行軍の前にクアー軍曹がすべての新兵にお守りをくれる」と慰める。ジェレミーの後押しを受け、タンは行進に参加する。しかしタンは、その晩に失踪し、死体で発見される。ジェレミーは、この不可解な事件を解決する決心をする。

よくある軍隊ホラーものだが、次章で考察するゲイの問題が、本作でも扱われていることに留意したい。

## 4　国民兵役（NS）制度への意識

二〇一三年の七月から九月にかけ、シンガポール国立大学（NUS）は、「NS強化検討委員会（CSNS）」からの委託を受け、一二五一名のシンガポール国籍保持者を対象に「NSに対する国民意識調査（Singaporeans' Attitudes to National Service）」を実施した。「私にとってNSはどのような意味を持つのか？」との質問に対し、第一位が「若者に価値観と規律遵守を教え込むこと」で、「国家防衛のため」は第二位となっている。筆者の友人も「息子も来年

BMTに行く。子供は怠けがちになるので規律教育が最も重要だと思う。価値観共有と、規律遵守の思考がなければ戦うこともできない」と述べていた。父親の現代っ子への平均的感情を反映している発言だ。また、多くの回答者が「個人の技術力と能力をNSに反映させるべきだ」と回答している。更に、回答者の九四％が「異なった出自でも平等に処遇された」と回答していることから、NSが国民のアイデンティティ形成に大きく影響しているのが示されている。

一方、四三％以上の回答者が、永住権を保持する第一世代が、二年間のNS、または短縮された期間の軍事奉仕を負うことに賛成している。回答者の六〇％が、永住権を保持する第一世代が、義勇兵として専門知識を活かした国家防衛の任を負うことを支持している。優遇されている外国人への国民感情の反映だと考えられる。また、女性が義勇兵として防衛に貢献することは、男女共に八〇％が受容しており、九・三％の女性回答者は「選択の余地があれば、志願兵を希望する」と回答している。

では若者のNSに対する認識はどのようなものだろうか？

たとえば、ブー・ジュンフォン監督は「バルセロナ留学から帰国すると、兵役義務が待っていた。自由を謳歌できたスペイン生活だっただけに、軍隊組織への適応は非常に難しかった。個のアイデンティティが国家に収斂されることへの疑問を持ち始める契機となった」と述べ、この葛藤の経験を基に、短編『Keluar Baris（帰郷）』（二〇〇八年）を制作した。筆者の友人も「国民の多くは、人生の一部としてNS、予備役は義務だと消極的に受け入れている」と述べている。

積極的抵抗の例は、アレックス・リアンである。彼はBBCのインタビューで、「NSと予備役義務の不合理性に反対し、二一歳でシンガポールから英国に移住し、英国籍を取得した」と述べ、国内で賛否両論の論議が巻き起こった。ブロガーのアルビン・リムは、彼のブログ「Alvinology.com」で「海外渡航まで制限する差別的NS、及び長期にわたる予備役にはうんざりする。NSは、現代の奴隷制だ。NSと予備役制度の真剣な検討を望む」と書き込んだ。反響は大きく、数日内に二三〇以上のコメントと、フェイスブックへ八〇〇〇以上の書き込みがなされた。「国家の主権を守るのは笑い事ではない。利己主義的になるな」という愛国的反論もあった。

二〇一四年二月八日の「ストレイツ・タイムズ」は「タン・キンリアンが『人的資源と予算の効率性を勘案し、NS期間を現行の二年から一年に短縮、雇用者の非協力から生じる予備役の過大な負担への善処』を趣旨とする請願状を提出した」との記事を掲載している。タンは、二〇一一年大統領選挙の候補者四人の一人で、最低の投票率四・九%で落選した。

NSに限らず予備役制度も、国民の熱い論議の対象となっている。

国民にとって重要な「予備役中の雇用保障問題」について、約四割のNS経験者が「雇用者は予備役の責任を負わない人の雇用をより好む」と回答している。筆者の友人も「経営者は、政府に対し補塡費用の請求ができるが、社員は予備役訓練中に他の同僚が地位を取ってしまうのではとの不安、及び給与・昇進への影響等が心配なので、延期申請をしようとする。同僚の

おり警告を発した。

外国人には予備役義務がない」と述べている。更に、友人が「デスクワークが多くなっているので、体力維持が難しい。特に子供を持つ人は、鍛錬の時間を取るのが大変だ」と指摘するように、予備役訓練中の体力テスト（IPPT）に対する不満も大きい。

次に永住権保持者のNS義務だが、二〇一四年七月と八月、ン・エンヘン国防相は以下のとおり警告を発した。

過去五年間に約二六〇〇人の永住権保持者が永住権を放棄している。NS登録義務と入隊不履行者は、「入隊法」に基づき厳しく罰せられる。NS登録前に永住権の地位を放棄する者に対し、就労と就学を許可されたケースは過去一〇年間で一度もない。基準は徐々に厳しくなっている。過去にNSを忌避した者は、現在または将来、両親、家族の再入国許可更新時、何らかの制限を受けることになるだろう。

以上の不満を受け、二〇一四年五月二二日の「ストレイツ・タイムズ」は、MINDEFが以下の改善策を決定し、今後数年内に実施するとの記事を掲載した。

・予備役は、二週間内の海外旅行であれば通知手続きは不要となる（現行は二四時間以上の海外旅行は通知が義務）。
・予備役中の体力テスト（IPPT）合格までの期間を現行の九か月から一年間とする。不合格者が参加義務を負う体力強化補習訓練（RT）合格までの期間を現行の三か月から一年とする。

・女性、永住権保持者の第一世代、新国民は、シンガポール国軍（SAF）義勇軍（SAF Volunteer Corps［SAFVC］）の第一期生採用時に参加を選択できる。義勇軍は四週間の基礎訓練、予備役は毎年最大二週間、最低三年間の任務が義務づけられる。主要軍事施設を守る運営要員、または専門家として勤務する。

・予備役に対しては、三回に分け各二〇〇〇Sドルの追加奨励金が支給され、各人の中央積立基金（CPF）のメディセーブ（医療）口座に入金される。

更に、MINDEFと共同し、首相府（PMO）の「Overseas Singaporean Unit（OSU）」は、海外に在住する一五歳から一八歳の男女を対象に、ジャングルで生き延びることができるか？ 訓練に耐えられるか？ などの不安に対応する「NS理解ツアー」の第一回を、二〇一二年七月一八日に実施している。海外在住の若者一五名が参加した。

一方で、ホー・シュフアンは「ハイテク技術の進歩は、訓練期間短縮と高能力技能者を求めている。今こそ防衛と抑止という二本柱のSAF体制への変更を論議すべき時期だ」と提起している。また、ソーシャル・メディアでは「非国籍保持者の予備役義務を実現すべきだ」として、国防に貢献しない永住者のタダ乗り議論が高まっている。しかし、永住権保持者はシンガポールに経済的メリットがなくなれば、いつでも退去できるのである。

残念ながら、徴兵制の矛盾・問題を真正面から映画が提起するのは、現政府の姿勢を見ても極めて困難である。それだからこそ、二〇一一年の政府調査によれば、回答者の九割以上がNSを支持しているとの公的結論に惑わされることなく、少数であっても、彼らがどのような問題を提起しているかを、検証する必要があるのではないだろうか。

# 第7章　ＬＧＢＴと伝統的家族観

筆者が友人にブギス通りを案内されたのは一九七八年、今から三七年前になるが、今でもその当時の情景は鮮明に記憶している。きらびやかな衣装をまとったトランスジェンダーが嬌声を上げ、所狭しと道路上に置かれたテーブルをすり抜けながら闊歩し、酔っぱらった白人男性が大声で囃し立てていた。裸電球の下、南国特有のジメジメした紅灯の巷は、英国植民地時代の残影を偲ばせる、瀟洒なラッフルズ・ホテルと対照的な混沌の場だった。現在、この地域は再開発され、若者が集うショッピングセンター、高級ホテル、国立図書館が立ち並ぶ、洗練された場に変貌して当時の痕跡は残っていない。

「ＬＧＢＴ」は、Ｌ（レズビアン）、Ｇ（ゲイ）、Ｂ（バイセクシュアル）、Ｔ（トランスジェンダー）の頭文字を取った言葉である。この章では、「異性愛」を前提として語られる社会で生きるゲイ、トランスジェンダーに焦点を当てて考察する。

## 1　シンガポールにおけるＬＧＢＴの歴史

### (1)　英国植民地時代から一九六〇年代まで

マーク・Ｒ・フロストは「売春が広く行われていたのは、一八六〇年時点で一四人の男性に対し、わずか一人の女性という極端な不均衡な比率がゆえだった。この状態は、継続的な移民流入により第一次大戦後まで改善されなかった。日本の『からゆきさん』と、中国からの東南アジアへの性交易額は、一九世紀末に数百万ドルに達していた」と述べている。

一方で、ターンブル・C・Mが「一八六七～一九一四年、女性の売春禁止が、海南系少年輸入による同性売春を助長していた」と述べるように、絶対的数の不均衡が、同性売春を加速させていたと考えられる。ナタリー・オズウィンは「同性売春撲滅努力への簡単な言及が『海峡植民地報告書』にある。また、同性愛を禁ずる三七七A条追加時の立法評議会議事録には『自然な行為（異性愛）に注意喚起せざるを得ないのは残念である』との注釈がある」と指摘している。

**(2) 一九六〇～八〇年代中期まで**

バー、屋台が林立するブギス通りは、性転換した男性やドラッグ・クイーンが、外国人観光客に誘いをかける観光のメッカだった。英国海軍の軍医は、一九六九年に「トランスジェンダーの売春婦は美しく、歩き方は女性そのもので着こなしも洗練されている。性転換手術を受けた者もいる」と記述している。

しかしブギス通りは一九八五年から再開発対象地域となり、彼ら（彼女ら）も追放された。この背景には、ゲイ、性転換者、トランスジェンダーを、エイズの元凶とみなし、「アジア的価値」に基づく家族を称揚する政府の思惑があった。

一方、一九六〇年代後期から、ナイトライフを享受できる場として、ブギス通りに加えてオーチャード通りとスコット通り周辺部が脚光を浴びるようになる。英語教育組のゲイを主対象にした初のバーが、スコット通りのトロピカーナビル地下に開店した「ル・ビストロ」である。一九七〇年代には、スコット通りに「ツリートップス」、オーチャード通りにはダンスフロアを持つ「ペブルズバー」が開店し、人気を博した。しかし、同性同士のダンスは厳しく取り締まられ、ゲイはライブ演奏を聴きながら異性同士のダンスを見るに留まっていた。

一九六〇〜七〇年代中期に、北米、西欧、オーストラリア、ニュージーランド、日本などで広範なゲイ解放運動が起きた。しかし、同国では厳しく規制されていたため、個人的ネットワークの域を超えることはなかった。ゲイ・コミュニティ不在下で、ブギス通りの「ah kwa」（福建語のゲイ、トランスジェンダーへの侮蔑語）と、「orchard road queen」（金持ちの外国人観光客相手のゲイ、英語教育組で中産階級以上のゲイ）に分かれていた。

しかし一九八〇年代に、コミュニティ形成の萌芽が見られるようになる。この背景には、権威主義政体に批判的な高等教育を受けた中産階級「ポスト六五年世代」の登場がある。多様なライフスタイルへの認識を示し始めた政府の緩和傾向下で、同性同士のダンスを容認するディスコ「ニッチ」がスコット通りに一九八三年オープンした。またクルージングの場としてタンジョン・ルー、ホンリム公園、ベドック・スタジアムなどが登場したが、クルージング、ディスコ、バーは警察の拘束を受けるリスクと常に向かい合っていた。レズビアンは、私的パーティーの開催か、週一回の「レディーズ・ナイト」参加に限定されていた。

しかし経済成長と共に、ゲイの自由な発想を活かせるファッション、広告などの職業、更には他諸国と共通する芸術分野への進出が始まった。たとえば、チェイ・ヨーの劇場劇『Ten Little Indians』のように、暗喩的手法を用いて、今までタブーとされていた同性愛表現を小説、絵画、演劇などで取り上げ始めた。市民組織として、ジェンダーの平等を訴える女性団体「行動と研究のための女性協会（ＡＷＡＲＥ）」が一九八五年に正式認可された。また、同国初の「エイズ（ＨＩＶ）報告」（一九八五年）後、ゲイとストレートが協力し、エイズ患者支援、カウンセリング、性教育を目的とするＮＧＯの「Action For Aids（ＡＦＡ）」が創設された。大学内においても、カトリック系学生が社会の平等・人権擁護を求め、劇団も人権問題をテーマとする公演を行った。このようにコミュニティ活動が顕著になってきたが、保守派の揺り戻しによって短期間で終結する。この空隙をぬって、伝統的家族概念に反するとしてキリスト教右派が入り込み、反ＬＧＢＴキャンペーンを開始する。これらについては後述する。

### （３）一九九〇年代

リー・クアンユーの後継者であるゴー・チョクトン首相は、世代交代を印象づけるため、就任演説で「思いやりを重視する諮問型政体を採用する」と述べた。一九九一年、「より高度なビジネス基地を目指す政策に加え、今後は文化的精神的に豊かな社会形成を目指す」との国家目標「ネクストラップ」を発表した。従来の持続的経済成長重視は勿論だが、新たに創造性重視と挑戦的精神を強調したわけである。

一九九〇年のシンガポール国際アーツフェスティバルで公演された、フランスの中国駐在外交官と中国人オペラ歌手の同性愛を描いた『M. Butterfly』は、緩和政策の代表例である。更に一九九一年、レイティング・システムが導入され、華語によるゲイの劇『Another Tribe』公演が同年に、レズビアン劇『Mergers and Acquisitions』が一九九三年に公演された。一〇年毎に開催される検閲審査委員会（CRC）は、一九九二年の報告書で「同性愛を助長するテーマは引き続き禁止」と再確認した。しかし劇場側は「観客数が少なく、影響は限定的である」と、検閲委員会（BFC）を説得し、公演にこぎつけた。更に同国初と言われる、ゲイと公言した新兵を描いたヨハン・S・リーの『Peculiar Chris』が一九九二年に出版された。

一九九三年、パンパシフィックホテル内のディスコ「ラスカルズ（日曜日はゲイに開放）」への警察急襲事件が起きた。しかし今までと違い、約二〇人が署名し提出した訴状に対し、警察は捜査官の暴力行為を謝罪したのである。この出来事が「People Like Us（PLU）」結成の引き金となった。ゲイの怒り、思考共有化を目的とした、同国初の組織であるPLUは、公の場でフォーラムを開催し、『諸権利理解の手引書』と題する本も出版した。PLUの法的地位を巡る戦いは後述する。

しかし、警察のクルージングへの監視・張り込みは継続していた。最も悪名高い囮捜査が、一九九三年一一月に実施された「タンジュン・ルー事件」である。一二人の逮捕者は、新聞に氏名、職業などの詳細、写真を掲載された。抗議のため、二つの劇が上演されたが、内務大臣の「脚本から逸脱した演技は、社会破壊を引き起こす恐れがある」との発言により、公演は即時禁止された。ちなみに、禁止が解けたのは二〇〇三年である。

PLUは「団体結社法」に基づき、団体登録申請を一九九六年に正式に提出したが、数日後、警察と登記所による聴取が行われ、翌年四月「関連するすべての活動を止めろ」なる圧力をもって却下された。PLUは理由説明を求め、管轄省である内務省（MHA）へ訴えたが再び拒絶された。更に、首相府（PMO）に訴えたが「やめろ。さもないと法的処断を」と、改めて拒絶を受けた。PLUは、申請当初から問題なく登録されるとは考えていなかった。不受理の公式説明を得ることで、政府・ゲイ・コミュニティ間の会話への試金石にしようとしたのである。PLUは二〇〇四年に再申請を行うが後述する。一方、政府からの補助金を受けているAFAとAWAREは、同性愛問題に対し消極的姿勢を取っていた。

一九九三年、囮捜査によりタン・ブーンホックが「刑法三五四条」違反で逮捕された。同条は「意図的か否かによらず、力ずくで品位を乱す行為をした者は、最高二年間の懲役、または罰金、または鞭《むち》打ち刑、またはこれらを組み合わせた罰則を科す」と規定している。彼は、治安判事裁判所による、四か月の収監と三回の鞭打ち刑判決に異議を唱え上訴した。翌年、高等法院は、原判決を覆し二〇〇〇Sドルの罰金を科した。本判決は、ゲイの法的状況改善の一助になったが、一九九〇～九四年に、約五〇人のゲイが本条の適用を受けたと言われている。

### （4）二〇〇〇年以降

二〇〇〇年、ホンリム公園内に「スピーカーズ・コーナー」が設置され、警察への事前申請という制限付きで集会が認可された。

ここでスピーカーズ・コーナーの規制改正の経緯を紹介しよう。

二〇〇二年、申請者と演説者が同一人であることを条件として、主張の掲示とパフォーマンスが許可された。二〇〇八年の改正で許容範囲が拡大する。登録申請管轄部が、警察から国立公園局に変更されると同時に、同局がオンラインでの申請を認可した。更に公園内でのデモが、組織者はシンガポール国民、参加者は国民と永住権保持者であることを条件として可能になった。時間制限も九時から夜の一〇時半までと緩和され、拡声器の使用も可能となった。二〇〇九年、デモと集会を制限する「公共秩序法（Public Order Act）」施行と同日、「スピーカーズ・コーナーは制限区域外なので、集会及びデモは、警察の許可を必要としない」との「二〇〇九年命令文書」が公布された。ちなみに、初のデモは、外国人家事労働者（ＦＤＷ）支援団体「Hearers of Cries」が実施した。しかし現在も、外国人による展示・公演主催と演説は、内政干渉の可能性があるとして禁止されている。

また、宗教信条を直接的・間接的に取り上げること、他宗教、他民族に対して敵意・反感を扇動するとみなされた内容は、現在も不許可である。

この間、政府の姿勢に更なる変化が起きてくる。二〇〇三年、米国の「タイム」誌のインタビューでゴー首相は「ゲイが、政府内の特定の職場で勤務するのを容認した。但し宗教団体と保守的国民の感情を勘案し、現行の同性愛禁止条項『三七七Ａ条』は遵守される」と公表した。しかし、実施時期、どの部署で許容されているかについては口を閉ざした。

彼の発言に対し、元シンガポール国立大学（NUS）法学部学部長チオ・スーミエンは「伝統的家族概念と民族・宗教調和を脅かす。同性愛者に届することへの警告」を「ストレイツ・タイムズ」に寄稿し、キリスト教右派の反対運動を勢いづけた。

一方、PLUは「更なる政府との会話を望む」との声明を同紙に寄稿し、二度目の団体登録申請を決定した。国内外メディアへの告知とフォーラム開催により、今回は五〇人の署名者を集めたが再度不許可となった。一九九七年時と同じく、登記所は「国民は未だ保守的である。同性愛に関する活動は、国民の利益に反するので許可できない」と回答した。二〇〇五年、「開かれた教会（Open Church）」が企画した反エイズ資金募集コンサートは、いったん許可されたが最後の最後になって取り消された。しかし二年後、コンサートは開催され、禁止を決定した保健大臣がゲストに招かれた。「OBマーカー」の恣意的運用を端的に示す好例である。

次に、ホンリム公園内で多くの運動組織が参加し、メディアも取り上げた、二〇〇五年の「プライド・フェスティバル」を紹介しよう。この活動は「プライド・パレード」を踏襲したものである。この運動は一九六九年六月、ニューヨークのゲイバー「ストーンウォール・イン」への警察捜査に対する抗議運動（ストーンウォール事件）の一周年記念デモ行進が契機となっている。全米各地で開催され、その後、東京を含む世界各地で開催されている。しかし、シンガポールでは街頭デモが禁止されているので、パレードではなく、フェスティバルとなった。二〇〇七年には「プライド・フェスティバル」に加え、「ピンク・ピクニック」がシンガポール植物園で実施された。更に「ピンク・ラン」が、ジョギングの場としても有名なロバートソン・キーで実施された。警察は違法だとし、当日、一〇〜一五人の私服警官が警戒に当たった。しかし、主催者は「組織化されたイベントではない。走りたければ誰でも参加可能なはずだ」と抗議し、実施した。

こうした市民を巻き込んだ戦術は、二〇〇九年に開始された「ピンクドットSG」に結びついていく。約二五〇〇人のゲイとストレート、親子連れがホンリム公園に集合し、ビートルズの大ヒット曲『愛こそはすべて』を合唱した。主催者の一人は「刑務所内のパーティーのようだ」と表現したが、ビデオ、写真をユーチューブ、ウェブサイトで配信することで「OBマーカー」の更なる拡大に成功したのである。性の多様性重視をメッセージにして、政府の「国民の大多数は未だ保守的」、キリスト教右派の「同性愛は家族の価値観、社会安定への脅威」との主張に対抗している。また「ピンクドットSGは、西洋の価値観を強要している」などの批判を避けるため、「ピンクは、シンガポールの国旗の赤と白のミックスだ、身分証明書（ID）の色でもある。我々も国民だ。『ピンクドットSG』は、性別によらず愛する自由、愛される自由があるシンガポールを意味・象徴する」と主張している。参加者は毎年増加し、二〇一二年から夜間開催となり、二〇一四年には、過去最高の二万六〇〇〇人が参加するまでになった。

一方、二〇一四年六月二八日にBBCは、「イスラーム教の導師が同性愛に反対し、白い衣服を着る『ウエア・ホワイト・キャンペーン』を始め、キリスト教右派も支持した。政府は、宗教団体、同性愛権利団体双方の抑制的行動を求めている」との記事を掲載した。キリスト教右派が、イスラーム教徒を巻き込んだ新しい形の運動を展開し始めている状況に注視したい。

## 2　シンガポールにおける社会規範と刑法三七七A条

ここで、現在も変わらない政府のLGBT抑圧の根拠となっている、「家族」概念について紹介しよう。約四〇〇〇人が参加すると言われ、「正しい家族の価値観が国家創生に寄与する」とする「Fam Fest Singapore」のフェイスブックには、リー首相の家族の定義「シンガポールにおける『家族』とは、男性と女性が結婚して子供を産み、家族という枠組みの中で子供を育てることである」が引用されている。

次に刑法三七七A条について考えてみよう。同条は「公共または私的を問わず、男性間の猥褻行為、または行為の教唆・斡旋による報酬の収受行為は二年以下の禁固刑に処す」と規定している。

二〇〇六年のMHAによる包括的刑法改正の検討を経て翌年、改正案は、概要審議する国会の第二読会に送られた。三七七A条の廃止を求めるグループは「憲法の規定によれば、議員は署名入りで請願状を国会に提出でき、討議内容は公式文書として国会議事録に収録される」ことから、請願状送付を検討する。提出者として、二〇〇三年の「ゲイも公務員として採用している」とのゴー首相発言に対するキリスト教右派の非難は不当だと訴えたシュ・クムホン議員に白羽の矢を立てた。次の問題は署名数だが、グループの努力が実を結び、第二読会の一週間前には約一万六〇〇〇人の署名が集まり、シュ議員は請願状を提出すべく国会に向かった。活動家が、国会での法改正に挑戦し、広い層からの支援を受け、その動きをメディアが報道したのは、これが初めてのことであった。

キリスト教右派も盛り上がりを見せた。教会内での「家族的価値への脅威」などを訴える説教は勿論のこと、セラピー・プログラムも実施された。更に「三七七A条を守れ」、「三七七A条を維持しよう」などのフェイスブックを立ち上げ、首相宛ての署名活動も開始された。チオ・リーアン議員は「社会のモラルを覆し、自由を弱体化させる過激な政治的主張」に屈することがないよう警告を発した。

初のメディア、市民を巻き込んだ両者の戦いは、三人の議員のみが廃止に賛成した結果に終わった。リー首相は「ゲイは、我々の社会に場所を持つ。『三七七A条』の現状維持を決めたが、同意に基づく私的状況下では執行されない。法律的曖昧さを受け入れ、触れないでおく方がよい」と述べた。彼の演説は、二〇〇七年に人民行動党（ＰＡＰ）青年部会において、父リー・クアンユーの「同性愛が遺伝に起因するものだとすれば、我々は彼らを助けることも、罰することもできない。時代も環境も変化している状況下では、現実的・実利的に対応する必要がある」という意見の具体化であるのは明らかである。リー父子は、キリスト教右派の影響力が政府内部にも浸透していると考えており、「非執行」という形で妥協を図ろうと考えたのである。

一九三八年に導入された英国植民地時代の遺物である三七七A条規定は、「治安維持法」と同様「この条項を根拠に、実施されたケースは最近ない」との政府の発言にもかかわらず、多様な価値観を求める人々の心に現在も重くのしかかっている。

### 3　映画に表象されるLGBT

・『Saint Jack』（一九七九年）

ピーター・ボグダノヴィッチ監督（米国）が、一九七三年にポール・セルーが出版した小説を基にして、シンガポールで撮影した本作は、一九八〇年に上映が禁止された。その後、本作は二〇年近くの禁止期間を経て一九九七年、シンガポール国際映画祭（ＳＩＦＦ）で上映された。

主人公のジャックは、就労ビザを得るため華人系の会社に籍を置いているが、実際は外国人ビジネスマン相手に売春宿を運営している。事業は成功するが、華人系やくざに売春宿を壊され、リンチを受ける。その後ジャックは、ボグダノヴィッチ監督自らが演ずる、ＣＩＡのエイジェントを思わせる男の資金融資を受け、アメリカ兵相手に、「Ｒ＆Ｒ（Rest and Recreation）施設」の経営と運営、いわゆるポン引き業を始める。ベトナム戦争終結後、同性愛者である米国上院議員と少年との現場写真を撮る見返りに、男はジャックが満足する報酬の提供を申し出る。撮影後、良心の痛みを感じたジャックは、フィルムが入ったカメラをシンガポール川に捨て、本作は終わる。

Ｒ＆Ｒ施設について、マジテッリ・Ｄの博士論文から紹介しよう。

リー・クアンユーにとって、ベトナム戦争下でいかに安全保障を確保するかは重要課題であり、経済大国である米国との協調は、資材輸出促進に寄与できるとの実利主義的思考に合致した。一九六六年三月、制服を着た兵士が市内を散策しないことを条件として米兵相手のR&R設置に合意した。三月末に第一陣七四人が到着した。政府は資材提供とR&R施設に対して報道管制を敷き、特にR&Rは機密事項とされた。一九七〇年「R&Rは、米軍のベトナム駐留数減少決定により廃止された」と公表した。

しかし本作でも明らかなように、その後も私的な運営は行われていたのである。

次に、一九七九年のヴェニス国際映画祭でイタリア報道人賞を受賞した本作の、この章に関連する点について述べよう。

まず、ロビー・ミュラーのカメラは、当時の状況を見事に描き出し、貴重な資料として国立博物館に所蔵される価値がある。シンガポール川に浮かぶ無数のサンパン、人で溢れた中華街、トランスジェンダーが跋扈するブギス通りは、筆者が見聞したそのものである。

次に、少年と上院議員の同性愛行為を示すシーンがある。歴史の部で述べたル・ビストロとペブルズバーに近いヒルトンホテルがその現場となる。

また、性転換者も登場するブギス通りが描かれている。

性転換手術について、チャン・メンチューは「一九七一年、二四歳の男性にアジア初の手術がシンガポールで行われた。一九七〇～八〇年代の患者のほぼ半数は、東南アジア諸国からの外国人だった」と述べている。エリック・クー監督の最新作『In the Room』には、タイ人カップルが手術を受けるため、シンガポールに来る話が挿入されている。

一九七三年、同国は性転換手術を合法化した。性転換者はパスポートや身分証明証（出生証は除く）を転換後の性別に変更できると決定し、シンガポール国立大学病院にも施設が設けられた。しかし一九八七年、保健省の「エイズの影響を勘案し、外国人への手術は取りやめること」との通達もあり、バンコクにその座を明け渡す。

・『フォーエバー・フィーバー』（一九九八年）

舞台監督・俳優のグレン・ゴーイのデビュー作品で、自ら脚本、製作、監督を担当した。本作は国内で八〇万Sドルの興行収入を上げたに過ぎなかったが、ミラマックス社の配給権購入により、国産映画として初の世界上映を実現した作品である。

舞台を一九七七年に設定し、同国におけるディスコ熱を描いた本作は、ジョン・トラボルタの『サタデー・ナイト・フィーバー』（一九七七年）、ブルース・リーの『ドラゴン怒りの鉄拳』（一九七二年）へのオマージュとなっている。更に、スーパーマーケットで働く主人公ホックの、よりよい生活への憧れが英国トライアンフ社製オートバイに象徴され、背景に『イージー・ライダー』（一九六九年）に用いられたヒット曲『ワイルドでいこう（Born To Be Wild）』が流れる。

『フォーエバー・フィーバー』（提供：Glen Goei氏）

トラボルタ版ではない、海賊版『サタデー・ナイト・フィーバー』をマジェスティック劇場で観たホックは、主人公の格好よさに憧れる。幼馴染のガールフレンドのメイと一緒に夜間のダンス学校に入校し、競技会の優勝賞金五〇〇〇Sドルをオートバイ購入資金に充てるべく練習を開始する。

優勝を目指すべく、ホックは、パートナーをメイから、プロのダンサーを夢見るジュリーに替えてしまう。しかし、ジュリーのボーイフレンドで金持ちのディスコキングの嫉妬を買い、三角関係騒ぎとなるが、最終的に優勝してメイと仲直りし大団円で終わる。

本作は『サタデー・ナイト・フィーバー』の焼き直しに終わらず、後半では深刻な問題を提起している。医学部の優等生で家族の期待の星、弟のレスリーが突然「性転換手術を受ける」と告白したことにショックを受けた父は、怒って勘当を言い渡す。レスリーが、自殺未遂を図ったのを知ったホックは、賞金を弟の手術代として渡す。また本作で、ブギス通りに行くのであろう、トランスジェンダー三人組をホックと悪友たちが囃すシーンが挿入されていることからも、ゴーイ監督がLGBTへの問題意識を持っていることが理解できる。

ここで、ゴーイ監督のプロフィールを述べておく。

一九六二年生まれの彼は、一一歳の時に演劇監督を務める早熟な少年だった。ケンブリッジ大学で歴史を専攻、マウントビュー演劇アカデミーで演劇修士号を取得した。更に、ニューヨーク大学で映画を専攻する。彼の演劇経歴は、アンソニー・ホプキンスの相手役として、一九八九年にロンドンで『M. Butterfly』を演じることから始まった。帰国後、二〇〇〇年に演劇俳優イワン・ヘンと共に、劇団「ワイルド・ライス（WILD RICE）」を創設し、芸術監督を務めている。一九九四年、青年芸術家賞を授与された。

・『青い館』（二〇〇九年）

グレン・ゴーイ監督の第二作である本作は、マレーシアのペナンにあるユネスコ世界遺産、チョン・ファッ・ツィー・マンションで撮影された。ヌード・シーンがあったにもかかわらず、カットなしの「NC16」指定を受け、劇場公開された。しかし二〇〇九年に公開された国産映画六作品で、興行収入が第五位、わずか一九万二〇〇〇Sドルという失敗作となった。一方で、多くのネチズンによって「リー一族をパロディー化した」と書き込まれ、評判となった作品でもある。これについては、観客の判断に任せるとして、ゴーイ監督は「アジアの人々は面子を重視し、家族の内面にある真実を明らかにすることは滅多にない。本作は、機能不全に陥った家族の悲劇と喜劇を描いた作品だ」と述べた。

本作は、パイナップル事業で財を成した海峡華人、ウイー一族の話である。父ウイー・バクチェンが、納棺されている自分の姿を見て戸惑うシーンから始まる。亡霊となった父は、死因を探ろうとする。その過程で、父を尊敬しているはずの子供たちが、実はそれぞれ自己否定を強制された結果、内面に耐えられないまでの父への怒りと喪失感を抱いていることが徐々に発覚する。傲慢な専制君主として「俺が命令したとおりにやれ！　俺の決定がすべてだ」と言い放つ父から、長男テクリアンは、少年期にバイオリニストの夢を断念させられ、更にゲイであることを隠して女性と結婚させられ、無理やり会社の後継者となった。父の書棚に置かれたリー・クアンユーと毛沢東、更に儒教関連の本は、彼が政治的権威、文化的規律、更に社会的にも家族秩序の具現者であることを示している。

妻シオク・リンは、夫の死後「家の秩序を維持しろ！」と厳命し、権威主義の継承を明確に示す。実は、夫の生前中も妻は母として夫と一緒になり、子供たちを支配していたことが徐々に明らかになる。次男テクメンは、妻との性交渉が長期にわたってなく、子供もいない。家族内での存在感が薄い不満もあって、中国人の愛人を囲っている。一人娘のペイシャンは、インド系下層階層出身の男性との結婚を断念させられ、その後は未婚で通し、アルコール中毒になっている。

父の絶対的権威を脅かす存在として登場するのが、長男の最初の妻メイイーの亡霊である。彼女は身体障害がある子供を産んだとして、いじめられて自殺し、子供はホームに入れられた。彼女の死は、家族最大の秘密となっていたが、ここでメイイーと父の亡霊が対峙する。「お前が自殺した夜のことは覚えていない」という父に「あなたは記憶から消し去ろうとしたかったのだ」と、彼女は切り返す。最終的に、父の亡霊は自らが転倒し死に至ったのが分かり、子供たちが前向きに生きていくことを受け入れて終わる。

本作は、巧みな演劇出身俳優によって重厚な室内劇となっている。タイトルに相応しく深い青色を使った、迷宮のような薄暗い廊下と部屋の映像美は、家族一人一人の秘密、悲しみ、憤りを表象するのに成功している。

一方で本作は、傲慢さと虚栄心に対する揶揄が多く挿入されている。福建語を操る葬儀屋は高価な葬式を勧め、家族の面子喪失の恐怖を最大限利用する。また、自信満々に捜査を開始するインド系捜査担当刑事にも「金持ちは、堂々とした表面と違い、簡単にぼろを出すものだ」と言わせている。

ケネス・P・タンは「本作は、家父長制、男性性批判に留まらず、服従と依存関係に基づく国家支配の恐怖、秩序の名の下で強化される権威主義による、文化の多様性喪失の悲劇を見事に象徴している」と評価する一方で、「刑事の滑稽さは、野党の安易な政権与党批判に通じている」とし、メイイーの亡霊のように、声を大にして主張する重要性を強調している。

・『アーミー・デイズ』（一九九六年）

オン・ケンセン監督の本作についてはⅡ部の第6章でも触れたが、登場人物の一人・ケニーの悲劇要因である「カテゴリー三〇二」について紹介しよう。

シンガポール国軍（ＳＡＦ）の医療コード「カテゴリー三〇二」は、同性愛者、服装倒錯者、児童虐待者などに区分され、更に「女々しい振る舞いの有無」のサブ項目があると言われている。自己申告の有無にかかわらず、同性愛者と判明した人物は、精神病の疑いありとしてＳＡＦ本部内にある精神科で検査が行われ、両親に対する聞き取り調査も行われる。同性愛者とされると、従軍適性度「Ｃ」に格下げされ、基本的な軍事訓練のみを受け、訓練終了後は機密事項を扱わない部署に配属となる。同性愛者は、軍務終了後もリストに載せられ、予備役訓練は免除される。「カテゴリー三〇二」は、女々しい兵士への侮蔑語となっている。

一九九〇年五月一七日、世界保健機関（ＷＨＯ）は、治療の対象規定から同性愛を除外した。しかしシンガポールは、極めて差別的なこの規定を依然として継続している。二〇一四年六月、この時代遅れの思考を持つＳＡＦに抗議し、「youth organisations」、「SGRainbow」、「The Purple Alliance」が共催し、「母国に奉仕する国民兵役（ＮＳ）で、ゲイであるのは問題になるのか?」をテーマにしたフォーラム「You Think, I Thought, Who Confirm」を開催した。開催の趣旨は「私たちは、女々しい同期を『Ah Boys To Men』、『アーミー・デイズ』などで観ているが、現実が反映されているだろうか?」であり、本フォーラムの目的は「現役兵（ＮＳＦ）、予備役（ＮＳmen）と参加者が、ＮＳ時のゲイに対する処遇の経験を話し合って理解を深める場を提供する」である。なお、フォーラムの名称は、上官の判断次第で決定される命令の理不尽さを意味する、シングリッシュの兵隊用語である。

『海南、潮州と白いブラ』（提供：18G PICTURES PTE LTD［Han Yew Kwang氏］）

・『海南、潮州と白いブラ』（二〇一〇年）

一九七五年生まれのハン・ユークワン監督は、シンガポール・ポリ（脚本専攻）を卒業し、兵役後、メディアコープ社に脚本家として就職する。彼のテレビシリーズ『Back to Basics』は高視聴率を上げ、脚本家としての才能を証明した。しかし映画制作への夢は絶ちがたく一九九九年、ニーアン・ポリに戻り、映像学科の監督科（二年間の専修コース）を修了した。

妻の浮気を疑う二人の夫が、互いの妻に匿名のラブレターを出すことから起こる若夫婦二組の騒動を描いた、ハン監督の長編映画第二作『18 Grams of Love』は二〇〇七年、フランスのリヨン映画祭で観客賞（銅賞）を受賞した。ハン監督は「現代人はみんなストレスを感じている。私は観客がリラックスできる喜劇映画を制作したい。苦しいことも、見方を変えれば楽しくなるし、日常的な出来事も、ユーモアに満ちたものになる」と述べている。

本作は、ハン監督の代表的ロマンチック・コメディーで、公営住宅（HDB）の同じ棟に住む二人が、奇妙なきっかけで知り合うことから始まる。海南（男性的女性）が大事にするブラジャーを、潮州（女性的男性）が拾った直後、宝くじに当たったことから幸運のお守りとしてしまいこむ。必死になってブラジャーを探していた海南と小競り合いになるが、それが原因で、間借りする家から追い出された潮州と同居を始める。そこに海南のもとを去った、ヤオ・ヤンヤン演ずるガールフレンドが「ボーイフレンドと別れた」と泣きながら闖入したことから、おかしな三角関係が形成される。最後は元ガールフレンドが去り、有名な海南料理である「カヤジャム」を二人が幸せそうに作り、明るい将来を暗示し終わる。カヤジャムは、ココナツミルクと砂糖、パンダンリーフを加え煮詰めたジャムである。

心から話し合える相手（ソウル・メイト）が欲しいとの切なる思いを描いた本作の主人公は、通常で言う美男・美女ではなく、中年期の男性的女性と女性的男性である。二人が幼少期から嘲られていたのは、海南の職場における同僚の小馬鹿にした発言・視線から推測できる。更に、現在も家族から受容されていない。潮州は、息子の女性性を頑なに拒否する父の受容を求め続けなければならない。チンピラの嘲笑から自分を守って殺された弟の亡霊に「男らしくなって！」と常に言われ、葛藤せざるを得ない。「カテゴリー三〇二」の犠牲者であるのは、潮州が父の前で、男性性を示すべく一所懸命に懸垂する姿、冗談交じりに「NSでは、気軽な事務職だったのよ」と吐露するシーンに表れている。一方、海南は兄弟から馬鹿にされ、また娘の男性性を容認しながらも、面倒を見てくれる人を探せとの母の無言の圧力を受けている。

ハン監督は筆者に「型にはまらない人生を創作したかった。これも人生だからだ」と述べた。彼の意図どおり喜劇の体裁を取りながら、ソウル・メイトを真摯に求める二人の姿が愛情深く描かれている。海南を演ずるリー・チャウミンは、長くメディアコープ社の製作部門で働き、潮州を演ずるタン・ホンチーは、本職のスタイリストである。監督は「リーとは一二年間、タンとは六年間にわたる友人だ」と述べ、二人への信頼感は強い。筆者もHDBでの撮影シーンに立ち会ったが、素人である二人は、本作が設定した男性性と女性性を地のままで演技していた。

実生活の思いを反映し、二人の喜びと悲しみを引き出したハン監督の力量と、インディーズの心意気に共感するだけに、「NC16」指定には納得できない思いがある。ジャック・ネオ監督自身が活発なおばあちゃんに扮した、連続人気テレビドラマの映画版『リアン・ポーポー』(一九九九年)、及び同監督が母を演じた『帰郷』(二〇一一年)は、女装であるにもかかわらず「PG」指定を受けた。両作品はドタバタ喜劇なので無害だとBFCが判定したとしても、ハン監督の本作に込められた感情の機微を評価し得ない官僚の狭量さは残念である。喜劇の新境地を開拓すべく頑張る彼の新作、コンドームを巡る喜劇『Rubbers』(R21)に期待したい。

・『タンジョン・ルー』(二〇〇九年)

ブー・ジュンフォン監督の本作は、前述した「タンジョン・ルー事件」を基に、囮捜査と逮捕直後の新聞報道によって人生を台無しにされた一人の若者（元士官）へのインタビュー形式を取って、ブー監督が創作した短編映画である。

囮捜査官との現場での緊迫感溢れるやり取りを挿入しながら、質問者と若者の淡々としたやり取りが展開する。ブー監督は、若者の癒されることのない傷と深い悲しみを描き出すのに成功した。同監督の代表的作品となったと言っても過言ではない。

しかし本作は、短編制作に積極的支援を行う、シンガポール映画委員会（SFC）から助成を拒絶され、カットこそなかったが「R21」指定を受けた。二〇〇九年、ブー監督は筆者に「ラサール芸術学院と、Fridaeから資金支援を受け完成させた」と述べている。Fridaeは二〇〇一年、スチュアート・コーが香港で創設した、アジア地域のLGBT問題を提起している団体である。同社のポータルサイト「Fridae.com」は、月に二〇〇万人がアクセスするアジア最大のウェブサイトでもある。また、同社の記者シルヴィア・タンは、シンガポールのLGBT政策に対する批判記事を精力的に書いている。

更に「R21」指定後も、本作上映に関して問題が発生する。

メディア開発庁（MDA）の後援を受け、国立博物館とSFCが主催する二〇〇九年、第六回ショート・カッツ映画祭で、上映数日前に理由を何ら開示することなく、プログラムから外されたのである。しかし当日に本作が上映され、筆者を含め観客は驚いていた。伝聞だがとした上で、筆者の友人は「国立博物館では、レイティング指定された映画は上映できるはずなのに、文書ではなく匿名の電話で『問題あり』と伝えてきた。最終的に、プログラムには載せないが、偶然上映されたということで合意したらしい」と述べた。ブー監督は筆者に「非公式な検閲の存在を証明したかった。公式書面による説明をSFCに求めたが、未だに理由説明書を受け取っていない」と述べた。なお、ブー監督は二〇一一年より、キャンペーン・ビデオ監督として「ピンクドットSG」に積極的に参加している。

ここで、劇作家、アルフィアン・サアットの影響について述べたい。

ゲイとドラッグをテーマにしたロイストン・タン監督の短編『Birthday』（二〇〇九年、「R21」指定）の脚本家、アルフィアン・サアットは「今こそ、これらの問題をオープンにする時期だと考えた。私の検閲に対する姿勢は単純で『少数者を守れ』だ。一八歳以上の男性は、NSで政府が支給する武器を使い、殺人訓練を受ける。そうであれば、スクリーンで胸や男根を鑑賞する十分な年齢に達していると言えるのではないか」と述べている。

『タンジョン・ルー』（提供：Boo Junfeng氏）

ブー・ジュンフォン監督は『カトーン・フーガ』（二〇〇七年）で、タン監督は『Mother』（二〇〇二年）において、自らゲイであることを打ち明けるべきか迷う息子と、受容すべきか煩悶する母を繊細な映像美をもって描いた。

サアットの影響を受けた彼らは、『カトーン・フーガ』、『Mother』の制作後、『Birthday』と『タンジョン・ルー』をそれぞれ監督し、問題意識を深化させた。検閲に留まらない諸規制の中で、若手監督たちは、LGBTについての映像表現拡大に向け、確実に歩んでいる。

しかし政府は、外国投資を惹きつけ、持続的経済成長を達成するためには、従順で生産的且つ知的な労働力の養成、言い換えると「男性性」の強化、及び結婚して子供を持つ「家族」形成が極めて重要な核心をなすと考えている。

国際レズビアン・ゲイ協会（ILGA）は、二〇一四年に「世界における同性愛の状況調査」を公表し、アジア地域ではアフガニスタン、バングラデシュ、ブルネイ、ブータン、ミャンマー、マレーシア、インド、パキスタン、モルディブ、スリランカと並び、シンガポールを、同性愛が法的に禁止されている国とした。宗教的色彩が強いリスト国の中で、世俗国家を唱えるシンガポールが含まれているのは、キリスト教右派の強い影響力を物語っている。

しかし、同国のLGBT運動は、一進一退を繰り返しながら徐々に前進している。政府は、外国人を含めた才能あるLGBTの協力を得る必要性から緩和政策を取る一方、保守派からの攻撃を避けるべく、三七七A条を残しながら「非執行」というバランスを取らざるを得なくなっている。活動家が、芸術振興派、文化産業振興派、規制重視の保守派間の政府内抗争を逆手に取り、現実主義・実利主義に基づき、力強い交渉を展開しているからである。「ピンクドットSG」は、既存法の範囲内での草の根的大衆動員の成功例であり、インターネットの発展は、多様な活動の拡大を可能にさせている。メディアもLGBT活動を取り上げ、読者も反応し始めている。活動家は、政府の反論掲載を間接的対話の形態だと考えている。三七七A条廃止キャンペーンに対する資金集めの集会も行われている。これらの地道なコミュニティづくりによる認知活動を、リネット・J・チュアは「静かな雪だるま方式」と呼ぶが、まさに的確な表現である。

しかし、「最近発動していない」と公言する「治安維持法」と同じく、三七七A条の存在自体が、更なる活動展開の上で無言の圧力になっているのは明らかである。LGBTの権利を保護する法律施行を要求すべく行動を起こそうとすると、「団体結社法」に加え、街頭デモを禁止する「公共秩序法」、更には「扇動法」、「名誉毀損法」と向かい合わなければならない。LGBTの権利を主張する環境は、社会の安寧秩序の名の下で十重二十重に縛りつけられている。この状況を勘案して筆者は、LGBTをデカダンスの元凶とみなす政府の社会・文化政策批判に留まらず、非生産的だとして彼ら（彼女ら）を国家の衰退を引き起こす元凶と断定する政治・経済的政策まで考慮した多角的な批判が必要だと考える。

二〇一四年一〇月、CNNは「カトリック教会が初めて同性愛に肯定的な見解を示したとして注目された『中間報告書』について、保守派からの抗議を受けたバチカンは『同性愛や同棲に肯定的なイメージを与えるつもりはない。まだ作業文書の段階だった』と方向修正した。最終提言は、来年なされる予定」と報道した。この例に示されるとおり、世界的に見ても、LGBTの権利を含めた少数者の地位向上を阻む「ガラスの天井」を突き破る道程は依然として遠い。

国連LGBTコアグループの中で、アジアからの唯一の参加国でありながら、今もなおLGBT保護に関する法整備がなされていない日本にとって、シンガポールにおけるLGBT活動の推移を見守るのは、ますます重要な意味を持ってきている。

# 第8章　加速する少子高齢化社会

この数年、公営住宅（ＨＤＢ）内のホーカーズ（屋台村）は勿論、華やかなショッピングセンター内のレストラン、ファストフード店で、食器片づけ、清掃などの仕事を黙々とこなす高齢者の姿を目にすることが多くなった。また、孫の面倒を見るわけでもなく、一人さびしくＨＤＢ共用部のベンチに座っている老人、コピティアム（コーヒーショップ）で日がな一日語り合っている高齢者グループも見かけるようになった。

筆者の友人には、独身者、子供を持たない既婚者が多い。日本と同様、確実に少子高齢化がシンガポールでも進んでいる（表14）。

## 1　シンガポールと日本、両国の状況

・高齢化

国連は、高齢化社会から高齢社会への移行期間が、日本の二四年に対してシンガポールは一六年と、アジア諸国で高齢化率が最も早く進行すると予測している。

・少子化

両国は人口維持の目安となる人口置換水準の合計特殊出生率（ＴＦＲ）二・一を下回り、人

口減少局面に突入している。特にこの傾向は、人口・人材局（NPTD）の「Population in Brief 2014」によれば、二〇一三年時点で全体は一・一九で、マレー系が一・六六に対し、国民の約七四％を占める華人系は一・〇五と低いとの報告に見られるように、華人系に顕著である。

**・晩婚化**

国立社会保障・人口問題研究所の日本の『人口統計資料集二〇一五年版』によれば、「生涯未婚率」（五〇歳時点で一度も結婚したことのない人の割合）は、二〇一〇年時点で男性二〇・一四％、女性一〇・六一％、一九八〇年の男性二・六％、女性四・四五％と比較して大幅な上昇を示している。一方、シンガポール統計局の「Population Trends 2014」によれば、単純比較はできないが、二〇一三年時点の三〇〜三四歳の男性単身者が三九・一％（二〇〇三年三三・一％）、女性二六・三％（同年二〇・一％）と、日本と同様の増加傾向を示している。

**・平均寿命**

WHOの「世界保健統計二〇一五」によれば、二〇一三年の最長寿国は日本で、男女平均が八四歳（男性は第六位で八〇歳、女性は第一位で八七歳）、シンガポールは第二位で八三歳（同国を含め七か国。男性は第二位で八一歳、女性は第四位で八五歳）である。

**・法定定年年齢の推移**

日本では、五五歳定年から一九八〇年に「六〇歳定年制」が法制化され、二〇〇四年の「高年齢者雇用安定法」の改正により、二〇一三年までにすべての企業が定年を六五歳以上に引き

表14　少子高齢化についての諸データ

| | シンガポール | 日本 |
|---|---|---|
| 高齢化の速度*1 | 2000年に高齢化社会 | 1970年に高齢化社会 |
| | 2016年に高齢社会 | 1994年に高齢社会 |
| | 2030年に24% | 2013年に25.1% |
| 高齢者サポート率の推移*2 | 1970年が13.5人 | 1970年が9.8人 |
| | 2012年が5.9人 | 2015年が2.3人 |
| | 2030年が2.1人 | 2030年が1.8人 |
| 合計特殊出生率*3 | 2013年時点で1.2人（185位） | 1.4人（173位） |
| 2013年時点の平均初婚年齢 | 男性30.2歳（1970年は26.9歳） | 男性30.9歳（1993年は28.4歳） |
| | 女性28.1歳（1970年は23.1歳） | 女性29.3歳（1993年は26.1歳） |
| 2013年時点の平均寿命 | 男女83歳で第2位（男性81歳、女性85歳） | 男女84歳で第1位（男性80歳、女性87歳） |

出典：統計局、Population Trends 2014、NPTD, Population White Paper、NPTD, Projection of Foreign Manpower Demand for Healthcare Sector, Construction Workers and Foreign Domestic Workers、内閣府、1　高齢化の現状と将来像―平成26年版高齢社会白書（全体版）、厚生労働省、平成25年人口動態統計月報年計（概数）の概況、WHO World Health Statistics 2015、Fertility rate, total (births per woman)/ Date/ table-The World Bank

＊1　国連は65歳以上の総人口比が7%超で高齢化社会、14%超で高齢社会と定義している。

＊2　サポート率は65歳以上の高齢者1人を何人の働き手が支援するかの比率。NPTDの資料は働き手の年齢層が20～64歳、日本の内閣府資料は15～64歳である。

＊3　世界保健機関（WHO）は「合計特殊出生率（Total Fertility Rate：TFR）」を、1人の女性が一生の間に産む子供の数を示すと定義している。

上げるよう義務づけられた。一方、シンガポールでは、一九九三年、五五歳から六〇歳に変更後、人材開発省（MOM）は二〇一二年一月一日、従来の「退職年齢法(Retirement Age Act)」を「定年・再雇用法(Retirement and Re-employment Act [RRA])」に改正し、六二歳までとした。国民と永住権保持者に適用され、事業主は、従業員が六二歳に達した時、六五歳まで勤務継続の選択肢を提供する義務を負う。更に二〇一四年五月、リー首相は「RRAを改正し、六七歳まで雇用期間を延長する考え」を示した。MOMは同年一〇月、来年一月一日から六五歳以上の従業員を自主的に継続雇用する企業への奨励制度を発表した。まず、公務員の再雇用年齢の上限を二〇一五年一月一日以降、六七歳に引き上げている。定年延長の背景には日本と同じくベビーブーマーズの影響がある。

## 2 少子高齢化政策の歴史

シンガポールのTFRは、一九五七年に最高の六・五六を記録した（日本は一九四七年の四・五四が最高値）。人口急増に脅威を覚えた政府は、一九六六年「家族計画・人口対策局（FPPB）」を創設した。当初は低学歴、低所得者層に対する家族計画の側面を強く持っていたが、一九七〇年代に「子供は二人まで（Stop at Two）」キャンペーンを実施し、中絶、避妊手術が合法化された。更に、第三子以降の出産休暇を廃止し、夫婦のいずれかが避妊手術を受けない限り、第三子以降の優先入学を認めないとする出産抑制措置を実施に移した。筆者の友人は『子だくさんはよくない』と強調した、当時のポスターを今でも覚えている。たくさんの子供の泣き声に、帰宅した父親がイライラする姿を描いたものだ」と述べた。

一九六六年当時、今にも壊れそうなショップハウスに約五五万人が住んでいた悲惨な環境と、急速な人口増を勘案すれば理解できる側面はある。しかし、この政策の背景には優生学の信奉者と言われるリー・クアンユーの「肉体的にも精神的にも、通常以上の能力を与えられた五％の者に資源を配分すべきだ」という、一九六七年の差別的発言がある。

一方、急激な高齢化に対して保健大臣を議長とする「高齢者問題検討委員会」が、一九八二年に創設された。二年後に公表された、以下の三原則を骨子とする「Ｈｏｗｅ報告書」は、今日まで継続している医療制度を含めた社会保障制度の基本となっている。
①自助努力。継続的就業により経済状態を維持し、且つ健康管理を個人の責任の下で行う（Active Ageing）。
②「アジア的価値」に基づく家族による扶養と、コミュニティ、ボランティア活動による地域互助（「多くの支援の手［Many Helping Hands］」と言われる）。
③政府は社会保障政策の枠組みを作り、必要なインフラを提供する間接的援助者。
以上の三原則には、持続的経済成長に注力するため、福祉への財政削減を図る政府の実利的思考が示されている。ほぼ同時期に親孝行を唱導する「アジア的価値」が公表されたことと併せ考えると、極めて周到な総合政策だと言える。

ここで政府の「間接的援助者」について、アジア開発銀行（ＡＤＢ）が「年間報告書二〇一三」で公表した、以下の項目からなる「社会保護指数（Social Protection Index［ＳＰＩ］）」で見てみよう。
・社会保険　医療保険、年金、雇用保険などの充実度。
・社会援助　児童福祉、高齢者福祉、健康づくり、障害者対策、災害救済などの政策充実度。
・労働市場対策　職業訓練、及び労働力人口一人当たりに対する生活支援の充実度。

ＧＤＰのＳＰＩ比率は、日本の一九・二に対し、シンガポールは三・五で日本の約二割、ベトナムの四・七より低い。

歴史に戻ろう。一九八四年、政府は大卒で子供を持つ女性に対し、住宅優先、税金還付などの「便宜」を与え、三人から四人の子供を産むよう奨励した。更に、男性に高等教育を受けた女性を妻にするよう推奨し、同年、学卒男女の交際と結婚を促進するため「社会発展課（ＳＤＵ）」を創設した。しかし、「結婚大論争」と呼ばれる、優生学の実験ではないかとの論議が沸き上がった。同年の総選挙で、人民行動党（ＰＡＰ）は支持率が低下し、二議席を失うという歴史的敗北を喫した。翌年に前述した「便宜・奨励計画」は、廃棄・修正された。

一九八四年の総選挙の敗因には、「Ｈｏｗｅ報告書」の退職基金引出年齢の五五歳への引き上げ提案もあると言われる。

急激な出生率低下状況を深刻視した政府は、人口増加賛成論者に変化する。統計局によれば、一九八六年にＴＦＲが一・四三に低下したのを受け、ゴー・チョクトン第一副首相（当時）は、「Stop at Two」とは逆の「所得次第で、三人以上の子供を（"Have Three or More If You Can Afford It"）」キャンペーンを一九八七年三月に公表した。リー・シェンロンＳＡＦ准将（当時）も、同年「持続的経済成長には、出生率上昇が必要不可欠だ」と強調した。日本では一九八九年、ＴＦＲの急落「一・五七ショック」を契機に少子化対策に取り組み始めた。

この新政策は、低下する出生率と、増加する高齢化率を考慮したものである。しかし、福利厚生費用を最小限に留めるため、低学歴者に対しては所得の余裕がなければ二人以上を持たせない方針を依然として維持した。国民は「政府は子供を産めよ、増やせよと言うが、我々のためなのか、または国のためにか?」との疑問を呈した。

一九九〇年代には、家族重視の方針が明確にされる。一九九一年に「国民共有価値白書」が、一九九四年には「家族の価値」が公表され、特に家族の中心として、女性の役割が強調された。一九九五年には「老親扶養法(Maintenance of Parents Act)」が施行された。子供の経済的支援に不満を持つ親は、裁判所に調停を申請できるようになった。本法は、「アジア的価値」に基づく倫理観では対処できないとの政府判断による、法的強制義務化への変化を象徴している。この背景には、福利厚生関連予算の切り詰めと共に、安易な弱者救済はしないとの実利的思考が見られる。その後、一九九六年に扶養義務を促進する裁定機関として老親扶養裁判所が設置され、二〇一〇年には調停を通して紛争解決を図る老親扶養委員会が創設された。機関拡充の結果、裁判所への訴訟件数は、二〇一一年時点で一一〇件発生し、増加傾向にある。

高齢者介護は家族が基本との政策は、女性への過大な負担を強いるという点で晩婚、非婚、少子出産という「静かなる反乱」をもたらしている。これに対処すべく、政府は一九八〇年代以降、「結婚し、子供を持つ家族形成」推進のため、現金給付、税還付に代表される金銭的支援と、出産・ケア休暇取得という少子化対策を順次採用した。たとえば、二〇〇一年に導入された「ベビー・ボーナス」だが、二〇一三年時点で、最初と二番目の子供誕生に各六〇〇〇Sドル、三番目と四番目には八〇〇〇Sドルの現金を給付している。しかし一九六〇~七〇年代と違って、物質的にも豊かな現代の女性は、金銭の受益に強いインセンティブを感じていない。更に、この特典から、子供を欲しい単身者、同性婚カップルが除外されているのは、政府が、時代遅れな画一的「家族」解釈に未だに囚われていることを示している。

社会進出する女性の介護を伴う家事負担軽減を図るため、一九七八年、次章で述べる外国人家事労働者（FDW）導入を開始した。しかし、シンガポール国立大学（NUS）のアンジェリク・チャン准教授は「七五歳以上の後期高齢者介護のためのメイド雇用が一般化しつつある。しかし、正式な介護訓練を受けた者は四五％に留まり、更に言語問題もあり、メイドとコミュニケーションが取れないとの高齢者の不満が訴えられている」と指摘している。

滞在期間制限などの条件付きで韓国は、二〇〇四年から外国人雇用許可制度を実施した。また一九九〇年以降、外国人労働者の雇用を認めた台湾では、製造業従事者、家事労働従事者などの外国人労働者が増加している。シンガポール、韓国、台湾などの、インドネシア人、フィリピン人介護福祉士獲得競争が、外国人雇用促進を図ろうとする日本に波及するのは大いに予測されることである。

## 3　高齢者対策とベビーブーマーズ世代への影響

### (1)　高齢者への対策

二〇一一年九月の統計局のニュースレター「シンガポールの高齢者」で、以下のように高齢者のプロフィールを述べている。

六五歳以上の高齢者の学歴は、前期中等教育未修了者が七九・六％（八五歳以上は九一％）、大卒が三・七％（一・四％）で、主として中国語方言を話す者が六四・三％、英語は一二・二％、華語は二三・一％である。一〇代から働き始めざるを得ず、低学歴がゆえに、年金の恩恵が不十分である。所得の源泉は、子供からの援助が六二・八％、給与が一二・三％、貯金・金利が一〇・七％である。

しかし、社会開発・青年・スポーツ省（ＭＣＹＳ）「高齢者の状況報告書二〇〇八／二〇〇九」の「一九九五年、六五歳以上の八三・五％が子供の支援を受けている」と比較しても、家族で高齢者を扶養する政策に陰りの兆候が見える。この傾向は、ＭＯＭ「労働力調査二〇一四」の「定年延長効果もあり、六五～六九歳の労働参加率は二〇〇四年の一八・九％から、二〇一四年に四一・二％に上昇」との記述に反映されている。しかし、高齢者の収入は決して十分な額だとは言えない。前述したＭＯＭの同調査で「月収入五〇〇Ｓドル未満は全労働者平均で二・三％に対し、六五～六九歳で五・七％、七〇歳以上で九・五％、五〇〇～九九九Ｓドルが全労働者平均で六・五％に対し、六五～六九歳で一七・七％、七〇歳以上で二三・三％」と報告している。筆者も、チャイナタウンなどで高齢者のホームレスを見るようになった。

では今までシンガポール政府は、いかなる高齢者対策を取ってきたのだろうか？

一九九〇年の「新築ビルはバリアフリー規定に適応すべし」との法律制定から、一九九八年には高齢者対応のスタジオアパート建設、二〇〇一年には各階停まりのエレベーター計画を実施に移した。高齢者に優しい環境づくりとして、一九九八年に創設された高齢人口対策委員会（IMC）の業務を二〇〇四年、高齢者課題委員会（CAI）に継承させた。CAIは「『Ageing-in-Place』を、生まれ育った自宅、慣れ親しんだ生活と行動を阻害されない、最小限の変化で住める環境」と定義し、核家族化進展に合わせ、親との同居もしくは近隣居住奨励策を採用した。更に、金銭的補助金支給と税優遇措置を受けられる「CPF Housing Grant Scheme」を導入した。中央積立基金（CPF）については後述する。二〇〇七年には、CAIの提案を具体化すべく関係省庁連絡会議（MCA）が、首相府（PMO）の下に創設された。

しかし、過去二〇年間にわたる各委員会の提言にもかかわらず、政府の間接的支援という高齢者政策に変化は見られない。二〇〇九年、リー首相は「アジア社会では、家族が高齢者の扶養、支援者である。北欧諸国などに見られる社会保障制度は、理想主義的で維持不能に陥っている。我々は今後も、個人、コミュニティ、政府支援という三者の連携を目指す」と述べている。

間接的支援の実態は、次の報告に示されている。ジョン・P・アンサーは、共同報告書で「介護施設を利用している高齢者は、わずか二％のみである」と指摘している。また日本貿易振興機構（JETRO）の「シンガポールにおける医療・社会福祉サービスに関する調査報告書」（二〇一四年一月）は、「公営・民間を問わず、介護施設に入居する高齢者の比率は、二〇一二年で約二・五％と極めて低いが、それでも二〇〇三年の六〇〇〇人から一万人へと増えている」と述べている。更に高い施設利用料の影響について、二〇一五年三月一五日の「ストレイツ・タイムズ」は、「老人ホームの費用がシンガポールでは、月額一二〇〇～三五〇〇Sドルであるのに対し、対岸のマレーシアのジョホールバルでは、六〇〇Sドルという状況を反映し、老人ホーム建設が活況を呈している」との記事を掲載した。

また、住民エゴの問題も浮上している。二〇一二年、政府の「ウッドランド地区のHDB共用スペースの一部に、ケアセンター建築を計画中」との公表に対し、住民が「住宅価値が下がる」と反対の請願書を提出した。その結果、保健省は計画を再検討するとした。

高齢者の厳しい状況に対し、リー首相は、二〇一四年の建国記念日の演説で、「SG50」を迎えるに当たり、分離・独立以降の発展に貢献した約四五万人を、「パイオニア世代（Pioneer Generation）」と位置づけ、福利厚生拡充対策を公約した。パイオニア世代は、一九四九年一二月三一日、またはそれ以前に生まれ、市民権を一九八六年一二月三一日、またはそれ以前に取得した者を指す。

リー首相の公約を受け、ターマン・シャンムガラトナム副首相兼財務大臣は、二〇一四年度予算案を発表し、パイオニア世代に八〇億Sドルの基金を創設すると公表し、「本基金は、二〇一四年度予算の最重要項目であり、同世代への医療費補助、保険料の一部助成などに使用される」と述べた。

次に、少子化対策としての高齢者を含む労働力確保の政策について述べよう。

政府は、戦力化の一環として二〇〇八年、三億Sドルの予算で二棟の訓練施設建設を骨子とする「継続教育訓練（CET）計画」を発表した。一棟は、二〇一四年のリー首相のメーデー演説に先立ち、正式オープンした。二〇一一年、NPTDがPMOの下に創設される。同局は「持続的経済成長維持、結束力ある社会促進」という目的に示されるとおり、増大する高齢者と人口減少対策、及び労働力確保を主業務とする。検討項目として、結婚奨励、家族計画、新移民の帰化と順応、海外在住シンガポール人の帰国促進をあげている。二〇一三年、「躍動感に富むシンガポール維持のための人口白書」を公表、「移民を受け入れなければ、二〇二〇年以降労働人口減が始まり、二〇三〇年には、ベビーブーマーズが九〇万人に達して高齢化が深刻化する」と予測している。

更に二〇二〇年以降の労働力縮小問題解決を図るため、移民政策維持と共に「知識集約型産業化推進のため、専門職、管理職、経営幹部、技術職を意味するPMETsを二〇一一年の八五万人から二〇三〇年までには一二五万人に増加させる。更に、海外在住シンガポール人二〇万人を活用する必要がある」と強調している。まさに使えるものはすべて使うとの実利主義的思考が見て取れる。

**(2) ベビーブーマーズ世代への対策**

シンガポールのベビーブーマーズは、日本の「団塊世代（一九四七〜四九年）」とは違い、広く一九四七〜六四年に生まれた者を指す。彼らは日本の団塊世代と同様、親の介護と子供の養育負担が重なる「サンドイッチ世代」であり、更にこの二つに加え、自分の老後への不安にも直面する「トリレンマ世代」と言われている。

また、高齢化に深刻な影響を与えるボリュームとして否定的に捉えられる反面で、シルバー産業発展への期待を持たれている世代でもある。

日本の「団塊世代は社会のお荷物だ」と同様、否定的評価から始めよう。

二〇一一年、リー首相は「すべてを洗い流す『Silver Tsunami』に対応すべく、国家的事業として事前準備を開始しよう」と述べた。「Silver Tsunami」への脅威は、二〇一二年の貿易産業省（MTI）の「高齢社会は、労働力減少に通じるばかりでなく、技術革新・生産性・経済成長低下をもたらす」との記述や、同年のNPTDの「労働力不足による高齢者への支援低下も起こりうる」との記述にも示されている。次の第9章で考察する「外国人労働者」への国民の不満にもかかわらず、NPTDは人口減少と高齢化を、移民政策の正当化に利用していることに留意したい。

一方、シルバー産業の潜在力に着目した政策が開始されている。MCYS大臣の「高度の教育を受けた彼らは、多様な将来像を描いており、消費力がある」との発言は、政府に依存しない「Active Ageing」の役割を果たし、よき消費者になって欲しいという期待感が示されている好例だ。なお二〇一二年の機構改革でMCYSは社会家庭開発省（MSF）に名称を変更し、前述した文化・コミュニティ・青年省（MCCY）と情報コミュニケーション省（MCI）が一部の業務を継承した。

二〇〇六年に創設された「シルバー産業検討委員会（SIC）」は、二〇〇八年にシルバー産業会議・展示会を開催した。また二〇〇七年に発足した「退職者検討委員会」は、後半生をいかに充実して過ごすかをテーマとする「50Plus Singapore Expo」を二〇一〇年に開催した。

ＭＣＹＳは二〇〇九年、「ベビーブーマーズの退職後の参加希望項目は、旅行が第一位、趣味を深めるが旅行と同位、次にボランティア活動への参加、生涯学習の順となっている」と報告している。日本の団塊世代の「退職金使途の第一位は国内旅行、第二位が海外旅行」との博報堂の調査、及び内閣府の「六〇歳以上の高齢者の約六割は、何らかのグループ活動に参加したいと考えている」との調査結果と共通する志向が見られる。

しかし、享受できるのは一握りである。更に、彼らも安穏としていられない。外国人高技能・高知識労働者との厳しい競争があるからだ。経費削減の脅威に四〇代初めからさらされ、五〇歳以上、特にホワイトカラーの求職活動は極めて困難だと言われている。

リー首相は、メーデーの演説で「高齢労働者は今後も、同じ仕事・報酬が得られると期待しない方がよい。年齢に相応しい仕事、報酬を得るため今から心の準備をすべきだ」と述べた。それどころか、二〇一三年、香港上海銀行（ＨＳＢＣ）が「シンガポールは、一人当たりの所得が高いにもかかわらず、生活費高騰と、余命の長期化もあり、退職後の人生途中で貯金が枯渇する」との予測を立てたとおり、好むと好まざるとにかかわらず、六七歳から七〇歳まで働き続けざるを得ない状況になっている。前述したＭＣＹＳの調査でも「彼らの約八五％は資金的に余裕があるものの、約半数近くが可能な限り働き続けたいと考えている」と認めている。

日本も同様な状況を抱えている。内閣府の「平成二四年度団塊の世代の意識に関する調査結果（概要版）」の就労希望年齢を見ると、「働けるうちはいつまでも」が最も高く二五・一％、次いで「七〇歳まで」が二一・三％、「六五歳まで」が一六・一％の順となっている。また同調査で今後の貯蓄目的は、「病気や介護が必要になった時など、万が一の場合に備えるため」が最も高く五三・九％となっている。高齢・障害・求職者雇用支援機構の「団塊世代の就業・生活意識に関する調査研究報告書（平成二三年度）」も「団塊就業者の約三分の二、不就業者の約五割弱が年金で生活を賄えないと見込んでいる」と報告しているように、貯蓄が年金や健康不安を主要因とする、同様の構図が浮かび上がる。

日本とシンガポールのベビーブーマーズ世代は、将来への不安による継続的就業を希望しているのが現実であると共に、世代内の預貯金格差、所得格差が重くのしかかっている。

## 4　中央積立基金（Central Provident Fund［CPF］）

ＣＰＦは、一九五五年に創設された政府による強制積立制度で、加入対象者である雇用者は、被雇用者と積立金を折半して、毎月の給与から一定額を積み立てることが義務づけられている。当初、ＣＰＦは年金の性格を持ち、支給開始から二〇年間で使い切るという制度設計だった。ＣＰＦ口座には、表15のような三種類がある。

老後の生活資金に充てるため、五五歳を迎える加入者は、退職口座（Retirement Account）を開設し、定められた最低額（CPF Minimum Sum［ＭＳ］）を通常口座と特別口座から移転する。たとえば、二〇一四年一月一日から二〇一五年六月三〇日までに五五歳を迎える加入者の場合、退職口座にMSを一五万五〇〇〇Sドル持っていれば、六五歳から月々約一二〇〇Sドル受領できるが、条件を満たさない加入者は受領額が少なくなる。

なお、MSはインフレ率に従い毎年見直される。二〇一五年七月一日から二〇一六年六月三〇日までに五五歳を迎える加入者に対しては、一六万一〇〇〇Sドルに引き上げることが決定された。医療口座にもMSが設定されており、二〇一四年七月一日に四万五〇〇〇Sドルから四万三五〇〇Sドルに変更された。

表15　口座の種類

| | |
|---|---|
| 通常口座<br>(Ordinary Account) | 住宅購入、教育費及び政府が認めた投資等に使える |
| 特別口座<br>(Special Account) | 定年後または不慮の事故に備えて留保される（通常時使用不可） |
| 医療口座<br>(Medisave Account) | 加入者や直系親族の入院費や一定の医療保険費の支払いに使用 |

出典：Central Provident Fund Board CPF Overview

高齢化の不安感を払拭するため、定年延長に加え、二〇〇九年に退職口座の一部を終身年金化できる任意加入の「CPF LIFE制度」が導入され、二〇一三年一月一日から五五歳を迎えることになった加入者は、この時点で退職口座に四万Sドル、または六五歳時点で六万Sドルある場合、全員がCPF LIFEに加入することになった。なお、二〇〇一年にCPFを補完する私的年金として、個人向け確定拠出型年金（SRS）が導入されたが、資金に余裕のある層に限定されている。

CPFの問題点について、浜島清史は「CPFを主にHDB購入に使用できるようにしたため、積立金の約七割が退職前に取り崩されている」と述べている。特に、高山憲之の以下の指摘に注目したい。

表面上、CPFは積立制度ということになっている。しかし、その積立金が一〇年物の国債購入に充当されている限り、別の様相を呈することになる。国債は、将来世代が返済する形を取るので、日本の公的賦課方式による財源調達と同じことになる。

また、CPFの積立金に付利される運用利子が国債の利回りと同じに設定される一方で、その少なからぬ部分が、国内株式市場や外国投資に向けられていたと推定される。政府は、CPFを通じて支払分よりかなり高い運用益を手にしていたことになる。結果的に、CPF加入者はCPFを通じて政府に税金を間接的に支払った形となる。

以上のような疑問・不安が、二〇一四年六月、主催者発表で約六〇〇〇人の参加者を集めた「我々のCPFを返せ!」集会で示される。主催者の一人、ロイ・イーリンが「政府は、退職口座のMSを、一五万五〇〇〇Sドルに、また医療口座のMSを四万三五〇〇Sドルに変更し、これ以上の額を引き出せるとした。しかし五五歳時点で、この条件を満たす加入者は、八人に一人と言われる。更に問題なのは、政府がどのようにCPF資金を運用しているかが不透明で、且つ説明責任を果たしていないことだ」と強く批判し、参加者から賛同を得たことである。

リー首相は、二〇〇九年の演説で「政府のCPF運用は、投機的ではなく堅実な姿勢を取っているので安心して欲しい」と述べた。しかしロイは、運用投資会社であるＧＩＣプライベート・リミテッドと、テマセク・ホールディングスに対する説明責任を求めている。なお、前社の前会長はリー・クアンユー、現会長はリー首相、後社のＣＥＯはリー首相の妻ホー・チンである。現在、リー首相からロイは「名誉毀損訴訟」を起こされているが、同国では稀有な裁判費用募金が支援者から集まっていることからも、リー一族が管理する両投資会社に対する、国民の疑惑の大きさが理解できる。

## ５　３Ｍと呼ばれる医療制度

その頭文字から３Ｍと呼ばれる医療制度について説明しよう。

・メディセーブ　一九八四年に創設された医療積立金制度である。ＣＰＦ掛金のうち、年齢に応じ一定率が、同口座に積み立てられる。残高を見ると、自分の使える医療費がいくらまでなのかが分かるわけである。給付対象は本人、または家族となっている。

・メディシールド　メディセーブを補完する役割として一九九〇年に導入された任意加入型の公的保険である。低価格の高額医療保険で、保険料は全額加入者本人が負担する。

・メディファンド　一九九三年、低所得者向けセーフティ・ネットとして導入された、医療費補助基金である。助成対象は公立病院の医療費のみで、メディセーブなどの公的制度をすべて用いても不足する医療費に対し、不足分を、その都度給付される仕組みである。なお、私立診療所・病院は、一般的に外来診療費と薬剤費総額で、公立の一〇倍程度の費用がかかると言われている。

二〇一三年、リー首相は「九二％が加入するメディシールドを刷新し、メディシールドライフ（生涯保障の医療保険）を二〇一五年末までに全国民を対象として導入する。しかし、保険範囲適用拡大に伴い、保険料引き上げは不可避である。政府からの保険料補助詳細は現在検討中である」と述べた。そのため高齢者や医療関係者は「保険料が上がるのでは？」と懸念している。

同年、保健省は「ヘルスケア・マスタープラン二〇二〇」を公表した。五地域に分け、医療や介護施設へのアクセス化を推進するため、医療支出を二〇一三年から五年間に毎年八〇億Sドル投資するとしている。しかし実利志向の官僚が、国民に配慮した政策をどこまで採用するかの疑問は残る。

二〇一四年、リー首相は「パイオニア世代」への福利厚生拡充対策公約の一方で、国民に対し老後の生活設計に責任を持つように要請すると共に、前述した、コミュニティ、ボランティア活動による地域互助を意味する「多くの支援の手」も強調した。しかし、基本的政策に変化はない上に、失業保険制度が存在しない状況では、本人に蓄えがなければ、家族、親類に頼るしかないのが現状だと言える。

6　映画に表象される少子高齢化問題

・『サンドキャッスル』（二〇一〇年）

認知症の祖母を引き取ったブー・ジュンフォン監督が、自身を含めた家族全員が祖母の介護と向き合う数年間の葛藤を軸にした作品である。彼は筆者に「彼女の病状悪化を目の当たりにするのは本当に辛かった」と述べた。実体験に基づいた作品なだけに、彼の脚本は十分な説得力を持っている。

本作で息子エンは「最初から老人ホームに入れようと言っていたのに、躊躇したのは、体面を保つためだったんじゃないか！」と叫ぶ。彼の発言に激怒した母が彼を叩くシーンは、仕事の重圧下で親孝行を両立しなければならない母の苦渋を示している。

ＭＯＭの「労働力調査二〇一四」によれば、二五歳から五四歳の女性労働参加率は七六％となっている。経済協力開発機構（ＯＥＣＤ）の「雇用アウトルック二〇一四」によれば、日本の同年齢層の女性労働参加率は七四・五％と大きく変わらない。しかし厚生労働省（日本）の報告書「女性の活躍推進が求められる日本社会の背景」は、「管理職の女性比率がシンガポールの三三・八％（二〇一二年）に対し、日本は一一・二％（二〇一三年）」と述べており、極めて低い状況にある。これを裏づけるように国連開発計画（ＵＮＤＰ）の「ジェンダー不平等指数（Gender Inequality Index［ＧＩＩ］2013）」は、日本の第二五位に対しシンガポールは第一五位となっている。

一方でシンガポールでは女性が、経済発展を担うよき労働者として位置づけられると同時に、「家庭の中心としての役割」も期待され、こうした状況への異議申し立てが前述した「静かなる反乱」となって表れている。タイトルの、打ち寄せる波に脆くも崩れるサンドキャッスルは、政府が国民再統合の基盤として位置づける「アジア的価値」の脆弱性を見事に浮き立たせているのである。

・『Money No Enough II』（二〇〇八年）

ジャック・ネオ監督による本作は、マレーシアの有名女優ライ・ミン演ずる三人兄弟の母に、認知症の兆候が見えるようになるところから始まる。息子三人の資金繰りが苦しくなるのと同時に、母も認知症が進んでいくことから、彼女の資産が内輪もめの原因となる。全体的にドタバタ喜劇の体裁を取る本作だが、後半は深刻な高齢者問題（親の扶養、認知症）、病院の過度の商業主義が描かれている。母の入院に際し、彼らの最初の質問は「費用は、いくらかかるか？」である。一方、子供への自己犠牲的愛情を注ぐ老母は、自分が貯めた葬式費用までを貸し出す。更に、交通事故に遭った孫の治療費捻出のため、酸素マスクを抜いて死を選択する。

台詞の「Mother is OCBC（お母さんはOCBC銀行のようなものだ）」は、母から借りるという意味で、実際、母のヘソクリを当てにする人が多い。また、老人ホーム入所時に、子供が偽の住所を書いて遺体を引き取らないケース、手付金だけ払って、後は音沙汰がなくなってしまうケースなどが社会面をにぎわせている。筆者は友人から「三万Sドルもの高給を得ている高級公務員が、老いた両親に月一〇〇Sドルしか渡していない。年収に応じた支払義務規定を『老親扶養法』に加えるべきだ。また交通違反した子供が両親の持ち点を使い、両親に身代わりになってもらうことがよくある」と聞いた。

本作が高齢者扶養問題を取り上げたのは評価できるが、単なるエピソードの寄せ集めに留まってしまっている。アルツハイマー病になった母と息子の交流を描いた森﨑東監督の『ペコロスの母に会いに行く』(二〇一三年)のように喜劇仕立てながらも、心に染み入る感動にまで昇華されていないのは、ネオ監督が鋭い観察眼を持っているだけに残念である。

・『Outing』(二〇〇九年)

ジョウ・ジーウェイの監督第一作である本作は、両親を亡くし祖父と暮らす少年を描いた短編である。祖父は、体力の衰えに生活苦も加わり、孫を保護施設に入所させることを決心し、彼を自転車に乗せ、住み慣れたHDBを出る。カメラは「カーテン・ショット」と呼ばれる、シークエンスとシークエンスの間の風景ショットを効果的に挿入している。小津安二郎監督の影響を受けたと思われるこの手法は、ほとんど会話がない二人の情愛を浮き彫りにするのに成功している。本作では、孫が手首に描いた腕時計が、重要な役割を果たしている。目覚ましが鳴ったのと併せ、腕時計を嬉しそうに見る最初のシーンは、祖父との生活への満足感を象徴している。しかし後半に、一人残されて施設のカイコ棚ベッドに座る孫は、腕時計がかすれてしまっているのを見てすすり泣く。この対比はタイトルに示されているとおり、二人が別々の人生を歩み出す旅立ちを見事に示している。帰宅し、一人で白湯を飲む祖父が、二組のゴム草履を見るエンディングシーンは、小津安二郎監督の『晩春』（一九四九年）で娘の結婚式を終え一人で帰宅し、リンゴの皮を剝いてうなだれる笠智衆の寂寥感を髣髴とさせる優れたシーンだと言える。

　筆者は、シンガポール国立博物館で本作を観終わった後、深く感動して、本作の音響を担当したニール・リムを介し、ジョウ監督にインタビューを試みた。監督・脚本を手がけた彼は、本作に相応しく謙虚・誠実で、訥々と話す若者だった。将来を嘱望される一人だと実感した。「小津監督の影響が見えるがどうか？」との質問に対し「私の好きな監督の一人で、本作制作に当たり彼の『晩春』から多大な影響を受けた」と答えていた。本作は、イタリアの第一八回小津国際短編映画祭（二〇一〇年）、スペインの第五八回サンセバスチャン映画祭（二〇一〇年）で上映され、好評を博した。

『Outing』（提供：Jow Zhi Wei氏）

一九八三年生まれの彼は、ブー・ジュンフォン監督と同じラサール芸術学院で映像学を修め、ホウ・シャオシェン監督が主催するゴールデンホース映画アカデミーの二〇一〇年度の卒業生でもある。

彼の第二作『Waiting』（二〇一〇年）は、未払い賃料が原因でHDBを追い出される絶望的な環境下で、息子との紐帯を模索する父の話である。第二回シンガポール短編映画祭（二〇一〇年）で最優秀脚本賞を受賞し（最優秀監督賞、最優秀賞ノミネート）、第一五回釜山映画祭（二〇一〇年）でプレミア上映された。第三作の『After The Winter』（二〇一三年）は、台湾の片田舎に暮らす老夫妻の日常を、愛情深く静逸な筆致をもって描いた作品である。第六六回カンヌ映画祭（二〇一三年）の「シネフォンダシヨン部門」で、一五五〇の応募作品から選出された、一八作品の一作となっている。二〇一四年、青年芸術家賞を受賞した彼が、一日も早く長編映画制作に進むことを期待したい。

現在、各国の映画人は、精力的に多様な手法を用いて少子高齢化問題をテーマとする映画制作に取り組んでいる。しかしシンガポールでは、地味なテーマとみなされ、興行収入が期待できないとの政府、映画会社の思い込みもあるのか、その数は極めて少ない。政府は「活気に溢れる社会」を目指すとしているが、今後ますます深刻化するこの問題をテーマにした映画制作が資金上の問題から少ないのでは、「活気に溢れる社会」の実現のための前提を共有することさえ難しいのではないだろうか。

# 第9章　外国人労働者と差別意識

シンガポールは、①国民が就業したくない、日本で言われる三K業種（汚い、きつい、危険）に従事する非熟練労働者、②政府が推進する産業構造転換に寄与できる高技能・高知識労働者、という二種に分け、異なった移民政策を取っている。なお、同国で三K業種は、三D（dirty, dangerous and demeaning）と表記される。

彼らは、週末、休日を過ごす場所も違う。たとえばフィリピン人メイド（外国人家事労働者〔FDW〕）は、カトリック教会に近いこともありオーチャード通りの「ラッキー・プラザ」に、南アジア諸国出身の建設労働者はセラングーン通りの「リトル・インディア」に集まることが多い。これらの場所は、家族への送金代理店や郷土料理屋が入居し、情報交換にも便利だからである。一方、高技能・高知識労働者は、マリーナ・ベイ、ボート・キーなどの洒落た一等地で優雅にウィークデイの夜や週末を過ごす。

本論に入る前に、移民政策に関わる二つのキーワードを紹介したい。

・外国人労働者依存率

人材開発省（MOM）の「労働力調査二〇一四」によると、一五歳以上の労働者は約三五三万人で、内訳は永住権保持者を含む居住者が約二一九万人、非居住者が約一三四万人である。

永住権保持者数は未公表なので、正確な外国人労働者数は不明だが、全労働力の約三八%を非居住者が占めていることから、永住権保持者を含めると四割を超えると推測できる。

更に非居住者が、二〇〇四年の約六一万人から二〇一四年には約二・二倍、年率換算で八・三%と高い伸び率を示している一方で、居住者は少子化の影響もあり二・六%に留まっている。

・差別的移民政策

二〇〇七年七月二日の「ストレイツ・タイムズ」は、リー・クアンユーの次の発言を掲載した。

> 持続的経済成長達成のため、我々は、国民に更なる就業機会を創出できる能力ある人材(Foreign talent)と、国民が厭う仕事に従事する外国人労働者(Foreign workers)を必要とする。外国人労働者は、過去そうだったようにリセッション時に調整弁(バッファー)の役割を担う。一方、タレントが増えれば経済はより活性化し、よりよい生活を享受できるが、逆の場合は失業者が増加する。(傍点は筆者)

1　非熟練労働者と外国人家事労働者(FDW)に対する移民政策の変遷

「マレーシア市場喪失とインドネシアの『対決(コンフロンタシ)政策』が継続すれば、一九六六年末には失業率が一四%を超える」とのリー・クアンユーの危機感を反映し、労働組合活動を大幅に制限すると共に、移民受け入れ制限政策を採用した。同時に外資誘致による輸出志向工業化政策と労働集約型産業育成を推進し、一九七一年にはほぼ完全雇用を達成した。

その後、国内労働力の有効活用を図るため移民緩和政策を決定した。一九七八年に「外国人家事労働者（ＦＤＷ）計画」を導入、フィリピン等近隣諸国から約五〇〇〇人のメイドを雇用した。翌年には、国際分業化の潮流を踏まえ、アジア近隣諸国の労働集約産業誘致に対抗すべく「第二次産業革命」を提起する。この背景には、急速な同国の経済成長と、マレーシアの経済成長に伴う同国人受け入れ減少により、特に三Ｄ就労者の労働力不足が深刻化したことがある。一九七〇年代後半にはタイ、インド、バングラデシュ、フィリピン、インドネシアなどからの建設労働者受け入れが開始された。

一九八〇年代に入ると、政府は非熟練外国人労働者への過度な依存に対する不安を抱えつつも、一律的な排除は行わず、経済の状況に応じて外国人労働者数を調整しながら受け入れるようになる。非熟練労働者を対象に、一九八二年には外国人雇用税、一九八八年には外国人雇用上限率制度が導入された。前述したリー・クアンユーの「調整弁」である。なお、ＦＤＷの雇用税は、現行二六五Ｓドル、但し一二歳以下の子供の扶養、または六五歳以上の老人介護、または身体障害者の常時ケアが必要な場合は、一二〇Ｓドルに減額される。

一九九一年、同僚のＦＤＷと雇用主の子供殺害容疑者として逮捕された、フィリピン人ＦＤＷのフロール・コンテンプラシオンの死刑が執行（一九九五年）された。フィリピン政府は、シンガポールへの一時的ＦＤＷ派遣禁止措置を取り、両国関係は悪化し、ＦＤＷが減少した。

その後、インドネシアなどへのFDWの募集拡大促進と、フィリピン人FDW募集が再開される。NGOのヒューマン・ライツ・ウオッチ（Human Right Watch［HRW］）は、二〇一二年報告書で「五世帯に一世帯が雇用し、約二一万人のFDWが働く」と述べている。

日本と同様に深刻化する高齢化問題に対応すべく、首相府（PMO）の人口・人材局（NPTD）は二〇一二年、表16に示される「外国人医療関連者、建設従事者、及びFDWの需要予

表16　2030年のシンガポールの外国人医療関連者、建設従事者、及びFDWの需要予測と高齢者数*1

| | |
|---|---|
| 介護士、補助介護士（外国人） | 2.8万人（1.3万人）*2 |
| 建設労働者 | 25～30万人が必要（25万人） |
| 外国人家事労働者（FDW） | 30万人（19.8万人） |
| 介護または支援を要する80歳以上の高齢者 | 21万人（7万人） |
| 65歳以上の高齢者 | 90万人（34万人） |

出典：NPTD, Projection of Foreign Manpower Demand for Healthcare Sector, Construction Workers and Foreign Domestic Workers

＊1　括弧内は2011年時点の数

＊2　外国人を含む全体数は2011年が約5万人、2030年は、予測で9.1万人。

表17　労働パスの国籍分類と建設従事者、FDWガイドライン

| 国籍分類 | |
|---|---|
| 伝統的供給国 | マレーシア |
| 非伝統的供給国（NTS） | インド、スリランカ、タイ、バングラデシュ、ミャンマー、フィリピン、パキスタン |
| 北アジア供給国（NAS） | 香港、マカオ、韓国、台湾 |
| その他 | 中国 |

| ガイドライン*1 | |
|---|---|
| 建設従事者 | マレーシア、中国、NTS、NAS |
| FDW | マレーシア、NTS、NAS |

出典：人材開発省 Work Permit for foreign domestic worker 及び Work Permit for foreign worker

＊1　建設従事者、FDW共にNTSのパキスタンが除外されている。他にも製造業、サービス業など、業態により受入国は異なる。

測」を発表した。

## 2　現行の移民政策

移民政策を立案するMOMは、「外国人雇用法（Employment of Foreign Manpower Act）」に基づき、高技能・高知識労働者向けの雇用パス（Employment Pass〔EP〕）、中熟練労働者向けSパス（二〇〇四年に導入）、労働許可（Work Permit〔WP〕）と、大きく三分類したビザを発行している。各ビザは以下のように規定されている。

EP、Sパス保有者に、当初二年で以後三年間の更新ができ、雇用期間の制限がなく、永住権取得の権利を持ち、家族帯同が許可される。更に、申請中または再申請中に働く必要がある場合は、雇用主が別途テンポラリーパスを申請し、取得すれば合法的に就労できる。

しかし、MOMによれば、二〇一二年六月時点で、全外国人労働者の約七五％を占めるWP保有者には以上の権利はなく、更に特定事業主の下でのみ就労が許可されるので、住居移転、職種選択の自由はない。ビザは産業別に発行され、有効期限は二年、以後二年毎に更新される。しかし「雇用上のトラブルは、両者で友好的に解決する」と規定され、政府は原則的に介入しない。雇用契約は終了した時点で失効する。

EP保有者には雇用税と雇用上限率は適用されないが、SパスとWP保有者の雇用は、経済状況に基づき、業種、技能レベル別に決められた雇用税と雇用上限率の上下限が決定される、まさにリー・クアンユーが述べた「調整弁」なのである。

WP雇用を希望する者（会社）は、労働契約締結前に労働許可局に許可を申請しなければならない。WPの国籍は、産業別ガイドラインに基づき表17のとおり分類されている。

本規定は、認められた業種以外の仕事に従事できないことを意味する。また、伝統的供給国以外の労働者は、求職活動を防ぐため、雇用主による許可申請中は同国に滞在できない。

マレーシア人以外のWP保有者に対し、雇用者は最低限の生活を保障し、住居提供の義務がある。これは住居移転の自由が認められていないことを意味する。

雇用主は「基本認可」を取得し、労働者一人当たりにつき、現金、小切手、銀行保証書または保険保証書による五〇〇〇Sドルの保証金を支払って初めて呼び寄せられる。保証金は、彼らが出国する二週間前に返還される。しかし雇用期間中に失踪、またはWPが失効したにもかかわらず帰国しなかった場合、保証金に添付された条件に不履行があった場合には返還されない。住居提供義務に加えて逃亡を防ぐため、雇用企業は作業現場と住居間の送迎を行っている。筆者も滞在中、トラックの荷台に複数の労働者が乗車する光景を目の当たりにしている。荷台から放り出された労働者が事故に遭うなどの事例も報告されており、筆者の友人は「人権侵害だ！」と憤慨している。

## 3　外国人家事労働者（FDW）に対する差別政策と批判

ビザ発行に伴う差別に加え、ＦＤＷは家事労働の範囲（労働時間、仕事の種類等）が、家庭によって異なるとの理由で「外国人雇用法」の適用外とされている。ＭＯＭがホームページ上で掲載している「ＦＤＷのＷＰ申請案内」からこの問題点を考察しよう。

・医療保険と傷害保険の保険料は雇用者負担とする。つまり、ＦＤＷは、政府の労災保障制度の枠外に位置づけられていることを意味する。

・ＦＤＷの月額給与は、雇用者と合意した範囲内で決定される。これは、最低給与の規定はなく、市場原理による個人契約で決定されることを意味する。

・二〇〇〇年三月一日より、国内に六か月以上滞在を予定している外国人を対象に、各パスの新規取得及び延長申請に際し、ＨＩＶ感染検査、胸部レントゲン等の結果を記載した健康診断書の提出を義務化した。これに加えＷＰはシンガポール人との結婚が認められず、特にＦＤＷは、半年に一度の妊娠テストを課され、妊娠が判明すると国外退去処分となる。国際法違反であると同時に、彼女たちの定住阻止を目的としているのは明らかである。

以上の状況に対し、ＨＲＷは、二〇〇五年二、三、一一の各月に現地で実施した聞き取り調査を基に、「ＦＤＷ虐待問題報告書（Maid to Order）」を公表し、政府の対応を非難した。

約一五万人の主としてインドネシア、フィリピン、スリランカ出身のＦＤＷが、雇用者からの虐待に苦しんでいる。多くのＦＤＷは斡旋業者に手数料を払うため、最大一〇か月間無給で働かざるを得ない。更に深刻なのは一九九九年からの六年間で、少なくとも一四七人が死亡した事実である。

同年一二月六日の英国BBCニュースは、MOMのHRW報告書に対する反論を掲載すると共に、HRWのMOM批判を紹介した。

MOMは「過度に誇張され、誤解を与える報告書だ。出身国の労働条件より魅力的だとしてFDWは当国を選択している。二〇〇三年、シンガポール・プレス・ホールディングス（SPH）が独自に行ったアンケート調査で、八割以上のFDWは当国で働く喜びを感じているとの結果が出た」と反論した。一方、HRWは「他アジア諸国の事情と比較し、決して最悪ではないが、権威主義体制を取る同国は、人権侵害を受けているFDWの現状を容易に改善できるはずだ」と批判した。

HRWは継続的にFDW問題を注視し、二〇一三年報告書で以下のように指摘した。

依然として現在約二二万人のFDWは「外国人雇用法」の保護から除外されている。二〇一二年三月の改定により、翌年一月一日以降に新規契約を締結したFDWに週一回の休息日を保証するとした。しかし、本決定は休暇ではなく金銭支払いでの補償を認めている。両者の不均衡な力関係を考えると、その実効性に疑問を持たざるを得ない。

また、二〇一二年には、少なくとも一一人のメイドが高層階での窓拭きや洗濯物を干す作業で転落死している。「雇用者が在宅時に限り、窓拭き作業を依頼すること。もし怠れば五〇〇〇Sドルの罰金を科す」と規定されたが、抜本的解決に向けた努力は見られない。

この間、MOMは以下の改善策を打ち出している。

・虐待に対しては厳しい措置を取る。事実が判明した場合は罰金、懲役を科し、FDW雇用を永久に禁止する。しかし管理スタッフ不足もあり、その有効性は問題である。

・今までも「安全講習」はあったが、二〇一二年五月一日より「居住開始に際してのプログラム（SIP）」に統一された。一日講習出席が初めて義務化され、補強されたと言える。MOMから委託された二社のトレーニング会社が受託するが、七五Sドルの費用は雇用主の負担となる。雇用主が実際に、この金額を負担するかについて疑問を持つ者が多い。

以上に加え、MOMのFDW雇用者への留意事項には「FDWは、独立した居住空間を保有すべきである。不可能であれば十分な就寝の場（スペースとプライバシーの確保）が提供されるべきである。最低限のアメニティ、たとえばマットレス、枕、毛布を提供すること。成人または十代男性との相部屋は不適切である」と、FDWの労働実態をうかがわせる文言がある。

シンガポールが、日本でよく引用される「外国人受け入れに寛容な社会、国際性豊かな国」

のイメージからほど遠い実情にあるのが理解できる。ちなみに、第一〇〇回国際労働機関（ILO）総会で二〇一一年六月一六日、初の国際労働基準となる、一八九号条約「外国人家事労働者（FDW）の適切な仕事に関する条約」が採択された（二〇一三年九月五日発効）。しかし同国は、本条約を棄権した八か国のうちの一か国で、未だに批准していない。

一方で、市民団体が活発な活動を展開している状況も紹介したい。二〇〇四年、「団体結社法」により正式登録された「Humanitarian Organization for Migration Economics（HOME）」、及び「Transient Workers Count Too（TWC2）」がその代表である。「HOME」は、ラッキー・プラザ内の事務所と、東部にあるシェルターを活動拠点として、外国人労働者のためのホットラインの運営、食事・日用品の支給、仕事の斡旋、職業訓練などを実施している。「TWC2」の主な支援対象はFDWで、人権侵害に対する権利擁護、政策提言、及び調査報告を行っている。前述したFDWの週一回の休日取得義務「A Day off」実施は、両団体のキャンペーンが寄与したと言われている。

## 4　様々な外国人労働者の状況

二〇一二年、タンピン地区で、バングラデシュの建設労働者が抗議集会を開き、公営住宅（HDB）建設を受注する二社に対し、四か月間の滞納給与支払いを要求した。更に「食事代として、給与から二～二・五Sドルを払っているのに、とても食べられる代物ではない」と非難した。しかし両社は回答を拒絶した。「HOME」事務局長ジョロヴァン・ワムは「斡旋会社からの重い借金と、彼らの低賃金を考えれば、要求は当然だ」と批判し、ストに参加した労働者は「朝八時から夜の一〇時まで働かされる」と不満を露わにした。

一方、MOMは「最初の調査で未払いが判明した、両社は一一月分給与を二月六日に支払い、スト後の一二月分は速やかに支払うと調整したので、ストは八時間で終わった」とのコメントに留めた。

この事件は、何の保証もなく悪条件下で働く外国人労働者の実情を物語っている。同時に、前述したNPTDの「外国人労働者の需要予測」から理解できるように、彼らの存在は無視できない状況になっている。事件の数か月前、国家開発省（Ministry of National Development〔MND〕）が「HDB建設を加速させる計画だけで、約三万人の建設労働者が必要だ」と述べたように、需給関係はひっ迫しているのである。

公営住宅（HDB）の窓から突き出る物干と洗濯物

ここで問題とすべきは、マス・メディアの政府寄りの姿勢である。たとえば、「ストレイツ・タイムズ」は、「国家の亀裂、一歩間違えば、暴動に発展する恐れがある」と強調し、「二〇〇人の抗議行動後、その日の遅く、平和裏に終息し解決した」と掲載したのみである。初めて政府が「スト（strikes）」という表現を使うまで、マス・メディアは「労働争議（labor disputes）」とし、ストとの言葉を決して使わなかった。ストという表現に神経をとがらせる、政府の意向に沿ったものと考えられる。同国における最後のストは一九八六年で、二六年ぶりの大事件となった。一連のストに見舞われているインドネシア、中国と違って、外資の招聘促進のため、安全且つ清潔な国のイメージ保持が最重要事項である政府は、速やかな対応を取ったわけである。同国の刑法では、基幹産業の職員がストを実施する時は、一四日以上前に事前通知を行わなければならないと規定している。違反者は、最高一年の禁固刑、または（及び）最大二〇〇〇Sドルの罰金を科される。また、会社側は一方的に契約を解除できる権利を持ち、更に給与支払いを要求するだけで本国送還する権利も持っている。

また、同年一一月二六日から二日間にわたり、SMRTコープ社の子会社「SMRTバス社」の中国人バス運転手一七一名が、賃金と待遇改善を要求するストを行った。テマセク・ホールディングスが五四％の株主であるSMRTコープ社は、高速鉄道（MRT）、バス等の公共交通を運営する子会社に加え、タクシー子会社も統括する持ち株会社である。

ストは、シンガポール人、マレーシア人との基本給与格差の説明、及び労働条件と生活環境改善を求めて実施された。スト開始二日後、スト参加呼びかけの嫌疑で四人が起訴され、更に一人がスト参加と威嚇行為の嫌疑で拘留された。弁護士はつかず、電話も禁止、中国大使館員との面会のみが許可された。判事は、五人のうち一人に七週間、三人に六週間の収監を決定し、その後、彼らは中国に送還された。このストで、合計三四人が送還されている。取り調べ中に虐待を受けたという二人のインタビュー・ビデオを作成したリン・リーについては、Ⅱ部の第1章で述べているので参照されたい。

一二月一日、内務省（ＭＨＡ）とＭＯＭは「五人とは別に逮捕された二九人は、公共交通機関を破壊し、公秩序を脅威にさらす違法行為をなした」との共同声明を発表した。なお、ＳＭＲＴの中国人ドライバーの八六％は契約労働者で、国家交通労働者組合の準会員なので、労働条件改定の団体交渉権を持っていない。

リー首相は、二〇一三年のメーデー式典で、このストに初めて言及し「ＭＯＭは、労働者保護の改善、企業は従業員の苦情対応の充実案の早急なる策定を望む。だが政府の立場は明確で、違法行為、または労使関係を乱す行為に寛容ではない、我々はこの姿勢を守らなければならない」と強調した。しかし、具体的な改善策は講じられなかった。

そして二〇一三年一二月八日、リトル・インディア地区で、酒に酔ったインド国籍の労働者が、バスに轢かれ死亡するという事故をきっかけにして、約四〇〇人が車両に放火し警察と衝突する事件が発生した。政府は、一九六九年民族暴動以降、暴動がなかっただけに衝撃を覚え、リー首相は「警察は、容疑者捜査を速やかに開始し、完全なる法の執行をすべき」と命じた。一二月二三日、法務省は「二八名を起訴し、五七名を本国へ送還した」と最終発表を行った。その前の二〇日、テオ・チーヒエンMHA大臣兼副首相は国会での集中審議で「多くの出稼ぎ労働者は仕事に満足している。暴動前から、当該地区周辺は飲酒によるトラブルへの苦情も多く、既に警備強化などの治安対策を強化した」と答弁した。その具体例が、「公共秩序法」（二〇〇九年）を援用した、二〇一四年二月一八日に可決された一二か月間有効な「公共秩序（追加的暫定措置）法」である。リトル・インディアを警戒地域に指定し、週末・休祭日における公共の場での飲酒と酒類販売・提供が禁止された。

その後、二〇一五年一月三〇日、夜間（一〇時半より翌朝の七時まで）に「公共の場所」で飲酒を禁止する「酒類販売制限と飲酒禁止法」が国会を通過し、四月一日から全土で施行された。違反者は罰金（飲酒違反者は一〇〇〇～二〇〇〇Sドル、酒類販売・提供違反者は五〇〇〇～一万Sドル）の罰金または（及び）禁固刑（三か月以下）が科せられる（第四条）。しかし「公共の場所」とは、自由な出入りができる場所（公園、HDB内オープンスペース等）を指し、コンドミニアム敷地内、及び公共の場所とされたバー、ホーカーズ（屋台村）でも、一〇時半以降の酒類販売許可を得ている場合は、開店中の飲酒が可能である。なおリトル・インディアと共に、警戒地域に指定された、紅灯の巷として有名なゲイラン地区も、飲酒によるトラブルが多いとされる地域である。

## 5　国民の不満表明とヘイト・クライム

二〇〇八年、元技術学校の敷地を外国人非熟練労働者用の宿舎に変更するとの都市再開発庁(Urban Redevelopment Authority [URA])の計画公表を受け、リトル・インディア地区のセラングーン・ガーデン住民は「安全、公衆衛生、治安上の観点から、住宅地から遠い場所に建設するか、我々との間に緩衝地帯を設けるべきだ」と訴えた。マー・ボータンMND大臣は「本計画は決定済み」としながらも、緩衝地帯の設置、警察の推奨する安全対策実施などの対応策を住民に提示した。

更に深刻なのは、国民の一部に、たとえば華人系が新移民の中国人を「英語もできない田舎っぺ、PRC(中華人民共和国の略称)のクズ野郎」、フィリピン人メイドを「ゴキブリ」と侮蔑的表現を用い、ソーシャル・メディアに書き込む動き、外国人排斥を露骨に主張する者も出始めている状況である。

二〇一四年、外国人観光客にも有名なオーチャード通りのニーアーン・シティ・ショッピングセンター内で開催する予定だったフィリピン独立祝賀式典は、警察の「他の場所で実施するように」との要請に基づき取り下げられた。「シンガポールの人口過密状況に反対する意思表示を!(SNOS)」と称するグループが、フェイスブック上で参加を呼びかけ、これに呼応したネチズンの「我々の象徴とも言えるオーチャード通りで、外国の旗やポスターを掲げての開催を許さない」に代表される非難が、その要因となった。リー首相は「彼らの行動は軽蔑すべきもので、シンガポールの恥だ」と強く批判した。SNOSは「我々は、フィリピン人の労働者と観光客は評価するが、式典は公的な場所ではなく、フィリピン大使館でやるべきだ」と反論した。なおシンガポールの、フィリピン独立記念日委員会（ＰＩＤＣＳ）アンドレス委員長は「ホンリム公園などで、記念行事を今まで開催しているが、これほどの批判はなかった」と述べた。

この背景には、リー首相の建国記念日での移民受け入れの積極化方針演説と、二〇〇七年にＭＮＤが「国土利用計画の検討に際し、ＵＲＡは、四〇～五〇年後の人口想定値を六五〇万人に引き上げる」と公表したことに対する国民の強い不満がある。この発表に対し「ストレイツ・タイムズ」は「低出生率を勘案すると、今回の人口増案は、外国人移民増を前提に作成されている。国民は、この発表に強い怒りと不安感を抱いている」と批判し、ＭＮＤ大臣は「あくまでも、この数値はＵＲＡの長期コンセプトプランで使用するパラメーター」と弁解した。しかし同紙は「一九九一年以降、移民増により何度もこのパラメーターは改訂されてきたではないか」と国民の不満を代弁する記事を掲載したが、結果として外国人の受け入れは拡大したのである。

外国人労働者急増が、労働市場での競争激化、不動産や生活費の高騰、更に道路渋滞や公共交通機関の混雑などを招いているなどの不満は以前からあった。不満の鬱積は、二〇一一年総選挙の結果に、また同年の大統領選が辛勝で終わった結果に示された。更に追い打ちをかける事件が発生する。二〇一二年五月、フェラーリを運転していた中国人投資家が信号を無視し、追突されたシンガポール人のタクシー運転手と乗客が死亡した事件である。国民の怒りは移民政策への不満拡大に向かい、二〇一二年五月と、翌年一月に行われた議員補欠選挙での人民行動党（PAP）敗北の一因になったとも言われている。

以上の国民の不満を増幅させたのは、二〇一三年のNPTDの「躍動感に富むシンガポール維持のための人口白書」公表である。同白書は「現人口の五四三万人が、二〇三〇年には、最多で六九〇万人（永住権保持者を含む居住者四四〇万人、非居住者二五〇万人）になると想定し、インフラ整備等を進めていく」方針を明らかにした。「六九〇万人は、あくまでも想定であり目標ではない」としたリー首相は、国会での五日間にわたる論戦を終えた二月一四日、政策の柱として、①外国人労働者受け入れ削減、②市民権付与数の抑制、③永住権保持者を五〇万人程度に維持、④少子高齢化対策実施、⑤雇用創出と企業の生産性向上による健全な経済の保持をあげた。しかし、この白書は、前述した二〇〇七年のMNDの「六五〇万人引き上げ」公表に基づいた構想の継続だと言える。リー首相の発言は「そうしなければ経済は減速する」という、従来の経済優先の主張を繰り返したに過ぎない。

以上の政府の動きに対する国民の強い不満を裏づけるように、ホンリム公園で二〇一三年、「transitioning.org」が主催した抗議集会に、主催者発表で四〇〇〇人以上が参加した。過去に見られなかった最大規模である。二〇一四年、筆者の友人は、住宅価格高騰を受け「我々は、よい時期に購入したが、外国人投資家による投機目的の購入もあってHDB価格が高騰し、子供には手が届かなくなっている。将来が心配だ」と複雑な心境を露わにしていた。また別の友人は「特に問題視されているのはホワイトカラー外国人労働者で、彼らに職を取られるのではとの不安を国民が持っていることだ」と述べている。

外国人ホワイトカラー、投資家に対する不満は、「アントン・ケイシー騒動」に示されているので紹介したい。二〇一四年一月二三日の「ストレイツ・タイムズ」によると、三九歳の資産管理会社クロスインベスト・アジアに勤務する英国人アントン・ケイシーのフェイスブックが契機となった事件である。ＭＲＴに乗った息子の「パパのポルシェは、どこにあるの？ この貧乏な人たちは誰？」との言葉を写真と共に掲載した。更に、「ＭＲＴの悪臭をやっと払い落とせた」との軽蔑を露わにした書き込みが、国民の怒りを買い炎上したのである。Ｋ・シャンムガム法務大臣は「無礼で決して容認できない」とした上で、フェイスブックにネチズンへの自制を促す発言を書き込んだ。アントンは、勤務先から解雇され、国民の怒りに生命の危険を感じた一家と共に二四日には、オーストラリアのパースに去った。

## 6　映画に表象される外国人労働者

以上の状況を踏まえると、外国人労働者の実情をテーマにした映画化は極めて困難であるのが理解できる。では、実際に映画化された数少ない作品を紹介しよう。

・『Call Home』（二〇〇一年）

ハン・ユークワン監督が、ニーアン・ポリ卒業時に制作した短編映画である。彼のその後のユーモア、時にブラック・ユーモアに富んだ作品群と違い、本作は外国人建設労働者の実態を真正面から描くという困難に挑戦した点で特筆される作品となっている。

二〇〇二年のシンガポール国際映画祭（ＳＩＦＦ）で、短編映画最優秀映画賞を受賞した本作は、建設労働者のインド人、カシの目を通して、到着時から故郷の妻の元に初めて電話するまでの物語で、セミ・ドキュメンタリー的タッチで描かれている。病欠も認められない建設労働者の厳しい労働環境と、借金の重圧の下で家族から切り離され、一人働かざるを得ない主人公の深い悲しみが伝わってくる佳作である。

『Call Home』（提供：Ngee Ann Polytechnic［Han Yew Kwang氏］）

・『僕、バカじゃない』（二〇〇二年）

ジャック・ネオ監督による、異文化への理解不足が生み出す社会状況を描いた作品である。

政府は、一九九〇年初期から高知識産業育成と年々深刻化する低出生率に対処するため、有能で即戦力を持つ外国人を招聘すべく「外国人タレント・プログラム」を推進している。政府は「我々のゲストだから、国民は優雅に振る舞うホスト役を務めなければならぬ」と諭している。しかし本政策に対する国民、特にハートランダーは不平等感を抱いている。

二〇〇八年、福建語で紅毛の白人を意味する「アン・モー（ang moh）」について、ネオ監督は筆者に対し、「同じ仕事をしているのに、外国人の方が高給をもらっている。また彼らは、異文化への理解を深めようとしないので、時にバカげたミスを犯すこともある。政府は、この状況を真摯に取り上げるべきだ」と、多くの国民が抱いている不満を代弁するかのような発言をしていた。

本作で、自国では芽が出なかった白人のジョンが、いとも簡単にプロジェクト責任者に昇進し、部下のアイデアを横取りして自分のモノにしてしまうシーンが登場する。クライアントは「アン・モーのアイデアは素晴らしいので、余計に払ってもその見返りはある」と能天気な発言を繰り返す。華人系の思考・文化を二流とみなすジョンは、福建語で「バー・クア（bak kwa）」と発音する中国風ジャーキーのマーケティング戦略で、赤の代わりにトレンディーな色だとして、黒を包装紙に採用するという誤った決定を下す。黒色は伝統的に縁起が悪い象徴なので、販売キャンペーンは完全な失敗に終わる。

ネオ監督が、異文化理解不足の外国人は最終的に失敗するとのメッセージを込めているのが理解できる。またアン・モーに媚を売るボスに対して「bak kwa」と、女々しい男を意味するやはり福建語の「ah kwa」をダブらせ、この言葉遊びを理解できる観客を苦笑させている。

シンガポールの有名なジョーク「シンガポールで、魚を取るのは難しい。国民と同じで、口を開けないからだ」が本作でも登場する。ネオ監督は、国民の盲目的従順性を揶揄し「批判的思考を持て」と主張し、警鐘を鳴らしている。だが「国民は、もっと建設的な意見を述べるべきだ」と主張する政府が、ネオ監督の、観終わったら終わりというハッピーエンド作品群を、国民の不満へのガス抜きとして利用していることにも留意すべきであろう。

### ・『イロイロ ぬくもりの記憶』(二〇一三年)

アンソニー・チェン監督が、脚本、製作も手がけた作品である。チェン監督は一九八四年の生まれ、ニーアン・ポリで映画を学び、卒業制作として短編『G-23』(二〇〇四年)を監督し、その後短編第二作『Ah Ma(祖母)』(二〇〇七年)を制作した。本作は、カンヌ国際映画祭の短編コンペティションでシンガポール初のスペシャル・メンションを得た。その後、メディア開発庁(MDA)の奨学金を得て、英国の国立映画テレビ学校で三年間学び、二〇一〇年に修士号を取得した彼は、同国で最も期待されている若手監督の一人である。現在、ロンドンを主たる制作基地としている。

筆者は二〇〇七年、死期を迎える祖母への家族の深い悲しみを描いた『Ah Ma』を観て、早速インタビューした。彼の細やかな繊細さに感銘すると共に、「外国に出て行く時代だ。シンガポールは将来、時々帰ってきてチェックイン、チェックアウトするホテルのような場所になるのではないだろうか」との発言を聞き、その二三歳とは思えない現実主義的思考に驚きを覚えた。

本作は、一九九七年のアジア通貨危機時に父がリストラされた事件を背景に、子供を母国

『イロイロ　ぬくもりの記憶』（提供：Anthony Chen氏）

フィリピンに残して働きに来たメイドと、小学校に通う雇い主の息子との交流を描いた作品である。

二〇一三年のカンヌ国際映画祭で、本作は一五分間に及ぶスタンディング・オベーションを受け、カメラ・ドール（最優秀新人監督賞）を受賞した。更に、台湾・金馬奨では、シンガポール初の新人監督賞・最優秀作品賞、オリジナル脚本賞、助演女優賞という四冠に輝き、東京フィルメックスでも観客賞を受賞するという金字塔を打ち立てた作品である。


では、東京での筆者のインタビューも加え本作を考察しよう。

まず強調したいのは、仕事に忙殺され子供の面倒が見られない母親の、メイドに対する激しい嫉妬心である。持続的経済成長のため、国民すべてを労働力とみなす政府の下、物質的な豊かさこそが幸せになるための源泉だと信じてきた国民を、ヤオ・ヤンヤン演じる母親が象徴している。共稼ぎの両親は、息子の面倒まで手が回らない。だからこそ、賢明且つ強い愛情をもって問題児の息子に接するフィリピン人メイドの姿に、母は嫉妬心を抱かざるを得ない。更に、アジア通貨危機後の将来への不安感によって、メイドと息子の疑似母子関係に対して、実の母親の嫉妬は増幅する。「当時、父も失職した」という経験を持つチェン監督は、鋭い感性を基に冷静な視点をもって、家庭内の悲しみを描いている。

彼が背景として描いたアジア通貨危機の影響について、筆者の友人は「将来への経済的不安感で出生率が急減した」と述懐している。それだからこそ、観客は本作に共振し、一二三万Sドルという高興行収入を達成できたのである。

ここまで述べてきたとおり、この不安感は今も継続している。先進国となった同国では、外国人労働者と同様に国民も厳しい競争にさらされ、ストレスに苦しんでいる。

ネオリベラリストが主張する「自由競争」から生じる社会矛盾に直面し、国民は異議を申し立て、政府も対策を講じ始めている。日本貿易振興機構（JETRO）は「シンガポール経済の動向」（二〇一四年一〇月）で、以下のように報告している。

官民合同の経済戦略委員会（ESC）の提言に基づき、二〇一〇年から国民の労働生産性を引き上げるため、外国人労働者への過度な依存を抑制し、外国人労働者を全労働人口の三分の一に抑えるという目標を設定した。更に外国人雇用税を二〇一五年七月まで段階的に引き上げる。二〇一四年八月から、高技能・高知識労働者向けEP申請前に、国民を対象とする求人広告掲載を義務化するとした。

国税庁（ＩＲＳ）は企業対策として、二〇一三〜一五年の三年間、月収四〇〇〇Ｓドル以下の国民の昇給分の四割を政府が助成する「賃金クレジット・スキーム（ＷＣＳ）」を導入した。二〇一五年、二〇一六〜一七年は二割に下げ、ＷＣＳの継続を決定した。

しかしこれらの国民優遇策は、外国人労働者に深く依存する同国では難しいかじ取りになると考えている。この数年間にわたる一連の諸政策は「対症療法」だと言わざるを得ない。政府が強調するように、グローバリゼーションは国境を越えた労働移動を加速させている。この状況下で、より魅力ある国として移民を惹きつけるためには、差別的移民政策をまず改めるべきである。

一方、最近の日本の動きを見ていると、筆者は今まで述べたシンガポールと同様の「経済優先の実利的移民政策」への危惧感を抱かざるを得ない。二〇一四年、高度人材ポイント制度により「移民受け入れ」を拡大する「出入国管理及び難民認定法」改正案が成立し、同年六月二四日に新たな成長戦略「日本再興戦略」（改訂二〇一四年―未知への挑戦―）を閣議決定した。この閣議決定に対し、「特定非営利活動法人アジア女性資料センター」と「移住労働者と連帯する全国ネットワーク」は「再興戦略内には、家事・育児・介護関連サービスについて、地域の女性たちや外国人労働者の活用を表明している。日本の『労働基準法』は、家事使用人を適用外としているが、これは政府が自ら賛成票を投じたＩＬＯ家事労働者条約の趣旨に反している。第一八九号条約の速やかな批准を要求する」との共同声明を発表した。日本ＩＬＯ協議会によると、日本政府と労働側は条約、勧告に賛成したが、使用者側は条約を棄権、勧告には反対し、未批准の状況にある。シンガポール政府は、棄権した八か国のうちの一か国である。

日本の「外国人技能実習制度」に基づく在留者は、法務省によれば約一六万八〇〇〇人（二〇一四年末）と言われる。残念ながら、賃金不払いや長時間労働、時にはパスポートや預金通帳を取り上げ、命令に従わせるなどの問題が相次いでいる。政府は実習生保護のため、企業への立ち入り調査権限を持つ監督機関を設ける方針を固めたが、具体的な実施計画はこれからである。世界的な人材獲得競争激化が予想される現在、日本はシンガポールを他山の石として、経済的側面からのみではなく、人道的立場からも、外国人労働者の実態を研究する必要があるのではないだろうか。

## あとがき

私と妻の趣味は、映画と大学二年から始めた海外旅行で、現在まで六六か国を旅行している。旅行中はできるだけ映画を観るようにしているが、映画館で一喜一憂する観客の姿を見るのは、訪問国の雰囲気を感じられるだけに楽しい経験になっている。

五五歳でサラリーマン生活を終えた私は、映画の背景となる社会・文化を研究しようと決心し、大学院に戻った。

シンガポールを選ぶきっかけを作ってくれたのが、一九八六年にタイ北部のアカ族の部落で会って以来の友人であるバリー・シー、キャロル・ン夫妻である。私たちにとって、それまでのシンガポールはインドネシアなどの近隣諸国への中継地で二、三泊する場所でしかなかった。二〇〇六年、たまたま鬼節期間中だったこともあり、バリー夫妻が歌台と街戯に案内してくれた。私は、華やかな歌台の一方で、存続の危機に瀕している街戯を知り、更に『メイド 冥土』のDVDを観て、「何度も訪れてはいるが、この国には私の知らない文化がある」と感じた。

この時から毎年一、二か月間、公営住宅に滞在し、映画監督などの関係者に会い、国立図書館などで資料を収集し始めた。

今もそうだが「シンガポール映画を研究している」と話すと、多くのシンガポール人は「え⁉ 観たことがない！」と一様に驚いた表情を浮かべるが、面談した映画監督たちは皆、母国を愛し、映画制作への情熱と深い問題意識を持っている。バイリンガルの彼らにとって、海外で仕事をするのは容易だろう。ちなみに、海外に在住するシンガポール人は二〇一四年六月時点で二一万二〇〇〇人だが、シンガポール国籍保持者三三四万三〇〇〇人（二〇一四年）を考えると相当な比率である。しかし、彼らは同国に踏み留まり、苦労しながらも決して明るさを失わず絶え間ない努力を重ねている。同国で映画制作を専業とすることは難しく、彼らはミュージック・ビデオなどの副業をこなし多忙を極めている。それにもかかわらずインタビューの時間を取ってくれた。

開放的で洗練された彼らと話せば話すほど、彼らの問題意識、情熱を日本に紹介したいと強く感じるようになった。しかし、シンガポール映画に関する書籍・資料は、日本だけでなく同国でも極めて少なかった。彼らの躍動感をどのように伝えるかで悩んでいる時、ケネス・Ｐ・タンＮＵＳ准教授の『*Cinema and Television in Singapore -Resistance in One Dimension-*』を発見した。ケンブリッジ大学で政治学の博士号を取得し、映画に留まらず多方面に造詣が深い彼から「背景にある社会問題と関連させて映画を研究するのは興味深いですね」と励まされ、その後も毎年、お会いする度に貴重な指摘をいただいた。この場を借りて、私の方向性を定めていただいたことに深く感謝したい。

分離・独立五〇周年を二〇一五年に迎える同国では、モノによる豊かさより心の豊かさが求められるようになっている。まして、国家が豊かになることと個人が豊かになるのとは違う。私企業のように効率性と最大利潤を追求している同国は、その輝かしい社史から封印された従業員たちの悲しみ、苦しみを再評価すべき時期を迎えている。今こそ、同国の将来像を描く上で重要且つ適切な時期だと考えた。

本書の執筆中に、リー・クアンユーが逝去した。彼が、シンガポールの繁栄を築き上げた貢献者であるのは疑いのないところであり、「彼がいたからこそ、現在の豊かさを我々は享受できている」と述懐する友人も多い。それだけに、本書には彼の業績紹介が少なく、「光と影」と題した割に「影」への指摘が多いとの印象を読者の方々は持たれたと思う。

これこそが、本書執筆のきっかけになっている。同国の将来像を描く上で、繁栄の陰に隠れた「影」の検証がより重要ではないかとの思いからである。同時に、日本が現在抱えている問題、また将来問題化すると思われる要素が多く含まれているのではないかとの疑問も抱くようになった。たとえば「実学優先的教育」、「ＭＢＡ的効率性重視の国家運営」、「弱者切り捨てにつながる競争原理の導入」は、個人を犠牲にしてモノによる豊かさを追求する高度成長時代の再現だと言えないだろうか？

「はじめに」で述べたように、シンガポールはネオリベラリズムの優等生として、日本の一部の経済評論家、政治家、更にマス・メディアが称揚している。しかし、「光」の視点から抜け落ちているのは何だろうか？

今、両国に求められていることは、皆が皆同じ方向に突き進むのではなく、「多様性に富む生き方」を許容する社会をどのように作り上げるかという思考への転換だと感じ、それを本書の共通テーマとした。まして、「頑張って強国になろう的な発想」は、既に賞味期限切れになっている。

本書は、単なる批判書ではない。大衆文化の雄として様々な要素を語っている映画を通して、「表現の自由を含む広範な多様性」を求める監督たちがいかなる論議を展開しているかを紹介することが、本書の目的である。シンガポールの更なる理解と日本の将来像を描く上で、本書が読者の方々の一資料になれば筆者の多とするところである。

とは言え、言語も違う外国の文化・伝統について一外国人の筆者が述べるのは、あまりに深いテーマであるだけに、自らの価値観に基づく「べき論」で語らないよう心がけた。対象項目が多岐にわたるので、内容の誤りや不十分な点が多々あるかと思うが、読者の方々のご批評、ご叱責を仰ぐことができれば、筆者としてはこの上ない幸いである。なお、引用・参考文献は紙幅の関係からすべてを網羅していないが、人名、事項については英語名を表記したので、参照していただければ幸いである。また、クレジットのない本文中の写真は、筆者による撮影である。

約一〇年間にわたり、毎年快くインタビューに応じ、紹介の輪を広げてくれ、更に作品のコピーや写真を快く提供してくれた監督たち、及び貴重なコレクションを提供いただいたウオン・ハンミン氏に改めてここで感謝したい。また、多くの方々からもご指導や激励をいただいた。本書の刊行をもって謝意に代えさせていただきたい。

また、多忙なスケジュールにもかかわらず、拙稿にお目通しいただき、推薦の文章を寄せてくださった内田樹神戸女学院大学名誉教授と田村慶子北九州大学教授、本書の名づけ親になってくださったスタジオ・ジブリの鈴木敏夫氏に深く感謝申し上げたい。

更に、貴重なコメントをいただいた舛谷鋭立教大学教授、出版実現に向けご尽力いただいたインターブックス社の松元洋一社長、編集の小山晃氏、校正の南本由加子氏、装丁の森田恭行氏に心からお礼を申し上げたい。

最後に、大学時代から一緒に旅行し、映画研究という私の長年の夢の実現に賛同してくれ、シンガポール実査、関係者との面談でもよきパートナーとなってくれている妻に心から感謝すると共に、残念ながら完成を待たずに亡くなった、私と妻の両親に本書を捧げたい。

domestic-worker-levy/levy-concession]
Maid to Order -Human RightsWatch、[https://www.hrw.org/report/2005/12/06/maid-order/ending-abuses-against-migrant-domestic-workers-singapore]
Petition Against Housing Foreign Workers in Serangoon Gardens、[https://www.reach.gov.sg/TalkAbuzz/YourFeedbackOurResponse/tabid/108/mode/3/Default.aspx?ssFormAction=%5B%5BssBlogThread_VIEW%5D%5D&tid=%5B%5B127%5D%5D]
Population White Paper Debate: A Bright Future for Singaporeans、[http://www.mti.gov.sg/NewsRoom/Pages/Population-White-Paper-Debate-A-Bright-Future-for-Singaporeans-.aspx]
Press Statement by Prime Minister Lee Hsien Loong on Little India Riot、[http://www.pmo.gov.sg/mediacentre/press-statement-prime-minister-lee-hsien-loong-little-india-riot]
Projection of Foreign Manpower Demand for Healthcare Sector, Construction Workers and Foreign Domestic Workers、[www.nptd.gov.sg/portals/0/news/OP-Projection%20of%20foreign%20manpower%20demand%20for%20healthcare%20sector%20construction%20workers%20and%20foreign%20domestic%20workers.pdf]
Singapore Campaigns of the 70s/80s | Remember Singapore、[http://remembersingapore.org/2013/01/18/singapore-campaigns-of-the-past/]
Singapore Strike: The Full Story - Indonesia Real Time - WSJ、[http://blogs.wsj.com/searealtime/2013/08/31/singapore]
Singapore riot: PM Lee Hsien Loong urges restraint、[http://www.bbc.co.uk/news/world-asia-25306425]
Wage Credit Scheme (WCS) - IRAS、[https://www.iras.gov.sg/IRASHome/Schemes/Businesses/Wage-Credit-Scheme--WCS-/]
Work passes and permits - Ministry of Manpower、[http://www.mom.gov.sg/passes-and-permits]
Work Permit for foreign domestic worker - Ministry of Manpower、[http://www.mom.gov.sg/passes-and-permits/work-permit-for-foreign-domestic-worker]
Work Permit for foreign worker - Ministry of Manpower、[http://www.mom.gov.sg/passes-and-permits/work-permit-for-foreign-worker]
World Report 2014: Singapore | Human Rights Watch、[https://www.hrw.org/world-report/2014/country-chapters/singapore]

## Ⅱ部　第９章　外国人労働者と差別意識

参議院、技能実習制度の立法化と入管法の改正、[http://www.sangiin.go.jp/japanese/annai/chousa/rippou_chousa/backnumber/2015pdf/20150601003.pdf]

JETRO, シンガポール経済の動向（2014年10月）、[https://www.jetro.go.jp/world/reports/2014/07000941.html]

2011 No.1 - 日本ILO協議会, [http://iloj.org/no1.html]

拙速な「外国人家事支援人材」受け入れに抗議し、ILO家事労働者条約の批准を求める共同声明、[http://activist.socialcultures.org/archives/284]

Kenneth Paul Tan, The Ideology of Pragmatism: Neo-liberal Globalisation and Political Authoritarianism in Singapore, *Journal of Contemporary Asia Vol. 42, No. 1, February 2012*.

Kai Hong Phua, Rachel Hui, Marie Nodzenski, Nicole Bacolod, Health of Migrants in Singapore、[http://www.asef.org/images/docs/Session%203_2_Kai%20Hong%20Phua_Preliminary%20results%20of%20studies%20of%20Singapore%20and%20Hon%20Kong%20SAR_1.pdf]

Shibani Mahtani, Migrant Worker Sit-In Makes Waves in Singapore、[blogs.wsj.com/indonesiarealtime/tag/construction-workers/]

Slesh A Shrestha, Dean Yang, Empowering Migrant Workers: A Field Experiment among Filipino Maids in Singapore、[http://ess.org.sg/wp-content/uploads/2014/11/Shrestha-SEF-Presentation-2014.10.21.pdf]

Terry Xu、A protest against "6.9 million by 2030" at Hong Lim Park、[http://www.theonlinecitizen.com/2013/02/protest-against-6-9-million-2030-hong-lim-park/]

YAP MUI TENG, Chapter 10: Singapore's System for Managing Foreign Manpower、[http://lkyspp.nus.edu.sg/ips/wp-content/uploads/sites/2/2013/04/pa_MT_Managing-International-Migration-for-Development-in-East-Asia-Research-Papers_240215.pdf]

Yeoh, Brenda S.A., Singapore: Hungry for Foreign Workers at All Skill Levels、[http://www.migrationpolicy.org/article/singapore-hungry-foreign-workers-all-skill-levels]

Yeoh, Brenda S.A., Lin, Weiqiang, Rapid Growth in Singapore's Immigrant Population Brings Policy Challenges、[http://www.migrationpolicy.org/article/rapid-growth-singapores-immigrant-population-brings-policy-challenges]

Employer's guide: foreign domestic worker - Ministry of Manpower、[http://www.mom.gov.sg/passes-and-permits/work-permit-for-foreign-domestic-worker/employers-guide]

Filipinos in Singapore drop IDay celebration plans after abuse、[https://sg.news.yahoo.com/filipinos-singapore-drop-iday-celebration-plans-abuse-073504439.html]

I have been asked what I thought of Mr Anton Casey and his statements、[https://www.facebook.com/k.shanmugam.page/posts/646349898744877]

Levy concession for a foreign domestic worker - Ministry of Manpower、[http://www.mom.gov.sg/passes-and-permits/work-permit-for-foreign-domestic-worker/foreign-

speech-english]
PM on re-employment of older workers-SPEECH BY MR LEE HSIEN LOONG, PRIME MINISTER, AT THE AARP-COUNCIL FOR THIRD AGE CONFERENCE: REINVENTING RETIREMENT ASIA, 08 JANUARY 2009、[http://www.pmo.gov.sg/mediacentre/pm-re-employment-older-workers]
Prime Minister Lee Hsien Loong's National Day Rally 2013 (Speech in English)、[http://www.pmo.gov.sg/mediacentre/prime-minister-lee-hsien-loongs-national-day-rally-2013-speech-english]
Singapore:WHO statisticalprofile、[http://www.who.int/gho/countries/sgp.pdf]
Speech by Prime Minister Lee Hsien Loong at the Debate on The President's Address, 20 October 2011 at Parliament、[http://www.pmo.gov.sg/mediacentre/speech-prime-minister-lee-hsien-loong-debate-presidents-address-20-october-2011]
SINGAPORE'S BABY BOOMERS WISH TO AGE MEANINGFULLY AND STAY ACTIVE IN THEIR GOLDEN YEARS、[http://www.news.gov.sg/public/sgpc/en/media_releases/agencies/mcys/press_release/P-20090109-1]
Speech by Prime Minister Lee Hsien Loong at May Day Rally 2014 (English)、[http://www.pmo.gov.sg/media-release/speech-prime-minister-lee-hsien-loong-may-day-rally-2014-english]
Statistics Singapore - Population Trends、[http://www.singstat.gov.sg/publications/publications-and-papers/population-and-population-structure/population-trends]
The Future of Retirement Life after work?-HSBC、[https://www.hsbc.ca/1/PA_ES_Content_Mgmt/content/canada4/assets/pdf/life-after-work-can-en.pdf]
The Opening of the 50Plus Expo 2010、[http://app.msf.gov.sg/MSF-News/Opening-of-the-50Plus-Expo-2010]
The Social Protection Index - Asian Development Bank、[http://www.adb.org/sites/default/files/pub/2013/social-protection-index.pdf]
The Survey on Informal Caregiving、[http://app.msf.gov.sg/Publications/The-Survey-on-Informal-Caregiving]
Transcript of Prime Minister Lee Hsien Loong's National Day Rally English Speech on August 19, 2007、[http://www.mfa.gov.sg/content/mfa/overseasmission/washington/newsroom/press_statements/2007/200708/press_200708_03.html]
UNDP Table 4: Gender Inequality Index | Human Development Reports、[http://hdr.undp.org/en/content/table-4-gender-inequality-index]
view text of speech / press release - National Archives of Singapore、[http://www.nas.gov.sg/archivesonline/data/pdfdoc/lky19670619.pdf]
WHO | Japan、[http://www.who.int/country/jpn/en]
WHO | World Health Statistics 2015、[http://www.who.int/gho/publications/world_health_statistics/2015/en]
*Ageing in Place in Singapore*、[http://www.gs.org.sg/sg50conference/pdf/s4-1.pdf]

（平成23年度）」、［http://www.jeed.or.jp/elderly/data/dankai23.html］
JETRO, シンガポールにおける医療・社会福祉サービスに関する報告書（2014年1月）、［https://www.jetro.go.jp/world/reports/2014/07001564.html］
内閣府、1 高齢化の現状と将来像｜平成26年版高齢社会白書（全体版）、［http://www8.cao.go.jp/kourei/whitepaper/w-2014/zenbun/s1_1_1.html］
内閣府、平成24年度「団塊の世代の意識に関する調査結果」（概要）、［http://www8.cao.go.jp/kourei/ishiki/h24/kenkyu/gaiyo/］
博報堂、新大人研レポートV「"新しい大人世代"のお金に関する意識」、［http://www.hakuhodo.co.jp/archives/newsrelease/6802］
Howard Lee, "Return Our CPF" protest – the people have spoken、［http://www.theonlinecitizen.com/2014/06/return-our-cpf-protest-the-people-have-spoken/］
Imelda Saad, Budget 2014: Govt sets up S$8b Pioneer Generation Fund for seniors、［http://www.channelnewsasia.com/news/specialreports/budget2014/news/budget-2014-govt-sets-up/1007724.html］
Koh Eng Chuan,Phases of Singapore's Demographic Development Post World War II、［https://www.cscollege.gov.sg/Knowledge/Ethos/Issue%207%20Jan%202010/Pages/Phases-of-Singapores-Demographic-Development-Post-World-War-II.aspx］
Marco Verweij and Riccardo Pelizzo Singapore: Does Authoritarianism Pay?、［http://www.academia.edu/7241302/Singapore_Does_Authoritarianism_Pay］
Olivia Goh, Successful Ageing — A Review of Singapore's Policy Approaches、［https://www.cscollege.gov.sg/Knowledge/Ethos/Issue%201%20Oct%202006/Pages/Successful-Ageing-A-Review-of-Singapores-Policy-Approaches.aspx］
The Elderly in Singapore-Statistics Singapore、［https://www.singstat.gov.sg/docs/default-source/default-document-library/publications/publications_and_papers/population_and_population_structure/ssnsep11-pg1-9.pdf］
CPF Minimum sum: Retirement scheme, or money hoarding monster?、［http://www.theonlinecitizen.com/2014/05/cpf-minimum-sum-how-the-scheme-mutated-into-a-money-hoarding-monster/」
CPF Overview、［https://mycpf.cpf.gov.sg/Employers/AboutUs/about-us-info/cpf-overview］
International Longevity Centre Global Alliance、A profile of older men and women in Singapore 2014、［http://www.ilc-alliance.org/］
Labour Force In Singapore, 2014、［http://stats.mom.gov.sg/Pages/Labour-Force-In-Singapore-2014.aspx］
Our Demographic Challenges and What These Means to Us、［http://population.sg/key-challenges/］
Population White Paper - National Population and Talent Division、［http://www.nptd.gov.sg/portals/0/news/population-white-paper.pdf］
Prime Minister Lee Hsien Loong's National Day Rally 2014 (Speech in English)、［http://www.pmo.gov.sg/mediacentre/prime-minister-lee-hsien-loongs-national-day-rally-2014-

infopedia/articles/SIP_1828_2011-08-04.html]
CHRIS K.K. TAN, "But They are Like You and Me": Gay Civil Servants and Citizenship in a Cosmopolitanizing Singapore、[http://www.academia.edu/2383264/_But_They_are_Like_You_and_Me_Gay_Civil_Servants_and_Citizenship_in_a_Cosmopolitanizing_Singapore]
*Kirsten Han*, Singapore's Prime Minister says to 'just leave' anti-gay law、[http://asiancorrespondent.com/96545/singapores-prime-minister-lee-hsien-loong-says-to-just-leave-anti-gay-law/]
Musitelli, D. (2007). *The conduct of Singapore's foreign policy during the Vietnam war 1965-1968*、[http://scholarbank.nus.edu.sg/bitstream/handle/10635/16226/MAHD.pdf?sequence=1]
Sylvia Tan, Royston Tan's gay short film Anniversary gets R21 rating、[http://www.fridae.asia/gay-news/2009/11/13/9337.royston-tans-gay-short-film-anniversary-gets-r21-rating]
Anti-gay laws continue to be used selectively, despite assurances – M Ravi、[http://www.theonlinecitizen.com/2010/11/anti-gay-laws-continue-to-be-used-selectively-despite-assurances-m-ravi/]
Singapore gay venues: historical、[http://sgwiki.com/wiki/Singapore_gay_venues:_historical]
Singapore's Lee Kuan Yew questions homosexuality ban,
[http://www.reuters.com/article/2007/04/23/us-singapore-homosexuality-idUSSIN33351020070423]
Singapore upholds law that criminalises gay sex、[http://www.reuters.com/article/2014/10/29/us-singapore-lawmaking-idUSKBN0II0ZR20141029]
Tan Boon Hook v Public Prosecutor、[http://www.yawningbread.org/apdx_2005/imp-182.htm]
You Think, I Thought, Who Confirm?、[http://sgrainbow.blogspot.com/p/you-think-i-thought-who-confirm.html]
Colin Stewart, A good-news map: 78 (was 82) countries with anti-gay laws、[http://76crimes.com/2015/02/17/a-good-news-map-78-was-82-countries-with-anti-gay-laws/]

## Ⅱ部　第8章　加速する少子高齢化社会

高山憲之「最近の年金論争と世界の年金動向」『経済研究』53巻3号、2002年、一橋大学経済研究所
浜島清史「シンガポール—国家の統制とミニマムな企業保障」末廣昭編『東アジアの福祉システムの展望—7カ国・地域の企業福祉と社会保障制度』ミネルヴァ書房、2010年
国立社会保障・人口問題研究所『人口統計資料集2015年度版』、[http://www.ipss.go.jp/syoushika/tohkei/Popular/Popular2015.asp?chap=0]
高齢・障害・求職者雇用支援機構、「団塊世代の就業・生活意識に関する調査研究報告書

Military Balance 2015 Press Statement | IISS、[https://www.iiss.org/en/about%20us/press%20room/press%20releases/press%20releases/archive/2015-4fe9/february-0592/military-balance-2015-press-statement-40a1]
MINDEF - History - Overview - Ministry of Defence, Singapore、[http://www.mindef.gov.sg/imindef/about_us/history/overview.html]
National Service becomes compulsory、[http://eresources.nlb.gov.sg/history/events/debf50d7-d81a-4b31-9c0d-65dd932aab8c]
National service: Early years、[http://eresources.nlb.gov.sg/infopedia/articles/SIP_692_2005-02-01.html]
Reply by Minister for Defence Dr Ng Eng Hen to Parliamentary Question on Children of Permanent Residents Serving National Service、[http://www.mindef.gov.sg/imindef/press_room/official_releases/ps/2014/07jul14_ps.html]
Written Reply by Minister for Defence Dr Ng Eng Hen to Parliamentary Question on Former Permanent Residents Who Did Not Serve National Service、[http://www.mindef.gov.sg/imindef/press_room/official_releases/ps/2014/05aug14_ps.html]
Prime Minister Lee Hsien Loong's National Day Rally 2012 (Speech in English)、[http://www.pmo.gov.sg/mediacentre/prime-minister-lee-hsien-loongs-national-day-rally-2012-speech-english]
SAFVC Index Page - Ministry of Defence, Singapore、[http://www.mindef.gov.sg/safvc/]
On Alex Liang, a Singaporean who gave up his Singapore citizenship、[http://alvinology.com/]

### Ⅱ部　第7章　LGBTと伝統的家族観

Audrey Yue, Jun Zubillaga-Pow (eds.),*Queer Singapore: Illiberal Citizenship and Mediated Cultures(Queer Asia)*, Hong Kong University Press, 2012
Ben Slater、*Kinda Hot: The Making of Saint Jack in Singapore*, Marshall Cavendish 2006
Kenneth Paul Tan,"Telling truth to power: ghostly artifice in The Blue Mansion", *Cinemas of Asia: journal of the Network for the Promotion of Asian Cinema* 2012
Lynette J.Cua, *Mobilizing Gay Singapore: Rights and Resistance in and Authoritarian State*, Temple University Press,2014
Natalie Oswin,"Sexual Citizenship in Singapore: Heteronormativity and the CHRIS Cultural Politics of Population", *Intersections: Gender and Sexuality in Asia and the Pacific*, Issue 36, September 2014
Thio Li-ann,"Singapore:Regulating political speech and the commitment 'to build a democratic society"*International Journal of Constitutional Law*, 1 (3), 2003
Turnbull, C. M., *A History of Singapore, 1819 – 1988*, Oxford University Press,1989
CNN.co.jp：ローマ法王庁、同性愛への肯定的見解を修正 保守派から反発、[http://www.cnn.co.jp/world/35055204.html]
Chan Meng Choo, First sex change surgery (1971)、[http://eresources.nlb.gov.sg/

PRIME MINISTER'S NATIONAL DAY RALLY SPEECH,1999 FIRST-WORLDECONOMY,WORLD-CLASS HOME – Extract E. EDUCATION、[http://www.moe.gov.sg/media/speeches/1999/sp270899.htm]

PISA-OECD、[http://www.oecd.org/pisa/]

Speech by Prime Minister Lee Hsien Loong at the Official Opening Ceremony of ITE Headquarters and ITE College Central、[http://www.pmo.gov.sg/mediacentre/speech-prime-minister-lee-hsien-loong-official-opening-ceremony-ite-headquarters-and-ite]

STATISTICS SINGAPORE - Key Household Income Trends, 2014、[https://www.singstat.gov.sg/docs/default-source/default-document-library/publications/publications_and_papers/household_income_and_expenditure/pp-s21.pdf]

Welcome to the World University Rankings | Times Higher Education、[https://www.timeshighereducation.co.uk/world-university-rankings]

### II部　第6章　徴兵制と国民意識

財務省　日本の財政関係資料（平成26年10月）、[http://www.mof.go.jp/budget/fiscal_condition/related_data/sy014_26_10.pdf]

Sean P.Walsh、"The Roar of the Lion City: Ethnicity, Gender, and Culture in the Singapore Armed Forces", *Armed Forces & Society*, Vol.33, No.2, 2007

Tan Siok Sun, *GOH KENG SWEE A Portrait*, Didier Millet, 2007

Amnon Barzilai、HOW ISRAEL SHAPED THE SINGAPORE ARMED FORCES A deep, dark, secret love affair、[http//exchersonesusaurea.blogspot.com/2012/11/how-israel-shaped-singapore-armed-forces.html]

Craig Caffrey, Singapore increases defence budget by 5.7%、[http://www.janes.com/article/50028/singapore-increases-defence-budget-by-5-7]

Ho Shu Huang、Why full-time NS can't be shortened、[http://www.todayonline.com/commentary/why-full-time-ns-cant-be-shortened]

*Justin Ong*, Singapore blogger calls NS 'slavery', draws passionate response、[https://sg.news.yahoo.com/blogs/what-is-buzzing/singapore-blogger-calls-ns-slavery-draws-passionate-response-094212412.html]

William Choong, Hard truths about Singapore's defence、[https://www.iiss.org/en/iiss%20voices/blogsections/iiss-voices-2013-1e35/march-2013-6eb6/hard-truths-about-singapore-7dc7]

Analysis of Revenue and Expenditure Financial Year 2014、[http://www.singaporebudget.gov.sg/data/budget_2014/download/FY2014_Analysis_of_Revenue_and_Expenditure.pdf]

CIA『The World Factbook』military Expenditures、[https://www.cia.gov/library/publications/the-world-factbook/rankorder/2034rank.html]

IPS Report on Singaporeans' Attitudes to National Service (2013)、[http://lkyspp.nus.edu.sg/ips/news/ips-report-on-singaporeans-attitudes-to-national-service-2013]

厚生労働省、平成26年賃金構造基本統計調査結果（初任給）の概況、[http://www.mhlw.go.jp/toukei/itiran/roudou/chingin/kouzou/14/]
厚生労働省、「非正規雇用」の現状と課題、[http://www.mhlw.go.jp/stf/seisakunitsuite/bunya/0000046231.html]
David Matthews, No sleep for Singapore's universities、[https://www.timeshighereducation.co.uk/features/no-sleep-for-singapores-universities/2009064.article]
Emilia Tan, Rising fees cloud international hub status、[http://www.universityworldnews.com/article.php?story=20141023131730715]
Jonathan Aleles, International Education Hub: History, Policies and Economic Factors Contributing to Singapore's Success、[http://www.academia.edu/9732430/International_Education_Hub_History_Policies_and_Economic_Factors_Contributing_to_Singapores_Success]
Appreciation of Singapore history - Ministry of Education、[http://www.moe.gov.sg/media/parliamentary-replies/2014/10/appreciation-of-singapore-history.php]
ASPIRE Report.pdf - Ministry of Education、[http://www.moe.gov.sg/aspire/files/report-for-aspire.pdf]
Chart: Graduate Employment Rate And Starting Salary、[http://stats.mom.gov.sg/Pages/Employment-and-Monthly-Gross-Starting-Salary-of-Graduates.aspx] Education Statistics Digest 2014 - Ministry of Education、[http://www.moe.gov.sg/education/education-statistics-digest/files/esd-2014.pdf]
Global Education Digest 2012 - Institut de statistique de l'Unesco、[http://www.uis.unesco.org/Education/Pages/ged-2012-press-release.aspx]
Graduate Employment Survey 2014 (Published 2015)、[http://www.salary.sg/2015/graduate-employment-survey-2014-published-2015/]
Greater Support for Teachers and School Leaders、[http://www.moe.gov.sg/media/press/2005/pr20050922b.htm]
IEA: TIMSS 2011、[http://www.iea.nl/timss_2011.html]
Launch Of National Education - Ministry of Education、[http://www.moe.gov.sg/media/press/1997/pr01797.htm]
Ministry of Education, Singapore: Parliamentary Replies, University Enrolment by Nationality、[http://www.moe.gov.sg/media/parliamentary-replies/2013/]
Minister Lim Hng Kiang's Written Reply to Parliament Question on Tisch School of the Arts Asia、[http://www.mti.gov.sg/NewsRoom/Pages/Minister-Lim-Hng-Kiang%E2%80%99s-Written-Reply-to-Parliament-Question-on-Tisch-School-of-the-Arts-Asia.aspx]
New surveys compare relative costs of study abroad and parents' perception of educational quality、[http://monitor.icef.com/2014/09/new-surveys-compare-relative-costs-study-abroad-parents-perception-educational-quality/]
Occupational Wages Table(s), 2012、[http://stats.mom.gov.sg/Pages/Occupational-Wages-Tables-2012.aspx]

山下博司・岡光信子「シンガポールの宗教政策と民族融和-宗教間関係と〈宗教協和宣言〉の成立を中心に-」『東方』財団法人東方研究会　第25号、2010年

Alan J. A. Elliott,"Chinese Spirit-Medium Cults in Singapore", *The Far Eastern Quarterly*, Vol.15, No.4, Aug 1956

Lai Ah Eng, *Beyond Rituals and Riots: Ethnic Pluralism and Social Cohesion in Singapore*, Times Academic Press,Singapore, 2004

Lai Ah Eng, *Meaning of Multiethnicity : A Case-study of Ethnicity and Ethnic Relations in Singapore*, Oxford Univ Press, 1995

Garry Rodan,"Civil Society and Other Political Possibilities on Southeast Asia" *Journal of Contemporary Asia*, Vol.27, No2., 2007

Terence Chong (ed.), *The AWARE Saga: Civil Society and Public Morality in Singapore*, NUS Press, 2011

Cheryl Sim, *Zhong Yuan Jie (Hungry Ghost Festival)*、[http://eresources.nlb.gov.sg/infopedia/articles/SIP_758_2004-12-16.html]

Randolph Kluver,、Benjamin H. Detenber、Lee Waipeng、Shahiraa Sahul Hameed、Pauline Hope Cheong, The Internet and Religion in Singapore: A National Survey、[http://www.academia.edu/736406/The_Internet_and_Religion_in_Singapore_A_National_Survey]

Tong Chee-Kiong,Chinese Death Rituals in Singapore (Anthropology of Asia ), Routledge, 2004

Census of Population 2010 Statistical Release 1: Demographic Characteristics, Education, Language and Religion、[http://www.singstat.gov.sg/publications/publications-and-papers/cop2010/census10_stat_release1]

Statistics Singapore - Population and Population Structure、[http://www.singstat.gov.sg/statistics/browse-by-theme/population-and-population-structure]

The Maid 女佣 | Kelvin Tong、[https://kelvintong.wordpress.com/2005/08/18/the-maid/]

### Ⅱ部　第５章　教育と階層の固定化

国際学力調査：文部科学省、[http://www.mext.go.jp/a_menu/shotou/gakuryoku-chousa/sonota/07032813.htm]

国立教育政策研究所、IEA国際数学・理科教育動向調査の2011年調査（TIMSS2011）、[http://www.nier.go.jp/timss/2011/]

吉野耕作『文化ナショナリズムの社会学—現代日本のアイデンティティの行方—』名古屋大学出版会、1997年

HAIG PATAPAN, MODERN PHILOSOPHER KINGS: LEE KUAN YEW AND THE LIMITS OF CONFUCIAN'IDEALISTIC' LEADERSHIP *European Journal of East Asian Studies*, Vol.12、2013

Colin Goh, Woo Yen Yen, "Paved with Good Intentions: How Living in New York has Illuminated for Us the Difference between The Singaporean Dream and The Singaporean Plan", in Lee Geok Boi (ed.),*Singaporeans Exposed*, Landmark Books, 2001

Ying-Ying Tan, Irving Goh POLITICS OF LANGUAGE IN CONTEMPORARY SINGAPORE CINEMA. The Films of Jack Neo, or Politics by Cinematic Means、[http://www3.ntu.edu.sg/home/yytan/Tan_Ying_Ying/Publications_files/interventions.pdf]

MCI's response to PQ on "To Singapore, With Love"、[http://www.mci.gov.sg/web/corp/press-room/categories/parliament-qandas/content/mcis-response-to-pq-on-to-singapore-with-love]

MDA has classified the film "To Singapore, With Love" as Not Allowed for All Ratings (NAR)、[http://www.mda.gov.sg/AboutMDA/NewsReleasesSpeechesAndAnnouncements/Pages/NewsDetail.aspx?news=639]

STATEMENT BY TAN PIN PIN Director and Producer of "To Singapore, with Love"、[https://www.facebook.com/tosingaporewithlove/posts/585957814848416]

To Singapore, with Love | A Film by Tan Pin Pin、[http://www.tosingaporewithlove.com/]

Transcript of Speech by Prime Minister Lee Hsien Loong at NUSS 60th anniversary lecture on 3 Oct 2014 at the University Cultural Centre、[http://www.pmo.gov.sg/media-release/transcript-speech-prime-minister-lee-hsien-loong-nuss-60th-anniversary-lecture-3-oct]

## Ⅱ部　第３章　言語と大衆文化

Chua Beng-Huat, Yeo Wei Wei, *Life Is Not Complete Without Shopping; Consumption Culture in Singapore*, Singapore University Press, 2003

Lee, Eu Fah Edmond、Profile of the Singapore Chinese dialect groups、*Statistics Singapore Newsletter*. Singapore Department of Statistics, 2001

Sophia Siddique, *Images of the City-Nation: Singapore Cinema in the 1990s*、Ph.D. Dissertation, University of Southern California, 2001

Vente・Ines、Lim・Goek Eng, *Wayang,Chinese Street Opera in Singapore*, MPH Ltd., 1984

蔡玉英　『电影《小孩不笨》与转型中的新加坡社会』NUS Thesis、2003年

Luke Lu、Singapore and the cosmopolitan ideal | TODAYonline、[http://www.todayonline.com/commentary/singapore-and-cosmopolitan-ideal]

## Ⅱ部　第４章　宗教と民族の歴史

東賢太郎「〈一般論〉から〈経験談〉へ―フィリピン低地社会の民衆信仰『アスワン』についての一考察-」『神話・象徴・文学Ⅱ』篠田知和基編集　楽浪書院、2002年

市川哲「マレーシアおよびシンガポールの華人社会の宗教的シンクレティズム再考」『史苑』第62巻第1号　立教大学史学会、2001年

顔尚強『シンガポールの華人社会について』シンガポール日本商工会議所、2009年

杉井純一「シンガポールの宗教復興―伝統的中国宗教とカリスマ運動―」『宗教学論集』第21号　駒澤宗教学研究会、2002年

諏訪春雄、川村湊編『アジアの霊魂観』雄山閣出版、1995年

Michael G. Levine, *Writing Through Repression; Literature, Censorship*、*Psychoanalysis*、The John Hopkins University Press 1994
Rojas, H., Shah, D. V., & Faber, R. J."For the Good of Others: Censorship and the Third-Person Effect" *International Journal of Public Opinion Research*, Vol.8, No.2, 1996
William S.W.Lim, Sharon Siddique, Tan Dan Feng (eds.),*Singapore Shifting Boundaries:Social Change in the Early 21st Century*、Asian Urban Lab, 2011
*Alicia Wong*, Foreign Minister George Yeo leaves politics、[https://sg.news.yahoo.com/blogs/singaporescene/foreign-minister-george-yeo-leaves-politics-061849910.html]
Tan See Kam, Michael Lee Hong Hwee and Annette Aw, Contemporary Singapore filmmaking: history, policies and Eric Khoo、[http://www.ejumpcut.org/archive/jc46.2003/12storeys/]
Film Classification Guidelines-MDA、[http://www.mda.gov.sg/RegulationsAndLicensing/ContentStandardsAndClassification/Documents/Films%20and%20Videos/Classification_Guidelines_15072011.pdf]
Change in Singapore media law could restrict Internet freedom、[http://www.freemedia.at/newssview/article/change-in-singapore-media-law-could-restrict-internet-freedom.html]
Films & Videos - MDA、[http://www.mda.gov.sg/RegulationsAndLicensing/ContentStandardsAndClassification/FilmsAndVideos/Pages/default.aspx]
Infocomm Development Authority of Singapore: Home、[http://www.ida.gov.sg/]
Singapore: Rights Restrictions Tighten Citizens Increasingly Seek to Assert Rights Online、[https://www.hrw.org/news/2015/01/29/singapore-rights-restrictions-tighten]
Singapore Statutes Online - Home、[http://statutes.agc.gov.sg/]

## Ⅱ部　第2章　ノスタルジーと歴史再評価

福浦厚子「都市の中の神聖な空間—シンガポールにおける観光資源化について—」『アジア遊学』第51号、2003年
Colin Goh, Woo Yen Yen, Caging the bird: TalkingCock.com and the pigeonholing of Singaporean citizenship, in Kenneth Paul Tan (ed.), *Renaissance Singapore? Economy, Culture, and Politics*, NUS Press, 2007
Kenneth Paul Tan, *Cinema and Television in Singapore-Resistance in One Dimension-*, Brill, 2008
Lily Kong, Brenda S.A.Yeoh, *The Political Landscape in Singapore-Constructions of Nation-*, Syracuse University Press, 2003
一般社団法人日本映画製作者連盟、[http://www.eiren.org/]
Morris B. Holbrook Robert. M. Schindler, Echoes of the Dear Departed Past: Some Work in Progress on Nostalgia、[http://www.acrwebsite.org/volumes/display.asp?id=7181]
Sylvia Tan, Taking shape: Boo Junfeng、[http://www.fridae.asia/gay-news/2010/08/06/10213.taking-shape-boo-junfeng]

Lion City – first Chinese film by Cathay-Keris、[http://eresources.nlb.gov.sg/history/events/b2def087-449a-4e44-9ad7-1451cb2e558d]
Singapore's first television station | Inforpedia-eResources、[http://eresources.nlb.gov.sg/infopedia/articles/SIP_1064_2006-04-03.html]

## I部　第3章　文化・芸術政策と映画産業推進政策

David Birch、"Film and Cinema in Singapore：Cultural Policy as Control", in Albert Moran(ed.), *Film Policy; International, National and Regional Perspectives*, Routledge, 1996
Kenneth Paul Tan, "Censorship in Whose Name?", in Kenneth Paul Tan(ed.), *Renaissance Singapore? Economy, Culture and Politics*, NUS Press, 2007
Terence Chong,"The State and the New Society:The Role of the Arts in Singapore Nation-building" *Asian Studies Review*,Vol.34 June, 2010
Can-Seng Ooi, Soft Authoritarianism, Political Pragmatism and Cultural Policies; Singapore as a City for the Arts、[http://www.academia.edu/3051966/Soft_authoritarianism_political_pragmatism_and_cultural_policies]
Lily Kong, CULTURAL POLICY IN SINGAPORE: NEGOTIATING ECONOMIC AND SOCIO-CULTURAL AGENDAS、[http://blog.nus.edu.sg/lilykong/files/2013/11/Kong2000CulturalPolicySingapore-2cf21ed.pdf]
Annual Reports - MDA、[http://www.mda.gov.sg/AboutMDA/AnnualReports/Pages/AnnualReports.aspx]
Board of Film Censors (BFC)、[http://www.mda.gov.sg/RegulationsAndLicensing/ContentStandardsAndClassification/FilmsAndVideos/Pages/BoardofFilmCensors.aspx]
Ministry of Communications and Information (MCI)、[http://www.mci.gov.sg/]
RENAISSANCE CITY REPORT - National Arts Council, [http://www.nac.gov.sg/docs/resources/2_finalren.pdf]
Press Statement from the Prime Minister on New Ministries RESTRUCTURING OF MCYS AND MICA AND ESTABLISHMENT OF NEW MINISTRY OF CULTURE, COMMUNITY AND YOUTH (MCCY)、[http://www.pmo.gov.sg/mediacentre/press-statement-prime-minister-new-ministries]
Singapore Film Commission - MDA、[http://www.mda.gov.sg/IndustryDevelopment/IndustrySectors/Film/Pages/Film.aspx]
SINGAPORE FILM - MDA、[www.mda.gov.sg/Documents/Ebrochures/FilmBrochure.pdf]

## II部　第1章　表現の自由と規制の間で

Fareed Zakaria,"A Conversation with Lee Kuan Yew"*Foreign Affairs* Vol.73, No.2, March/April 1994
Kobayashi Yasuko Hassall, "Citizen Journalist Armed with Video Camera-Civil Activism with the Might of Documentary Film, Blogs, and UTube in Singapore-" *Kyoto International Conference on Filmic Interventions in Contemporary Southeast Asia* 13-15 Nov 2009

Terence Chong(ed.), *Management of Success Singapore Revisited*, Institute of Southeast Asian Studies, 2010

Thum Pingtjin, The Fundamental Issue is Anti-colonialism, Not Merger: Singapore's "Progressive Left", Operation Coldstore, and the Creation of Malaysia, *Asia Research Institute*, working paper series No.211 November 2013

Singapore profile-Timeline-BBC News、[http://www.bbc.co.uk/news/world-asia-15971013]

What is it about the Singapore/Malaya merger and Operation Coldstore?、[http://www.theonlinecitizen.com/2013/11/what-is-it-about-the-singaporemalaya-merger-and-operation-coldstore/]

## I部　第2章　シンガポール映画の歴史

田中恭子『国家と移民　東南アジア華人の変容』名古屋大学出版会、2002年

Ahmad Sarji,James Harding, *P.Ramlee-The Bright Star*, Malaysia Pelanduk Publications, 2002

Felicia Chan, Dave Chua, "South-East Asian Programming at the Singapore International Film Festival" *TransAsian Screen Culture Conference*, 2006

Philip Cheah, "Film in Singapore from 1972: The Reconstruction of a Film Industry"、in David Hanan (ed.), *Film in Southeast Asia; Views from the Region*, Southeast Asia-Pacific Audiovisual Archive Association (SEAPAVAA),2001

Philip Cheah,"Singapore Starting Over" in Aruna Vasudev, Lativa Padgaonkar and Rashmi Doraiswamy(eds.), *Being & Becoming The Cinemas of Asia*, Macmillan, 2002

Jan Uhde, Yvonne Ng Uhde, *Latent Images: Film in Singapore*, Oxford University Press, 2000

John A.Lent, *The Asian Film Industory*, Christopher Helm Publishers Ltd, 1990

Lily Kong, "Shaw Cinema Enterprise and Understanding Cultural Industries" in Pshek Fu(ed.)., *China Forever: The Shaw Brothers and Diasporic Cinema*, University of Illinois Press, 2008

Lim Kay Tong, *Cathay 55 Years of Cinema*, Singapore Landmark Books, 1991

Paul H. Kratoska, *The Japanese Occupation of Malaya: A Social and Economic History*, University of Hawaii Press, 1997

Raphael Millet, *Singapore Cinema*, Editions Didier Millet, 2006

Timothy White, "Historical Poetics, Malaysian Cinema and Japanese Occupation"、*KINEMA* Fall, 1996

Timothy White, "Pontianaks, P.Rmlee,and Islam: The Cinema of Malaysia"、*The Arts*, No.4, June, 1997

Won Ain-ling(ed.),*The Shaw Screen-A Preliminary Study-*, Hong Kong Film Archive, 2003

Yingin Zhang, *Chinese National Cinema*, Routledge, 2004

赵卫防『香港电影史』中国出版社、2007年

许永顺『新加坡电影界纪要1965年-1983年』许永顺厅、2013年

黄愛玲（編）『國泰故事（增訂本）』香港電影資料館、2009年

# 参考文献


## はじめに

Indicators | Data - The World Bank、[http://data.worldbank.org/indicator]
List of Singapore Films (1991-2014).xlsx、[http://www.mda.gov.sg/IndustryDevelopment/IndustrySectors/Film/Documents/1%20-%20Box%20Office%20Information%20for%20Singapore%20Films%20from%201991.pdf]
LIST OF SINGAPORE FILMS SELECTED FOR THE CANNES FILM FESTIVAL SINCE 1997、[http://www.mda.gov.sg/Documents/News/2014/ANNEX%20B%20-%20List%20of%20Singapore%20films%20selected%20for%20Cannes%20Film%20Festival%20since%201997.pdf]
Tourism Year-in-Review 2014 - Singapore Tourism Board、[https://www.stb.gov.sg/assistance-and-licensing/resources/Documents/STB%20Year-in-Review%202014%20deck_final.pdf]
Statistics Singapore - Population Trends 2014、[http://www.singstat.gov.sg/docs/default-source/default-document-library/publications/publications_and_papers/population_and_population_structure/population2014.pdf]
Reporters Without Borders 2015 World Press Freedom Index、[https://index.rsf.org/]
Distribution of family income - Gini index - CIA、[https://www.cia.gov/library/publications/the-world-factbook/fields/2172.html]
The Global Competitiveness Report 2014-2015、[http://www.weforum.org/reports/global-competitiveness-report-2014-2015]

## I部　第1章　シンガポールの歴史

岩崎育夫『リー・クアンユー　西洋とアジアのはざまで』岩波書店、1996年
竹下秀邦『シンガポール　リー・クアンユウの時代』アジア経済研究所、1995年
田村慶子『シンガポールの国家建設―ナショナリズム、エスニシティ、ジェンダー―』明石書店、2000年
Jim Baker, *Crossroads:A Popular History of Malaysia and Singapore*, Marshall Cavendish, 2008
Lee Kuan Yew, *From Third World To First-The Singapore Story:1965-2000-*, Singapore Press Holding, Marshall Cavendish, 2000
Mark R. Frost, *Singapore A Biography*, Hong Kong University Press, 2009
Poh Soo Kai, Tan Kok Fang, Hong Lysa (eds.), *The 1963 Operation Coldstore in Singapore Commemorating 50 Years*, Strategic Information and Research Center, 2013
Souchou Yao, Singapore *The State and the culture of excess*, Routledge 2007

プロジェクト…… 64
メディアコープ・レインツリー・ピクチャーズ（MediaCorp Raintree Pictures）社 …… 64-65, 212, 243, 245
メディア開発庁（Media Development Authority［MDA］）…… 8, 51, 80, 87, 106, 145, 155, 196, 214, 246, 295,

## や行

予備役（NSmen） …… 200, 205, 207-208, 219-222, 242

## ら行

ラサール芸術学院（Lasalle College of the Arts）…… 119, 184, 246, 273
ルネサンス・シティ（Renaissance City）報告書…… 57, 59
レイティング／レイティング・システム …… 54, 79, 80-81, 85, 97, 228, 246
老親扶養法（Maintenance of Parents Act） …… 257, 272
冷凍庫作戦（Operation Coldstore） …… 21, 100, 121-122, 125, 205
労働許可（Work Permit［WP］） …… 278-279

南洋理工大学（Nanyang Technological University［NTU］）
……9, 105, 107, 183, 186, 188
ニーアン・ポリテクニック映画・メディア研究科（Ngee Ann Polytechnic Film & Media Studies［FMS］）……8, 61, 64, 119
二言語教育政策（Bilingual Policy）……126
日本軍政……27-29
New Talent Feature Grant……68
ニューヨーク大学ティッシュ・スクール
……185, 209
望ましくない出版物に関する法（UNDESIRABLE PUBLICATIONS ACT）……155

## は行

bak kwa……294
ハートランダー（Heartlander）……127-128, 130, 132-133, 135-139, 142, 144-145, 148, 153, 170, 294
パイオニア世代（Pioneer Generation）
……261, 269
Howe 報告書……255-256
幇（bang）……18, 150, 164
PMETs（Professionals, Managers, Executive and Technicians［専門職、管理職、経営幹部、技術職］）……9, 262
People Like Us（ピープル・ライク・アス）
……9, 228
ヒューマン・ライツ・ウオッチ（Human Rights Watch［HRW］）…8, 278, 281-282
ピンクドットＳＧ（Pink Dot SG）
……119, 232, 247, 249
不服申請審査委員会（Films Appeal Committee［FAC］）……8, 77, 124
Fridae……246
文化・コミュニティ・青年省（Ministry of Culture, Community and Youth［MCCY］）……8, 50-51, 263
分離・独立五〇周年（Singapore50［SG50］）
……12, 124-125, 152, 166, 198, 261, 302
ベビー・ボーナス（Baby Bonus）……257
貿易産業省（Ministry of Trade and Industry［MTI］）……9, 52-54, 263
方言五〇％ルール……145-147
ホーカーズ（Hawker Center［屋台村］）
……104, 117, 132, 210, 251, 288
ボク社（BOKU Films）……165-166, 174
ポスト六五年世代（Post-65 generation）
……77, 81, 226
ポリテクニック（Polytechnic［高等技術専門学校］）……181-183, 189
ポリテクニックとＩＴＥ教育活性化検討委員会（Applied Study in Polytechnics and ITE Review Committee［ASPIRE］）
……8, 196

## ま行

マラヤ共産党（Communist Party of Malaya［CPM］）……8, 27, 117
マラヤ人民抗日軍（Malaya People's Anti-Japanese Army［MPAJA］）……27
マレー語映画
……23-26, 29, 31-32, 34, 37, 39-44, 69
マレー語映画黄金時代（Golden Age of Malay Cinema）… 29, 32-33, 37, 39, 41, 69
Malay Film Productions（MFP）社
……8, 32
民族暴動（Racial Riot）
→［一九六四年］……40, 154, 161
→［一九六九年］……287
メイド［外国人家事労働者］
……239, 243-247, 251, 257
『メイド 冥土』……166, 168-169, 216, 258, 275, 277, 283, 289, 296-297
メディア・ポリス（Mediapolis @ one north）

白書（White Paper for the Setting Up of a Film Commission）……63, 88
シンガポール国軍（Singapore Armed Forces［SAF］）……9, 111, 200-202, 206-207, 222, 241-242
シンガポール国軍義勇軍（SAF Volunteer Corps［SAFVC］）……9, 222
シンガポール国際映画祭（Singapore International Film Festival［SIFF］）……9, 47-49, 62, 84-85, 111, 177, 235, 293
シンガポール国立大学（National University of Singapore［NUS］）……9, 19, 56, 65, 177, 183, 186, 188, 218, 258
シンガポール政府投資公社（GIC Private Limited［GIC］）……8, 268
シンガポール・プレス・ホールディングス（Singapore Press Holdings［SPH］）……9, 139, 282
シンガポール・メディア・フュージョン・プラン（Singapore Media Fusion Plan［SMFP］）……9, 65-66
シングリッシュ……109, 127-129, 132, 137-138, 145, 193, 208-209, 242
人口・人材局（National Population and Talent Division［NPTD］）……9, 252, 262-263, 278, 285, 291
スピーカーズ・コーナー……229-230
スペクトラム作戦（Operation Spectrum）……21, 92, 125, 156
性転換手術……225, 236-238
政党政治映画（Party Political Film）……77, 96-99, 101
政党政治映画諮問委員会（Political Films Consultative Committee［PFCC］）……9, 99
政府観光局（Singapore Tourism Board［STB］）……9, 29, 54, 56, 72, 89, 94, 129, 147, 169
世俗主義（Secularism）……155, 163
全国労働組合評議会（National Trades Union Congress［NTUC］）……9, 21
扇動法（Sedition Act）……97, 155, 249

## た行

対決（コンフロンタシ［Konfrontasi］）政策……42, 276
体力強化補習訓練（Remedial Training［RT］）……9, 208, 221
体力テスト（Individual Physical Proficiency Test［IPPT］）……8, 208, 221
タンジョン・ルー事件……245
タンジョン・ルー［映画］……119, 226, 245, 248
団体結社法（SOCIETIES ACT）……115, 229, 249, 284
治安維持法（Internal Security Act［ISA］）……8, 20-21, 97, 124, 155, 157, 234, 249
中央積立基金（Central Provident Fund［CPF］）……8, 222, 260, 265-267
中熟練労働者向けSパス……279
長編映画制作支援ファンド（Feature Film Fund［FFF］）……8, 67
賃金クレジット・スキーム（WCS）……298
定年・再雇用法（Retirement and Re-employment Act［RRA］）……9, 253-254
テマセク・ホールディングス（Temasek Holdings）……64, 133, 268, 286
道教／中国伝統信仰（Taoism/ Chinese Traditional Beliefs）……156, 159-161
都市再開発庁（Urban Redevelopment Authority［URA］）……9, 289-290

## な行

内務省（Ministry of Home Affairs［MHA］）……8, 60, 100, 203, 229, 233, 287
ナショナル・デー・パレード（National Day Parade［NDP］）……9, 142, 144

Act）………………………………………… 203
5Cs ………………………………………………… 137
国家遺産庁（National Heritage Board ［NHB］）………………… 9, 51, 56, 106, 151
国家開発省（Ministry of National Development ［MND］）………… 9, 133, 285, 290-291
国家芸術評議会（National Arts Council ［NAC］）………… 9, 51, 54, 56, 62-63, 88, 105, 119, 150-151, 165
コスモポリタン（Cosmopolitan） ……………………… 57, 79, 127, 131, 145, 170
「子供は二人まで（Stop at Two）」キャンペーン…………………………………… 254
コピティアム（kopitiam）… 110, 129, 131, 251
コミュニティ・センター……………… 106, 158
ゴリラー・ピクチャーズ（Gorylah Pictures）社……………………………… 90, 217

## さ行

財務省（Ministry of Finance ［MOF］） ……………………………………………… 9, 60, 200
3Mと呼ばれる医療制度……………………… 268
ＣＭＩＯモデル………………………………… 156
ＧＣＥ-Ａレベル試験（Singapore-Cambridge General Certificate of Education ［Advanced Level］）……… 112, 181-182, 209
ＧＣＥ-Ｏレベル試験（Singapore-Cambridge General Certificate of Education ［Ordinary Level］）… 111, 178, 181-182, 208
シヴィル・ソサエティ………………………… 163
シヴィック・ソサエティ……………………… 163
社会家庭開発省（Ministry of Social and Family Development ［MSF］）…… 9, 263
社会主義戦線（Barisan Sosialis）…………… 21
社会保護指数（Social Protection Index ［SPI］）…………………………………… 255
宗教協和宣言（Declaration of Religious Harmony）…………………………………… 157
宗教知識科（Religious Knowledge）…… 156
宗教調和維持法（Maintenance of Religious Harmony Act）…… 97, 155, 157
ジャオウェイ（Zhao Wei Films）社…… 84, 90
昭南島…………………………………………… 20
ショウ・ブラザース（Shaw Brothers） ………………… 22-25, 27, 29-31, 35-39, 43, 71
静かなる反乱…………………………… 257, 271
首相府（Prime Minister's Office ［PMO］） …………………………… 9, 97, 222, 229, 260, 278
情報コミュニケーション省（Ministry of Communications and Information ［MCI］） ……………………… 8, 22, 50-52, 72, 78, 124, 263
情報通信芸術省（Ministry of Information, Communications and the Arts ［MICA］） ……………… 8, 50-51, 59, 79, 98, 147-148, 167
初等教育修了試験（Primary School Leaving Examination ［PSLE］）………… 9, 104, 178
「所得次第で、三人以上の子供を（Have Three or More If You Can Afford It）」キャンペーン………………………………… 256
Silver Tsunami……………………………… 263
人材開発省（Ministry of Manpower［MOM］） … 9, 154, 169, 187, 253, 259, 270, 275, 279, 281-283, 285, 287
新長編映画制作支援ファンド（New Feature Film Fund ［NFFF］）……………………… 9, 68
人民行動党（People's Action Party ［PAP］） …… 9, 13, 20, 41, 77, 96, 122, 138, 176, 234, 256
新メディアの社会への影響度検討委員会（Advisory Council on the Impact of New Media on Society ［AIMS］）…………… 8, 99
シンガポール映画委員会（Singapore Film Commission ［SFC］）…… 9, 52, 54, 62, 66, 68-71, 92, 94, 168, 246-247
シンガポール映画委員会（ＳＦＣ）創設建

Mandarin Campaign［SMC］)
……………………… 82, 127, 129, 134, 150
家族の価値（Family Values）……… 157, 257
カテゴリー三〇二（Category 302）
……………………………… 241-242, 244
カンポン（kampung）… 41, 103, 105, 112-113
キアス（kiasu）……………………………… 195
技術教育学院（Institute of Technical Education［ITE］)…………………… 8, 181-183
鬼節（Hungry Ghost Festival）
……………… 141, 144, 148, 168, 170-173, 218
基礎軍事訓練（Basic Military Training［BMT］)……………… 8, 207, 209-211, 215, 219
キャセイ（Cathay）………… 22, 26, 29, 34-35, 37-38, 43, 71, 105
キャセイ・オーガニゼーション（Cathay Organisation）……………………………… 26
キャセイ・クリス（Cathay-Keris）社
……………………………………… 34, 39, 43
教育省（Ministry of Education［MOE］)
…… 9, 117, 178, 183-184, 186-188, 198, 204
教育ハブ化（グローバルスクールハウス構想［Global Schoolhouse Concept］)
……………………………………… 184-185
キリスト教右派…………… 83, 227, 231-234, 248
きれいな英語を話そう運動（Speak Good English Movement）…………………… 109, 128
経済開発庁（Economic Development Board［EDB］)…… 8, 54, 56, 60-62, 72, 81, 147, 185
経済検討委員会（Economic Review Committee［ERC］)……………… 8, 52, 58, 184
刑法三七七Ａ条（377A of the Penal Code）
……………………………………………… 233
歌台（getai）……… 141-144, 147-150, 172, 216
検閲委員会（Board of Film Censors［BFC］)
…… 8, 52-54, 60, 77, 81, 83, 87, 97, 99, 129, 141, 146, 228, 245
検閲審査委員会（Censorship Review Committee［CRC］)………… 8, 78, 165, 228
現役兵（Full-time National Serviceman［NSF］)……………………… 9, 206-207, 242
公安局（Internal Security Department［ISD］)…………………………… 8, 93-94, 161
公営住宅（HDB）…… 8, 41, 86, 104, 107, 113, 115, 130, 136, 188-189, 192, 205, 214, 243, 245, 251, 272, 274, 284-285
高技能・高知識労働者向け雇用パス（Employment Pass［EP］)……………… 279
公共秩序法（Public Order Act）… 230, 249, 288
公共秩序（追加的暫定措置）法（New Public Order［Additional Temporary Measures］Bill）…………………………………………… 288
高速鉄道（Mass Rapid Transit［MRT］)
………………………………… 9, 115, 286, 292
行動と研究のための女性協会（Association of Women for Action and Research［AWARE］)…………………… 8, 162, 227, 229
ゴースト・マリッジ（Ghost Marriage）
……………………………………… 173-174
五月一三日事件［一九五四年］（May 13, 1954 Incident）…………………………… 202
國際電影懋業有限公司（Motion Picture and General Investment Co.Ltd.［MP&GI社］)……………………… 9, 35, 105
国防省（Ministry of Defence［MINDEF］)
……… 8, 53, 203, 207-208, 214, 217, 221-222
国民教育（National Education［NE］)…… 9, 51, 198
国民共有価値白書（White Paper on Shared Values）………………… 156-157, 257
国民兵役（National Service［NS］)… 9, 200, 206-208, 210, 214-215, 218-221, 242, 244, 247
国民兵役改正法（National Service［Amendment］Act）………………………… 204
国民防衛隊法（People's Defence Force

# 事項索引

## あ行

R＆R（Rest and Recreation）施設…235-236
ah kwa…226, 294
Active Ageing…255, 263
Ageing-in-Place…260
アジア開発銀行（Asian Development Bank［ADB］）…8, 255
アジア的価値（Asian Values）…81, 87, 116, 127, 150, 225, 255, 257, 271
アントン・ケイシー（Anton Casey）騒動…292
アン・モー（ang moh）…294
イスラエル…201, 203-205, 215
イスラエル国防軍…203, 215
ウェア・ホワイト・キャンペーン（Wear White campaign）…232
映画法
→一九五九年映画法（Cinematograph Films Act）…53, 76
→一九八一年映画法（Film Act 1981）…76
→一九九八年改正映画法（Film Act Revised Edition 1998）…53, 77, 96-97
→二〇〇九年改正映画法（Films［Amendment］Act 2009）…96, 99
エスプラネード（Esplanade Theatres on the Bay Singapore）…56, 70, 152
ＮＡＲ指定…80, 82-83, 100, 124-125
ＮＳに対する国民意識調査（Singaporeans' Attitudes to National Service）…218
多くの支援の手（Many Helping Hands）…255, 269
ＯＢマーカー（Out of Bounds Marker）…76, 78, 83, 87-88, 94, 152, 155, 192, 231-232
オン・テンチョン（Ong Teng Cheong）報告書…55, 57

## か行

海峡華人（Straits Chinese）…19, 27, 37, 43-44, 239
外国人家事労働者（ＦＤＷ）の適切な仕事に関する条約（［ＩＬＯの一八九号条約］ILO Convention 189 on Decent Work for Domestic Workers）…284
外国人雇用法（Employment of Foreign Manpower Act）…279, 281-282
外国人労働者…156, 199, 216, 258, 263, 275-276, 284-285, 292, 297-299
課外学習（Co-curricular activities［CCAs］）…8, 180
華僑（Overseas Chinese）…15, 19, 23-24, 26-27, 30, 36, 43, 45
華語…15, 19, 25, 36, 82, 108, 126-127, 129, 132-134, 136-137, 145-146, 149, 156, 160, 164, 177, 180, 193, 208-210, 216, 228, 259
華語映画…30-31, 35-38, 43
華語校…19-20, 118, 202
華人／華人系…14-15, 20-21, 23, 27, 29-30, 32, 45, 126-127, 129, 134, 150, 155-156, 158-162, 172-173, 204, 209-211, 216, 235, 252, 289, 294
華人は華語を話そうキャンペーン（Speak

## ハ行

ハン・ユークワン（Han Yew Kwang）……68, 243-244, 292-293
B・S・ラージハンス（Balden Singh Rajhans）……23, 25, 29, 32-33
P・ラムリー（P. Ramlee）……29, 33, 40, 48
フィリップ・チア（Philip Cheah）……23, 48
ブー・ジュンフォン（Boo Junfeng）……67, 119-120, 219, 245, 247, 270, 273
フォン・スィーシュエン（Fong Swee Suan）……121
ヘン・スウィーキート（Heng Swee Keat）……185
ホウ・シャオシェン（Hou Hsiao Hsien）……92, 119, 122, 274
ホー・チン（Ho Ching）……133, 268
ホー・ツーニエン（Ho Tzu Nyen）……68, 70
ボリス・ブー（Boris Boo）……132-133

## マ行

マーティン・シー（Martyn See）……96-100
マイケル・チャン（Michael Chiang）……209, 212
マン・シュウサン（Man Shu Sum）……146-147, 165, 176

## ラ行ほか

ランジュー・ショウ（Runje Shaw）……23
ランディー・ショウ（Runde Shaw）……23-24, 35
ランミー・ショウ（Runme Shaw）……23-25, 29, 35
ランラン・ショウ（Run Run Shaw）……23-25, 29, 35-37, 40
リー・クアンユー（Lee Kuan Yew）……12-13, 19-21, 29, 39-41, 58, 95, 107, 113, 122, 125, 133, 154, 156, 177-178, 197-198, 200, 203-205, 227, 234, 236, 240, 254, 268, 276-277, 280, 303
リー・シェンロン（Lee Hsien Loong）……13, 50, 52-53, 133, 256
リー・ブーンヤン（Lee Boon Yang）……66
リム・チンシオン（Lim Chin Siong）……21
リム・ユーホック（LimYew Hock）……20, 95
リリー・コン（Lily Kong）……37, 59, 114-115
リン・リー（Lynn Lee）……100-101, 287
ロイストン・タン（Royston Tan）……89, 103, 106, 140-144, 146, 148, 151, 170, 194, 247
ロク・ワントー（Loke Wan Tho）……26-27, 34, 37-38, 42-43
ン・エンヘン（Ng Eng Hen）……221

# 人名索引

## ア行


アブドゥル・ラーマン（Abdul Rahman）……20-21, 32, 39
アルフィアン・サアット（Alfian Sa'at）……247-248
アレックス・リアン（Alex Liang）……220
アンソニー・チェン（Anthony Chen）……295-297
ヴィンセント・チェン（Vincent Cheng）……92, 156
ウー・イェンイェン（Woo Yen Yen）……107, 109, 136
エリック・クー（Eric Khoo）……47, 62-63, 83-84, 86, 88-90, 96, 111, 130, 146-147, 194, 217, 237
オン・ケンセン（Ong Keng Sen）……63, 209, 241


## カ行


ギルバート・チャン（Gilbert Chan）……217
クオ・パオクン（Kuo Pao Kun）……57, 91
グレン・ゴーイ（Glen Goei）……63, 237, 239
K・シャンムガム（Kasiviswanathan Shanmugam）……292
ケネス・タン（Kenneth Tan）……63, 67, 79
ケネス・P・タン（Kenneth Paul Tan）……58, 92, 114-116, 135, 151-152, 169-170, 196, 241, 302
ケルビン・トン（Kelvin Tong）……164-166, 168, 170, 173-176, 192-194
ケン・クエック（Ken Kwek）……49, 177
ゴー・ケンスイ（Goh Keng Swee）……19, 203
ゴー・チョクトン（Goh Chok Tong）……13, 55, 81, 112, 127, 157, 198, 227, 256
コーリン・ゴー（Colin Goh）……107-109, 128-129, 137-138, 163, 194, 197


## サ行


サイード・ザハリ（Said Zahari）……100
ジャック・ネオ（Jack Neo）……63, 72, 110, 112-113, 129-131, 133-140, 146, 152-154, 163, 175, 190-192, 207, 213-217, 245, 271-272, 293-295
ジョウ・ジーウェイ（Jow Zhi Wei）……272
ジョージ・ヨー（George Yeo）……50, 53, 57, 76, 81, 97, 102, 163, 206


## タ行


ターマン・シャンムガラトナム（Tharman Shanmugaratnam）……261
ダニエル・ユン（Daniel Yun）……64, 147, 166
タン・ピンピン（Tan PinPin）……69, 91, 98, 113, 124
タン・ブーンホック（Tan Boon Hock）……229
ティモシー・ホワイト（Timothy White）……28-29
テオ・チーヒエン（Teo Chee Hean）……288
トーマス・スタンフォード・ラッフルズ（Thomas Stamford Raffles）……18, 205

**著者略歴**

## 盛田 茂（もりた しげる）

1949年、神奈川県生まれ。慶應義塾大学商学部卒業後、三井不動産株式会社、株式会社スタジオジブリに勤務。2006年、青山学院大学大学院国際政治経済学研究科修士課程修了。2011年、明治学院大学大学院文学研究科映像芸術学専攻博士課程修了（芸術学博士。学位論文：1990年代以降の「シンガポール映画再生」言説の再評価と課題）。現在、立教大学アジア地域研究所特任研究員。

著書に『事典 ロサンゼルスで暮らす』（中央経済社）、論文に「シンガポールのホラー映画『メイド（The Maid)』が浮き彫りにする社会問題」（「国際開発学研究」12巻2号所収）などがある。田村慶子編著『シンガポールを知るための65章』（明石書店）では、第19章「シンガポールの映画」を担当。

# シンガポールの光と影

## この国の映画監督たち

2015年12月7日　第1刷発行

著者――――盛田 茂

発行者―――松元 洋一

発行所―――株式会社インターブックス
〒102-0073　東京都千代田区九段北1-5-10
九段クレストビル6階
TEL.03-5212-4652　FAX.03-5212-4655
http://www.interbooks.co.jp

装丁・デザイン――森田 恭行（キガミッツ）

印刷・製本――日経印刷株式会社


Printed in Japan
ISBN978-4-924914-54-4 C1074
落丁・乱丁本はお取り替えいたします。
定価はカバーに表示してあります。

[用紙・花布・栞]

カバー：TS-6 N-9 四六版Y目 130kg
帯　　：TS-6 N-9 四六版Y目 100kg
表紙　：TS-6 N-1 四六版Y目 100kg
見返し：TS-6 N-1 四六版Y目 130kg
扉　　：TS-6 N-1 四六版Y目 130kg
本文　：OKアドニスラフ70 A版T目 36kg
花布　：伊藤信男商店 116
栞　　：アサヒクロース A34